刑法专题研究

XINGFA ZHUANTI YANJIU

姚贝　蔡桑◎著

中国政法大学出版社

2025·北京

声　　明　　1. 版权所有，侵权必究。

　　　　　　2. 如有缺页、倒装问题，由出版社负责退换。

图书在版编目（CIP）数据

刑法专题研究 / 姚贝，蔡燊著. -- 北京 : 中国政法大学出版社，2025. 2. -- ISBN 978-7-5764-1958-0

Ⅰ. D924.04

中国国家版本馆 CIP 数据核字第 2025ZZ2198 号

出　版　者	中国政法大学出版社
地　　　址	北京市海淀区西土城路 25 号
邮寄地址	北京 100088 信箱 8034 分箱　邮编 100088
网　　　址	http://www.cuplpress.com（网络实名：中国政法大学出版社）
电　　　话	010-58908285(总编室) 58908433（编辑部） 58908334(邮购部)
承　　　印	固安华明印业有限公司
开　　　本	720mm×960 mm　1/16
印　　　张	14.25
字　　　数	220 千字
版　　　次	2025 年 2 月第 1 版
印　　　次	2025 年 2 月第 1 次印刷
定　　　价	65.00 元

前言

呈现在读者面前的本书是由北京林业大学人文社会科学学院法学系教师姚贝和蔡桑合作完成的刑法学作品，本书以刑法学专业的研究生、对刑法学理论感兴趣的本科生为主要读者，对于刑事司法工作者、法学理论工作者和其他刑法学爱好者也具有参考价值。

在本书的写作过程中，我们始终把握两条主线：如何将研究工作与教学工作结合起来以及如何深入挖掘与兼顾研究生教学的深度与广度。沿着这个写作思路，我们从刑法总论与分论中的重要问题领域精选出十个专题，再从十个专题中各自精选出具有研究价值和代表性的具体问题，以已有的研究工作为基础，加入相关研究的最新动态，做了适合于研究生教学的调整和拓展。本书的写作分工上，姚贝副教授负责专题一、四、七、八、九；蔡桑讲师负责专题二、三、五、六、十，全书由姚贝副教授进行统稿。专题一至七是刑法总论问题，专题八至十是具体犯罪类型研究，全书研究内容如下：

专题一是法益论中法益保护前置化问题。近年来的刑法修正案无不体现法益保护前置化的问题，由此引发刑法观层面积极预防刑法观与消极古典刑法观的对立，专题一没有抽象地选边站队，而是重视从法益保护前置化的具体适用界限入手，坚守刑法谦抑主义，防止象征性立法，并且关照到我国刑法上的具体规定。

专题二是刑法解释论中的类推解释问题。我国社会正在经历跨越式发展，各类"奇案"层出不穷，理论上对于刑法解释的关注度也越来越高。专题二从区分类推思维、类推适用与类推解释的角度切入，主张抽象地表达禁止类推只具有宣示意义，模糊地带的类推解释和扩张解释需要经过一定判断后才能确证，而该判断应当在个罪层面具体进行相应操作。

专题三是不作为犯论中的适格先行行为射程范围问题。不作为犯严重扩张了刑法处罚范围，如果对其不加理性控制，其违反罪刑法定主义的风险很大。专题三关注到不作为犯义务来源论中先行行为的定型性最弱，需要准确界定其射程范围。在具体展开中，重点介绍了从"义务论"的角度进行先行行为型不作为犯相关法理基础的研究。

专题四是因果关系论中的环境犯罪的因果关系问题。在一般的因果关系论层面，近年来学界的主要对立围绕相当因果关系与客观归责理论方面，特别是客观归责理论带来的规范增量问题。专题四着眼于环境犯罪的因果关系特殊问题，介绍了不同于传统理论对立的几种特殊的环境犯罪因果关系理论，论证了在环境犯罪中应当适用因果关系推定理论，也为审视相当因果关系与客观归责理论的具体适用提供了一个外部理论视角。

专题五是正当防卫论中的防卫挑拨问题。近年来随着公民权利意识提高和媒体报道发达，正当防卫案件屡屡刺痛公众神经，也成为理论研究领域的热点问题。专题五正是着眼于现实中正当防卫的发生机制：现实中标准的突然发难型正当防卫案件极少，多数案件都是事前存在矛盾的冲突升级型正当防卫，因此讨论防卫挑拨的违法性根据与判断标准不仅具有理论性，也具备深刻的现实性。在结论上，笔者主张具备特别认知的情形也属于防卫挑拨。

专题六是不法判断论中的法益理论的不法判断问题。刑法分则罪名围绕法益进行构成要件解释的理论背景是法益的不法判断机能，即相应构成要件的实质不法是由相应法益侵害的因果性被奠定的。现在学界已经基本树立起法益观念，但准确适用法益方法解释构成要件还在推进当中，因为该工作必须结合具体犯罪构成要件，专题六以《中华人民共和国刑法》（以下简称《刑法》）第253条之一侵犯公民个人信息罪为例进行了法益界定与构成要件解释，以此管见法益的不法判断机能。

专题七是刑罚论财产刑论中的没收财产刑相关问题。作为一种刑罚手段，没收财产刑具有悠久的历史，但是存在不一定合理，没收财产刑存在"重刑效应""刑罚效益""异化作用"等多层次的理论问题，因此专题七旗帜鲜明地提出我国刑法中没收财产刑的必然归宿是被废除。

专题八是毒品犯罪问题。"一切问题都是语言问题"，追求精确司法的刑法学理论中，概念问题特别重要。专题八关注的毒品犯罪中，毒品概念涉及

《刑法》与《中华人民共和国禁毒法》（以下简称《禁毒法》）等诸多前置法，具有交叉性、领域性特征，这又造成了相应的实践困惑与制度缺漏，因此应当从有助于实践理解的角度对毒品概念进行再造与完善。

专题九是野生动物犯罪问题。《中华人民共和国刑法修正案（十一）》（以下简称《刑法修正案（十一）》）施行后，最高司法机关将对野生动物犯罪的罪名进行了相应调整，确立了《刑法》第341条危害珍贵、濒危野生动物罪。专题九从罪名调整对于构成要件适用将产生何种影响这一问题切入，明确了确立本罪的实践意义，在此基础上，对于本罪实际适用的问题与疑难之处提出切合实际的见解。

专题十是信息网络犯罪问题。《刑法》第287条之二帮助信息网络犯罪活动罪日渐成为日常生活中案发量和案发率意义上的"大罪""口袋罪"，这是由于本罪的不法实质不清所致。专题十围绕帮助信息网络犯罪活动罪的处罚范围清晰化目标，从现有不法判断的疑问处入手，主张获得明晰的本罪处罚范围应当回归共犯分析框架，将本罪性质定位为量刑规则，以量刑规则为基准，区分值得处罚的不同类型。

由于作者水平有限，对于本书存在的不足与缺陷，衷心欢迎并感谢读者诸君不吝赐教，并期待随着研究的深入，未来更多专题能够得到思考和展现。

笔 者

2024年12月

目 录

前　言 …………………………………………………………………… 001

专题一　法益论：法益保护前置化问题研究 ……………………… 001
　一、法益保护前置化的新类型 …………………………………… 001
　二、法益保护前置化的理论基础 ………………………………… 005
　三、法益保护前置化的适用界限 ………………………………… 007
　四、法益保护前置化在中国刑法上的回应 ……………………… 011

专题二　刑法解释论：为类推解释辩 ……………………………… 015
　一、类推解释的范畴厘清 ………………………………………… 016
　二、禁止类推解释的理由不能成立 ……………………………… 019
　三、妥当解释的出路检视 ………………………………………… 026
　四、寻找软性解释的罪刑法定主义边界：以破坏生产经营罪为例 …… 031

专题三　不作为犯论：不作为犯中适格先行行为的射程范围 …… 044
　一、准确认定适格的先行行为是准确适用的前提 ……………… 045
　二、适格先行行为认定相关的现有理论 ………………………… 046
　三、适格先行行为认定相关的现有理论可能存在的疑问 ……… 055
　四、对于从先行行为型不作为犯的法理基础出发的
　　　射程划定理论的介绍 ………………………………………… 063

专题四　因果关系论：论环境犯罪的因果关系 …………………… 068
　一、污染型环境犯罪因果关系证明的难题 ……………………… 069

二、污染型环境犯罪因果关系理论之探讨 …………………………… 077

　　三、我国污染型环境犯罪以因果关系推定理论为选择 ………… 085

专题五　正当防卫论：防卫挑拨的违法性根据与判断标准 ……… 091

　　一、问题的提起 ……………………………………………………………… 092

　　二、防卫挑拨的讨论语境与实践特征 ………………………… 093

　　三、防卫挑拨的学理见解及其不足 ……………………………… 097

　　四、传统论证路径在方法论上存在的问题 …………………… 104

　　五、防卫挑拨违法性根据的新思路：功利主义与自利理性人普遍
　　　　同意的对立 ………………………………………………………… 106

　　六、阻却正当防卫的防卫挑拨的一种情形：特别认知 ……… 111

专题六　不法判断论：基于法益理论的不法判断构造
　　　　——以侵犯公民个人信息罪为例 …………………………… 116

　　一、侵犯公民个人信息罪中的法益之辩：个人法益 vs. 超个人法益 … 117

　　二、问题聚焦：个人信息的公共属性 …………………………… 123

　　三、场景公正理论下侵犯公民个人信息罪的法益与构成要件解释 ……… 130

专题七　财产刑论：没收财产刑的由来、发展与归宿 …………… 139

　　一、没收财产刑的由来 …………………………………………… 139

　　二、没收财产刑的发展 …………………………………………… 145

　　三、没收财产刑的归宿 …………………………………………… 152

专题八　毒品犯罪：毒品概念在刑法中的再造与完善 …………… 171

　　一、毒品的概念：认知路径与性质界定 ………………………… 171

　　二、我国当前毒品概念的实践困惑与制度缺漏 ……………… 176

　　三、毒品概念在刑法中的再造与制度完善 …………………… 183

专题九　野生动物犯罪：危害珍贵、濒危野生动物罪之确立与完善 … 187

　　一、危害珍贵、濒危野生动物罪的立法变迁 ………………… 187

　　二、确立危害珍贵、濒危野生动物罪的意义 ………………… 188

三、危害珍贵、濒危野生动物罪的完善 ·· 190

专题十　信息网络犯罪：帮助信息网络犯罪活动罪的不法判断与处罚范围 ············ 196

一、问题的提起 ··· 197
二、现有不法判断理论存在的疑问 ··· 199
三、帮助信息网络犯罪的不法判断应当回归共犯分析框架 ································ 207
四、共犯框架外应例外处罚的行为类型 ·· 216

法益论：法益保护前置化问题研究

从传统意义上来讲，故意实害犯的既遂犯，是刑法史上处罚的最本原的犯罪形态。然而，随着社会情势的变迁，刑法对不法行为的容忍度在逐步降低，刑罚圈在不断地扩大。传统损害主义的式微与危险主义的崛起，使刑法经历了从处罚实害犯向处罚危险犯的转型，而相对于实害犯来说，危险犯的设立就是法益保护的前置化。

法益保护前置化的倾向在现代社会中体现的愈发明显，这与现代社会所处的环境密不可分。"自从20世纪中期以来，工业社会的社会机制已经面临着历史上前所未有的一种可能性，即一项决策可能会毁灭我们人类赖以生存的这颗行星上的所有生命。仅仅这一点就足以说明，当今时代已经与我们人类历史上所经历的各个时代都有着根本的区别。"[1]为了维系社会秩序以及回应民众对安全性的追求，国家将刑法作为控制风险的工具加以利用的倾向便愈发显著，在所谓的"风险社会"中，刑法的介入比以往更前置化。

一、法益保护前置化的新类型

现代刑法中，法益保护前置化主要采用了"抽象的危险犯"的方式。所谓的"抽象危险犯"，从广义上来讲，是指以抽象的危险作为处罚根据的犯罪形态。立法者通过对个案的观察归纳，发现某些行为与危害结果之间有极强

---

[1] [德]乌尔里希·贝克：《从工业社会到风险社会（上篇）——关于人类生存、社会结构和生态启蒙等问题的思考》，王武龙编译，载《马克思主义与现实》2003年第3期。

的关联性，而且这类行为通常会对个人法益或公众法益造成严重侵害，如果不前置化处罚会来不及保护法益，才将此类行为抽离出来，界定为抽象危险犯这一种独立的犯罪类型。确立抽象危险犯，成为现代社会尤其是风险社会中越来越频繁使用的风险管控手段，正如德国著名学者雅各布斯所指出的那样："一种特别令人感叹的发展是，把保护相当严密地划定范围的法益特别是私人法益的刑法通过这种法益范围的延伸引向抽象的危险犯。"[1]

现代刑法对特定行为的前置化处罚倾向源于反恐对策立法，之后以此为契机开始在环境犯罪、经济犯罪、毒品犯罪、计算机犯罪等立法中显现。[2] 具体地体现在对以下新类型犯罪的处罚中：

(一) 单纯行为犯

单纯的行为犯，是指不必引起任何结果甚至具体危险，只要有特定的作为或不作为，即构成犯罪的行为样态，因此它属于广义上的抽象危险犯。非法侵入计算机罪就属于典型的单纯行为犯。比如，1990年英国制定的《计算机滥用法》（Computer Misuse Act）第1条规定，非法侵入计算机罪（Unauthorized access to computer material）是指行为人未经授权，故意侵入计算机系统以获取其程序或数据的行为。此行为并不要求直接针对特定的程序或数据，只要是未经授权接触计算机数据，哪怕仅仅是一般的浏览也构成犯罪。依照简易程序定罪，该罪可处6个月以下监禁或不超过5级标准的罚金，或者二者并处。可见，对这种单纯行为犯的处罚还是比较重的。德国刑法也有类似非法侵入计算机罪的条款，其第202条a（探知数据罪）第1款规定：非法为自己或他人探知不属于自己的为防止被他人非法获得而作了特殊安全处理的数据的，处3年以下自由刑或罚金刑。

(二) 蓄积犯的"单纯行为犯"政策

蓄积犯，又称累积犯，是指每个单独行为自身的危险性程度都很低，但是当其累积到相当的程度，危险性明显地显露出来时，其危险的程度无论是在质上还是量上都已经达到了必须动用刑事法加以防止的地步的类型。蓄积

---

[1] [德] 格吕恩特·雅科布斯：《行为 责任 刑法——机能性描述》，冯军译，中国政法大学出版社1997年版，第118页。

[2] 参见 [日] 金尚均：《危险社会と刑法》，载《立命馆法学》2003年第5号。

犯的概念最初产生于环境犯罪领域，在环境污染物质长时期积累可能造成健康损害或者可能造成破坏环境和生态系统的场合，刑法便予以介入。从理论上来说，蓄积犯是一种具体的危险犯，只有当蓄积的危险达到具体危险的程度时，方可予以处罚。但是，在累积的危险（作为危险源的污染等）之排除（不仅在技术上而且从费用上）不可能或极其困难的情况下，从预防的观点出发，便会处罚危险性程度低的个别行为。[1]这就是蓄积犯中的"单纯行为犯"政策的运用。在1997年，日本对《废弃物处理法》做出了重大修改，其中在第16条中规定了禁止废弃物的一般投弃，同时，加大了对违反该禁令的处罚：修改前，对于抛弃应该特别管理的废弃物的，可以处1年以下有期徒刑或者100万日元以下罚金；抛弃其他废弃物的，可以处6个月以下拘役或者50万日元以下罚金；修改后，所有抛弃废弃物的行为，可以处3年以下有期徒刑或者1000万日元以下的罚金，同时也可以并罚（第25条第6款）。[2]修改后的规定，不仅体现出法益保护前置化的特征，也体现出刑法处罚严厉化的倾向。

（三）预备犯

预备犯，是为实行犯罪准备工具或制造条件的犯罪形态。在仅仅处罚实行犯仍不能周延地保护法益时，就有必要前置性地处罚预备犯。在日本，由于磁卡犯罪日益猖獗，原有的"不正当制作电磁性记录罪"已经不能充分满足打击此类犯罪的需要，2001年日本刑法又增设了"有关支付用磁卡电磁记录的犯罪"，其中就包括了"为不正当制作支付用磁卡电磁记录作准备罪"（第163条之4）。该罪是为了规制不正当制作支付用磁卡所必不可少的准备行为，包括磁卡信息的获取、提供与保管行为，以及为制作磁卡准备器械或原料的行为。获取行为的典型例子是所谓的"速读"行为，即在使用信用卡的终端机上偷偷地设置读取、储存信息用的器械（扫描仪）以获取信息的行为。另外，接受利用这种方式所获取的信息的行为也属于获取行为。[3]一般认为，

---

〔1〕参见［日］伊东研祐：《现代社会中危险犯的新类型》，郑军男译，载何鹏、李洁主编：《危险犯与危险概念》，吉林大学出版社2006年版，第180页。

〔2〕参见冷罗生：《日本公害诉讼理论与案例评析》，商务印书馆2005年版，第358页。

〔3〕参见［日］西田典之：《日本刑法各论》，刘明祥、王昭武译，中国人民大学出版社2007年版，第271页。

处罚这种获取罪的依据是针对具有财产性价值的信息所实施的"盗窃"行为。保管行为,是指保管前面已经获取的磁卡信息,其行为形态多是作为数字信息保管在扫描仪中,或者下载到磁盘中加以保管,也有作为数字信息记录在纸张上加以保管的情形。为制作磁卡准备器械或原料的行为,则包括准备为不正当制作支付用磁卡所必需的一切器械(包括扫描仪、读卡器、印刷机等)及原料(包括原始卡、未完成的卡、印刷用的材料等)。从形式上看,该罪显然是非法制作、提供电磁记录罪(第161条之2)的预备犯,但是刑法对这种预备行为单独处罚,这也是为了应对眼下愈演愈烈的伪造支付用磁卡的现状所不得不采取的处罚早期化的做法。[1]

(四)违反特定禁止令的不作为犯

为了管控风险,有必要针对从事特定科技的相关主体制定相应的安全操作规范,以规制相关主体在正常的范围内活动。因此,缺乏必要的许可或者严重违背特定行政规范所规定的义务,给人类生活带来巨大危险的,刑法便不能袖手旁观。仍以核材料犯罪为例,除了前置化处罚持有等行为,刑法对于违背相应禁止令的行为也采取了提前打击与严厉打击的态度。如《德国刑法》第327条(未经许可开动核设备)、第328条(未经许可的放射性物质及其他危险物品的交易)都规定,如果是缺乏必要的许可或违反可执行的禁止令,实施相应行为的,即推定为具备相应的危险,因此需要受到处罚。违背禁止令实施的行为不必等到造成后果或具体的危险才处罚,这大概是因为人们仍对切尔诺贝利核电站泄漏事件心有余悸。[2]除了核材料犯罪外,对于非法器官移植的犯罪,刑法也采取了前置化处罚的措施。如我国澳门地区规定,违反摘取手术安全性的要求,未按规定在医生直接监督下施行摘取和移植手术,或是在许可医院以外进行此类手术的,处以2年有期徒刑或课以240日的罚款。[3]之所以连"在许可医院以外进行此类手术的行为"都要受到处罚,是因为法律推定在其他非许可医院实施此类手术必然具有更大的风险,

---

〔1〕 参见[日]山口厚:《危险犯总论》,王充译,载何鹏、李洁主编:《危险犯与危险概念》,吉林大学出版社2006年版,第13页。

〔2〕 相信发生在日本福岛核电站的危机,使人们对核风险的管控有了更新、更深刻的认识。

〔3〕 参见张锋、任静远:《澳门有关人体器官和组织捐献、摘取及移植的法律制度》,载《法律与医学杂志》2000年第3期。

出于安全的考虑，法律对于这种拟制的风险也要防范。

二、法益保护前置化的理论基础

针对现代社会中的法益保护前置化的倾向，在日本刑法学界，出现了持肯定立场、否定立场以及中间立场等不同的主张：

肯定立场认为，根据重视刑法的规范意识形成机能的立场，为了形成适合现代社会的新的伦理，通过刑法保护的早期化而形成刑法上的行为规范这一积极意义正逐步得到认可。根据最近在德国盛行的"积极的一般预防理论"，人们正试图努力通过处罚来确证规范的妥当与否，并以此确立公民的规范意识，正因为如此，该理论也可将刑法保护的早期化作为其理论根据。否定立场认为，刑法的保护对象应仅限于个人的生命、身体、自由、财产等传统的法益，根据贯彻法益概念拥有的自由保障机能这一立场，刑法保护的早期化有可能被批判为刑法的过度介入。中间立场认为，在现代社会中，刑法保护的适当早期化是不得已而为之，只是在运用上、适用上应当予以必要的限定，有学者坚持在刑事立法的象征化、符号化这个意义上肯定刑法的保护的早期化。[1]这一争论至今仍在持续。

本书认为，否定立场显然忽视了现代刑法所处环境有别于传统刑法的这一基本事实，妄图一以贯之传统刑法的研究范式的做法也必然在解释学上捉襟见肘。其将刑法对犯罪处罚固守在实害犯与具体危险犯的范围内，在现代社会对重大法益的保护无疑会呈现出不力与迟延之态。其立论的法益论基础完全排斥了超个人法益，也不符合现代法益论的发展方向。正如有学者所言，将超个人法益纳入抽象危险犯处罚之范畴，是立法者为了避免个人利益实现或发展的制度性条件陷入危险或崩溃，始行采取的做法，如经济刑法与环境刑法，在如此脉络下有其正当性根据。[2]本书坚持认为，应当承认刑法价值的多元性，应当承认刑法体系割裂性的现实，据此也应当肯定现代社会中刑法对于重大法益提前保护的必要性。采用以抽象危险犯为主要特征的法益保

---

[1] 参见［日］高桥则夫：《刑法的保护の早期化と刑法の界限》，载《法律时报》2003年第75卷第2号。

[2] 参见王皇玉：《论危险犯》，载《月旦法学杂志》2008年总第159期。

护前置化路径，其理论基础可以从以下几个方面说明：

（一）"积极的一般预防"机能的实现

积极的一般预防论所追求的是确证现行刑法规范的妥当性，以及与之相伴的规范意识的强化、觉醒。现代社会的法益保护前置化措施强调的正是这种积极的一般预防机能的实现。正如赫尔佐克教授指出的那样，为了保护规范意识的创造和模糊的体制信赖，就只能以尚未发生实害的行为人的外部态度为问题点，一方面力图发挥应该采取正确的态度这种教育的效果，另一方面要科处刑罚，此乃是现代的抽象危险犯的目的。因此，作为处理社会中种种危险状况的手段，并且为了其理论的正当化，就出现了积极的一般预防论。[1]

从前述法益保护前置化的措施中可以看出，积极的一般预防论更为重视的，是通过立法来宣示立法者对于某些行为的不能容忍，并采用科处刑罚的方法来实现创造新的规范意识的目的。当然，为了使新的规范意识根植于社会，积极的一般预防论重视训练人们对规范的信赖，这一特征在刑事立法上体现为对所谓的"普遍法益"的保护和抽象危险犯的扩张。前置化处罚也使刑法成为支持刑事政策的工具：民众常常要求政府对危害重大法益的风险行为予以迅速反应，刑法早期化的介入恰恰满足了这种政策性的要求。

（二）对法益实现条件的确保

我国台湾学者王皇玉指出，刑法介入的早期化实际上是对法益实现条件的确保。法益保护并不是仅保护孤立或静止状态的个人利益，还应该保护人们得以理性支配与运用这些个人利益的机会、条件与制度。没有实现机会与条件的利益只能是虚假的利益，同样，没有制度性保障的利益也不可能持久而真实的存在。不过，对于那些作为法益得以实现与发展的机会、条件与制度，不能认为其理所当然地存在，而应该通过一些具有前瞻性的法律措施，使其能够得到保护和维持。可以说抽象危险犯的设立，正是立法者为了避免个人利益支配可能性得以发展的条件遭到攻击或陷入危险，而通过法律化的

---

[1] 参见［日］金尚均：《危险社会と刑法：现代社会における刑法の机能》，载《刑法杂志》2001年第40卷第2号。

方式所作出的保证。[1]本书赞同这一观点。

(三) 行为无价值论的必然结论

以抽象危险犯为特征的法益保护前置化措施，体现出现代刑法与传统刑法的不同之处，即不是把罪行的中心放在对法益的侵害结果上，而是放在对行为者的行为义务的违反上。换言之，行为者的行为即使没有对特定的法益造成损害结果或具体危险，但是只要违反了行为规范，就推定行为对法益产生了侵害的抽象危险，就应该受刑法上的否定性评价。正如赫尔佐克（Herzog）所言，"危险刑法不再耐心等待社会损害结果的出现，而是着重在行为的非价判断上，以制裁手段恫吓、镇慑带有社会风险的行为。"[2]从结果无价值论转为行为无价值论，是刑法规制风险的必然选择。

三、法益保护前置化的适用界限

肯定法益保护前置化的正当性，并不代表放弃对其过度介入市民的自由领域的忧虑。因为，如果仅仅以社会必要性为由动用刑法进行规制，无异于将规制的妥当性与否委于立法者的政策判断，这有使刑法的管辖范围变得无边无际之虞，也会使近代以来创立出的刑法谦抑主义原则毁于一旦。刑法作为补充法的基本原则必须被遵守，即使肯定法益前置化的正当性，也只是在承认这一原则的框架内，对谦抑性原则所做出的弹性解释而已。

除此之外，还应当清醒地看到，针对危险状况采取刑法措施时，不应忽视作为"次生效果"的其他危险。"仔细考察一下法律制度就可以不言自明，为了阻止任意堕胎的泛滥，通过立法对人工流产科处严刑时，私下的堕胎就会蔓延开来；通过立法对药物犯罪予以严惩时，药物就会变成暴力团伙的庞大资金来源。"[3]在不考虑发展其他的管制措施的情况下迷信刑法的力量，是永远无法解决这些问题的。那么，法益保护前置化就应当有其适用的界限。

---

[1] 参见王皇玉：《论贩卖毒品罪》，载《政大法学评论》2005年总第84期，转引自高巍：《抽象危险犯的概念及正当性基础》，载《法律科学（西北政法学院学报）》2007年第1期。

[2] 林东茂：《危险犯与经济刑法》，五南图书出版有限公司1996年版，第15页。

[3] [日] 高桥则夫：《刑法的保护的早期化与刑法的界限》，载《法律时报》2003年第75卷第2号。

（一）对法益的考察与评估

1. 应当考察危险行为有无对人的法益的侵害

现代刑法承认保护超个人法益，但是超个人法益只有在能够还原为个人法益的场合下，才能进行刑事规制。比如在处罚环境犯罪的场合，只有认为环境是人类生存环境的构成要素，破坏环境的行为侵害了人的生命和健康，采用刑法手段才具备正当性。在完全不会发生对人的法益侵害的场合，就应该避免刑罚权的行使，这就是德国哈塞默（Hassemer）教授所提倡的"人本法益论"（die personale Rechtsgüter）。[1]"人本法益论"使得刑法从纯粹的象征中解放出来，要使刑法成为解决问题的手段就要恢复刑法的实效性，为此，就应该将刑罚权的使用限制在现实上能够处理的范围之内。

2. 应当评估危险行为侵害法益的程度

如果说从"人本法益论"中找出了用刑法保护利益的基础和关联，还要考虑的是能否将被侵害的生活利益具体化？能够在多大程度上将其具体化？仅仅是将家庭垃圾丢进河里，即使可以从伦理上、道德上加以谴责，也只能说个人行为的侵害性轻微。只有当这种行为蓄积起来，才产生重大的社会有害性。因此，本书认为，处罚积蓄犯中的单独行为，其理论基础是脆弱的。

在考虑危险行为尤其是科技危险行为侵害法益的程度时，不可能不考虑危险的评估问题。所谓危险评估，也称危险评价，是指为认识科学技术性危险，并推测和评价因危险而发生法律权益侵害的可能性过程。美国国家研究会把危险评价划分为既有区别又有联系的四个阶段，即对危险的认识、对于露出量的反映评价、露出评价和危险特征评价。[2]通过这些指标，我们可以去解释关于保护法益的科学技术性危险的内容和程度。

3. 应当检验"不前置处罚法益保护就不充分"的真实性

在考虑是否有必要运用抽象危险犯这样前置处罚的条款时，需要检验是否会出现"如不前置处罚就会来不及保护法益"的情况。对于单纯的危险，

---

〔1〕 参见［日］金尚均：《人格的法益论とダイヴァーアジョンの可能性》，载《刑法杂志》2007年第47卷第1号。

〔2〕 参见［韩］许一泰：《在危险社会之刑法的任务》，韩相敦译，载http://www.criminallawbnu.cn/criminal/Info/showpage.asp? showhead=&ProgramID=40&pkID=8376&keyword=，最后访问日期：2006年6月8日。

如果总是期待以刑法的手段除去引发危险的原因，不仅会阻碍人类在科学技术领域里的创造性活动，而且也极有可能会造成新的风险——对风险的规制越严格，对人的自由侵犯的风险就越大。比例原则要求应当尽可能地依据民事法、行政法对法律权益进行保护。因此，如果实证数据表明，采用征收过期费等行政处罚方式，已经足以有效地抑制了环境污染的危险源，那么就不需要进入刑法的视野。只有在行政处罚尚不能防止危险时，才需要强制实施刑罚处理的对策。

如果现行法已有相关的刑罚制裁条款，还要考虑是否可以依据现有条款而不必单独创设前置性条款予以规制。如果根据现有条款，充分应用刑法解释的方法，仍然不能规制部分危险行为，为了更周全地保护法益，就存在创设单独的前置性条款的可能。

（二）防止象征刑法的措施

前述日本学者所持的中间立场主张在刑事立法的象征化、符号化这个意义上肯定刑法保护的早期化，这实际上是肯定了"象征刑法"的存在意义。所谓"象征刑法"，是指在一个纯粹的功能刑法体系下，刑法最大的功能在于象征性的功能，而这种象征性的功能成为现代刑法（相对于对刑法固有的古典性预测）共通且独立重要的内涵。[1]显而易见，象征刑法只强调刑法的宣示性功能，即宣示对刑法规范违反的禁止态度以及培育国民信赖法秩序的期待，而在司法上则往往容易因为不具有任何的可操作性而沦落为"死亡条款"。本书坚决反对法益保护前置化成为象征性地响应市民不安的严罚化方法，相反，本书坚持认为刑法处罚应当落到实处，否则刑法规制本身的意义将大打折扣。为此，应当探讨有效的立法技术，使刑法避免符号化、象征化，使之具备实效性、可操作性。

1. 预备行为的实行行为化

在对预备犯的处罚中，由于大陆法系刑法对于预备犯的态度是原则上不罚，因此，如果依照总则中的条款处罚预备阶段的行为必然面临着理论和实践上的双重困境。但是，如果将预备行为分则立法化，即在刑法分则中单独

---

〔1〕 参见林宗翰：《风险与功能——论风险刑法的理论基础》，台湾大学法律学研究所2006年硕士学位论文，第85页。

设立罪名并具备独立的构成要件，便会消解这种处罚上的尴尬。前文所述的日本刑法中的"为不正当制作支付用磁卡电磁记录作准备罪"，实际上就是对"非法制作、提供电磁记录罪"的预备犯的单独立法。

2. 持有行为的单独处罚

持有犯，因其有利于减轻公诉机关的证明责任，故而也是现代社会中法益保护前置化的一项有效的技术。如对核材料或放射性物质非法持有行为的规制即属此项。2005 年 4 月 13 日第 59 届联合国大会一致通过的《制止核恐怖行为国际公约》（The Convention on the Suppression of Acts of Nuclear Terrorism）第 2 条第 1 款第 1 项就明确规定，以危害人、财产和环境为目的，拥有放射性物质或核装置的，构成犯罪。

3. 不作为犯的转向处罚

在对于某些行为直接处罚存在困难的情况下，以不作为犯的方式进行"转向"的处罚，就可避免来自刑法谦抑主义的批判，同时因其处罚具备可操作性而不易形成"象征刑法"的局面。如前所述，对核材料犯罪与器官移植犯罪的处罚，就是采用以违反禁止令[1]的不作为犯的方式转向处罚，从而使得此类案件在司法中得以顺利处理。

（三）运用反证来限缩处罚范围

上述的刑事实体法技术，一方面可以有效避免象征刑法的产生，另一方面因其法定性的特征也有利于防止抽象危险犯的滥用。除此之外，还应当积极探索缓和抽象危险犯过于激进地进行法益保护的措施。

有学者提出，可以在部分抽象危险犯的实体性规范中植入程序性内容，即为了合理控制抽象危险犯的处罚不以危险存在为必要所导致的处罚范围过大问题，应当允许行为人对立法推定进行反驳，通过反证的方式证明立法推定的危险行为实际上在个案中并不存在危险，进而予以减轻、免除处罚。论者还指出，德国刑法理论与判例认为，如果行为人能够证明放火行为不会造

---

[1] 我国《中华人民共和国刑法修正案（八）》（以下简称《刑法修正案（八）》）中首次出现了"禁止令"的规定，但仅限于对于管制犯、缓刑犯的规制，不过笔者乐观地相信这一规定的出台必会促成学界对于"禁止令"的进一步深入研究。

成危险,可以适用该条减轻刑罚的规定。[1]

论者提出了是否可以用反证的方式来减轻、免除处罚的问题,但是在笔者看来,更为准确的表述应当是,抽象危险犯是否可以用反证来排除的问题。对于这一问题,在德国刑法学界存在激烈的争论,在诸如盗窃枪支这一类的犯罪中,较为一致地否认了反证的可能性。但是在一些特殊的放火的场合,比如行为人确认建筑物内一个人也没有时才放火,多数学者反而认为,该行为并不能构成《刑法》第115条的放火罪,如果对这样的场合也认定为放火罪,那么就违背了责任主义的原则。[2]

本书赞成在特定的案件中以允许反证方法来排除犯罪的观点,这样的依据是,因为抽象危险犯的危险是根据行为符合构成要件这一点推定出来的危险,所以在具体的场合下,这种抽象危险是可能不存在的。当然,这里反证的要求应当是非常严格的,即不仅仅是证明对不特定人的生命没有侵害危险,而且要证明也不可能对不特定人的财产带来侵害的危险(如该房屋附近没有可以延烧的财产),只有两方面均可证明,才能否定上述放火罪的成立。[3]

四、法益保护前置化在中国刑法上的回应

基于客观主义的理论与现实,我国刑法仍然采取结果本位的体系,应当说基本是合理的。值得注意的是,我国刑法法益保护的前置化倾向愈加明显。

以我国《刑法》第338条为例,在《刑法修正案(八)》实施之前,本罪名称为重大环境污染事故罪,亦即只有造成严重后果的情况下才构成本罪。2008年6月25日印发的《最高人民检察院、公安部关于公安机关管辖的刑事案件立案追诉标准的规定(一)》第60条具体规定了该罪的立案标准:

违反国家规定,向土地、水体、大气排放、倾倒或者处置有放射性的废物、含传染病病原体的废物、有毒物质或者其他危险废物,造成重大环境污染事故,涉嫌下列情形之一的,应予立案追诉:

---

[1] 参见谢杰、王延祥:《抽象危险犯的反思性审视与优化展望——基于风险社会的刑法保护》,载《政治与法律》2011年第2期。

[2] 参见[日]山口厚:《危険犯の研究》,东京大学出版社1982年版,第234-236页。

[3] 参见鲜铁可:《新刑法中的危险犯》,中国检察出版社1998年版,第107页。

（一）致使公私财产损失三十万元以上的；

（二）致使基本农田、防护林地、特种用途林地五亩以上，其他农用地十亩以上，其他土地二十亩以上基本功能丧失或者遭受永久性破坏的；

（三）致使森林或者其他林木死亡五十立方米以上，或者幼树死亡二千五百株以上的；

（四）致使一人以上死亡、三人以上重伤、十人以上轻伤，或者一人以上重伤并且五人以上轻伤的；

（五）致使传染病发生、流行或者人员中毒达到《国家突发公共卫生事件应急预案》中突发公共卫生事件分级Ⅲ级以上情形，严重危害人体健康的；

（六）其他致使公私财产遭受重大损失或者人身伤亡的严重后果的情形。

依据该解释的规定，只有像造成"基本功能"丧失或者遭受"永久性"破坏的后果这样的"超级实害犯"才能受到刑法处罚。过高的立案标准不仅与世界各国普遍处罚环境危险犯的立法例不符，也使得处罚标准本应较低的"重大环境污染事故罪"提升到仅次于"危害国家安全罪"的"高处不胜寒"的地位，继而造成了适用该罪寥寥无几之怪现状。然而，高速发展的中国社会必须正视自己所处的时代，中国甚至要接受比西方国家更加巨大的风险挑战。那么，出于保障安全、维护良性发展的要求，这种无视风险规制的过于"后置化"的处罚模式就应当有所改变。

值得欣喜的是，我国的刑事立法已经开始有所回应。首先，在2011年颁布的《刑法修正案（八）》中，第46条对于《刑法》第338条进行了修正，"违反国家规定，排放、倾倒或者处置有放射性的废物、含传染病病原体的废物、有毒物质或者其他有害物质，严重污染环境的，处三年以下有期徒刑或者拘役，并处或者单处罚金；后果特别严重的，处三年以上七年以下有期徒刑，并处罚金。"修改后的条文使本罪由结果犯改为行为犯，即不再要求"造成重大环境污染事故，致使公私财产遭受重大损失或者人身伤亡的严重后果"的要件，这一转变体现了行为无价值论的思想，有利于有效管控环境犯罪产生的风险，使得法益得到前置化的保护，值得肯定。此外，修改后的条文规定采用简单罪状的形式，使本罪成立范围的包容性更强。当然，由于罪状的修改，本罪的罪名也应该由"重大环境污染事故罪"修改为"污染环境罪"。

之后,《刑法修正案(十一)》将污染环境罪中"三年以上七年以下,并处罚金"的认定标准由"后果特别严重"变更为"情节严重"。"情节严重"并不以造成特别严重的后果为必然前提,因此加重处罚的认定由结果标准转化为情节标准,亦体现了法益保护前置化。

除此之外,《刑法修正案(八)》还有一些条文也体现了法益保护前置化的思想,如增设的危险驾驶罪。随着《中华人民共和国道路交通安全法》的出台,诸如无资格驾驶、超速驾驶、醉酒或服用镇静类药物后驾驶、严重超载驾车以及驾驶存在危险隐患的车辆上路等驾驶行为均被行政法规认定为危险驾驶行为。然而,危险驾驶行为在尚未造成严重后果时,此前刑法规定的交通肇事罪无力调整,刑法存在着规制的空白。随着民众对飙车、醉驾等危险驾驶行为的痛恨程度不断加深,对此类行为进行刑法处罚的呼声日益高涨,《刑法修正案(八)》顺应民意,参考德日等国的刑法规定,新增了危险驾驶罪,即"在道路上驾驶机动车追逐竞驶,情节恶劣的,或者在道路上醉酒驾驶机动车的,处拘役,并处罚金。"这一前置化的处罚行为有利于对民生的保护,正如张明楷教授所言,"既然酒后驾车大概率会引发交通肇事,设立酒驾罪名将会减少基于酒驾的交通事故发生率。"[1]

《刑法修正案(八)》第23条对生产、销售假药罪进行了修正,将罪状修改为"生产、销售假药的,处……"。和原来的规定相比,新的条文取消"足以严重危害人体健康"的要件限制,即由具体危险犯改为抽象危险犯,使得处罚条件得以前置。

《中华人民共和国刑法修正案(九)》(以下简称《刑法修正案(九)》)增加了五个关于恐怖主义犯罪的罪名;《刑法修正案(十一)》又增加了妨害安全驾驶罪、高空抛物罪等罪名,这些修改均进一步强化了法益保护前置化的趋势。

总之,中国刑法应当充分考虑法益保护前置化的合理性,应对日益增多的风险。近年的刑法修正案已经为我们提供了一条渐进式的改革设想:即首先考虑对某些行为予以犯罪化,尽快弥补立法上的空白;其次,对于某些已

---

[1] 张明楷:《危险驾驶的刑事责任》,载《吉林大学社会科学学报》2009年第6期。

有的目前只处罚实害犯的罪名可以考虑扩张至危险犯；最后，再考虑是否对某些特殊行为增设抽象危险犯的条款。这种改革在适用范围上，应当先在诸如环境犯罪、计算机犯罪、食品药品犯罪等特定领域予以尝试，待经验成熟后再有选择地推广。需要说明的是，在改革的过程中也应当防止前置化所带来的"次生效果"即刑法的"严罚化"。[1]通过过于严厉的刑罚措施防范未来的风险，不仅与制度设计初衷相悖，也不符合比例性原则。我国应当调整刑罚结构，积极推行"严而不厉"的处罚模式，稳步推进刑罚的轻缓化。

---

[1] 法益保护前置化所带来的"严罚化"，很重要的原因来自被害人保护的运动，如日本增设危险驾驶致死伤罪、提高酒后驾驶犯罪的法定刑等都源自被害人遗族及其声援者的签名、游行活动。参见［日］松原芳博：《被害者保护と"严罚化"》，载《法律时报》2003年第75卷2号，第20页。其中，媒体的报道和宣传起了非常大的作用，受到媒体瞩目的重大刑事案件，经常是促成风险管控的刑事政策的关键。参见李佳玟：《风险社会下的媒体与刑事政策——以1997年白晓燕案为例》，载苏俊雄：《自由·责任·法》，台湾元照出版有限公司2005年版，第249-270页。这些刑法之外的因素也应当为人们所重视。

刑法解释论：为类推解释辩

类推思维的特征是将待解释概念通过提升抽象维度的思考方法解释进入已有的概念范畴之中。刑法理论中可能出现类推思维的地方非常多，例如，在选择性罪名中，构成要件认识错误的情况下，比如拐卖妇女、儿童罪中误将儿童当作妇女拐卖，根据法定符合说，成立拐卖妇女、儿童罪既遂的结论就在于认为"妇女和儿童在《刑法》第240条中是完全等价的"[1]。再如，一般认为罪刑法定主义不及于违法阻却事由，即在以违法阻却事由为代表的出罪维度上不禁止类推解释，但鲜少见到将类推解释与违法阻却事由的理解结合起来的研究，其中的一个可能原因就在于类推的作用点不明晰。所以，类推解释的问题领域绝不仅限于法条文义的解释层面。但是，法条文义的类推解释是此类问题中的基础性问题。本专题选取构成要件论、解释论中的类推解释问题作为主题，以类推解释究竟是什么，禁止类推究竟禁止什么等类推解释相关的基础问题作为问题导向（第一部分），通过反思禁止类推论的立论基础与逻辑展开指出其不能证成之处（第二部分），在此基础上，主张围绕类推解释的肯否立场其实质都是意图区分类推解释与扩张解释进而达成妥当解释的问题，介绍该问题的最新研究成果（第三部分），进而提出本专题主张的经验主义解决路径，即将其置于每个具体构成要件中解决，以破坏生产经营罪为例，将对生产工具、生产资料的破坏、利用作为生产经营活动被破坏的中介理解，即"通过破坏、利用生产资料、生产工具破坏生产经营活动"

---

[1] 张明楷：《再论具体的方法错误》，载《中外法学》2018年第4期。

(第四部分)。总之,禁止类推的宣言背后实质是如何技术性地实现妥当解释的目标,不应动辄打上类推解释的标签而放弃细致的论证,这就是"为类推解释辩"。

一、类推解释的范畴厘清

"禁止类推"一直是大陆法系国家刑法"罪刑法定主义"下的一个重要内容。[1]自1997年我国《刑法》第3条明文写入罪刑法定主义,作为罪刑法定原则派生规则的"禁止类推"也获得广泛承认。[2]但是,此处的"禁止类推"究竟禁止的是什么?扩张解释与类推解释的边界究竟在何处?超脱于抽象的讨论,这些具体问题才是应当聚焦之处。例如,进入网络时代,在破坏生产经营罪的场合,有的恶意刷单案件[3]、侵入账号修改网店商品价格案件[4]最终被认定构成破坏生产经营罪;而有的恶意点击他人百度竞价广告案件[5]则最终没有认定为破坏生产经营罪。此间的微妙差异究竟在何处?

在进入正文之前,因为类推概念具有多个层次,"被禁止的类推究竟是什么意义上的类推"是首先需要厘清的概念问题。对此,刑法理论上至少有三种理解:作为思维方法的类推、作为法律适用方法的类推和作为法律解释方

---

[1] 参见[日]山口厚:《刑法总论》,有斐阁2016年版,第13-14页;[日]大塚仁:《刑法概说》,有斐阁2005年版,第63-66页。

[2] 参见张明楷:《刑法学》(上册),法律出版社2016年版,第51-52页;周光权:《刑法总论》,中国人民大学出版社2016年版,第44-45页。

[3] 南京恶意刷单案:检察机关指控,董某为打击竞争对手,指使谢某多次以同一账号在竞争对手网店恶意刷单1500余笔,致使竞争对手被电商平台根据平台规则以"商品搜索降权"处罚,损失10万余元。法院判决董某、谢某构成破坏生产经营罪。参见江苏省南京市雨花台区人民法院(2015)雨刑二初字第29号刑事判决书。

[4] 侵入账号修改网店商品价格案:检察机关指控,陈某为报复甲公司的言语侮辱,利用其事先掌握的甲公司网店的用户名和密码进入网店,将甲公司10种商品销售价格修改为低于应售价格并上架销售,致使上述商品低于应售价格被客户大量抢购,共造成损失12万余元。法院判决陈某构成破坏生产经营罪。参见浙江省杭州市余杭区市人民法院(2015)杭余刑初字第469号刑事判决书。

[5] 恶意点击他人百度竞价广告案:检察机关指控,江某、熊某为打击竞争对手,垄断推广市场,指使顾某、周某等人恶意点击竞争对手在"百度推广"上投放的广告,破坏竞争对手的正常经营,使得该公司损失巨额广告费。因恶意点击1500余次,百度向受害公司补偿金额共计286万余元。法院判决江某、熊某构成破坏生产经营罪。参见广东省深圳市中级人民法院(2017)粤03刑初622号刑事判决书。

法的类推。

作为思维方法的类推就是类比推理,即通过比较对象间的相同之处,做到相同情况相同对待。从推理方法上讲,"类推是一种演绎法与归纳法混合的形态"〔1〕,"任何解释(包括文义解释、体系解释、目的论解释)都会使用类推技术"。〔2〕刑法解释乃至任何认识、理解、解释活动都不可能拒绝作为思维方法的类推。

作为法律适用方法的类推则是类推适用,即法律未规定时的造法活动。民事审判因为法官不得拒绝裁判而类推适用最为相似的条文就是此类,我国1979年《刑法》第79条的类推规定也是此类。〔3〕而在解释论上,例如,没有争议的,我国刑法中将"飞机票"解释为倒卖车票、船票罪中的"车票、船票";日本刑法中将特别刑法《人事院规则》中"特定候补者"解释为包括"准备成为候补的特定的人";德国刑法中将"武器"解释为包括"一面结实的墙、自然土壤或一块岩石"等都是类推适用。再如,我国司法解释中存在的类推适用:2017年《最高人民法院、最高人民检察院关于办理侵犯公民个人信息刑事案件适用法律若干问题的解释》第4条规定了该罪名"以其他方法非法获取公民个人信息"的行为方式包括"交换",但是本解释第5、6条在论及"情节严重"的行为方式时,并没有"交换",那么现实问题是行为人以交换的方式非法获取公民个人信息且情节严重,不能加重法定刑,否则将"交换"解释进入"情节严重"的行为方式就是类推适用。类推适用的特征是将法律没有规定的、绝对概念外延之外的对象解释进入概念之中,刑法禁止的类推正是这种一定突破立法者"意图性的法律空白"、违背国民预测可能性的类推适用。

作为法律解释方法的类推才是类推解释,其是对刑法条文语义模糊地带构成要件的解释方法,模糊地带即存在扩张解释与类推解释争论空间的地带。

---

〔1〕 [德]亚图·考夫曼:《类推与"事物本质"——兼论类型理论》,吴从周译,学林文化事业有限公司1999年版,第32页。

〔2〕 参见杜宇:《刑法上之"类推禁止"如何可能?——一个方法论上的悬疑》,载《中外法学》2006年第4期。

〔3〕 但是1979年《刑法》中的类推适用有程序上的限制,同条但书规定:"但是应当报请最高人民法院核准"。

当前禁止类推论者大都强调类推解释在刑法用语含义范围之外，竭力将类推解释拉出到类推适用的部分。[1]赞成类推论一派强调刑法解释不可能拒绝类推思维，竭力将类推解释推到类推思维部分。[2]另一派强调类推解释在刑法用语含义范围之内或起码有之内的部分，竭力将其拉回到解释部分。[3]可见争论的主战场就是刑法解释和类推适用的边界地带，例如我国刑法中的"汽车"是否包括"用于载人的拖拉机"曾引起激烈争论，赞成与反对者都提出了有力理由。类推解释就是在刑法用语含义的边缘、模糊地带有造法（构成要件）嫌疑的词语解释。进一步而言，类推解释针对的对象不是法律创制而是法律模糊，因此是否违背罪刑法定原则尚需论证，存在不违背罪刑法定原则的可能性。Sax 即认为："法律上的类推是一个中间地带，介于为实证法律所规范之领域确定和未为法条规定之领域二者之间"。[4]在类推适用与解释之间不是泾渭分明的界分，而是有模糊地带，这就是类推解释发生的场所。

区分类推适用和类推解释是有意义的，因为如果抽象地说禁止类推适用则失去了禁止类推宣言的罪刑法定意义，类推与解释的边界此时是显而易见的，没有人会把衣架解释为玻璃杯，这已经超出解释的范畴，没有刑事案件是因为直接违反禁止类推适用而受到争议的，进入法官视野的案件本就是有入罪嫌疑的案件。同时，如果抽象地说禁止类推解释也是没有意义的，因为类推与解释的边界此时是模糊的，确实会有人将衣架解释为家具，而有的人则不会。此外，作为上位概念的法律解释和法律适用也是两个不同的逻辑范畴，解释与适用不能画等号，二者应当有所区分。[5]

厘清范畴有利于展开有效的讨论，禁止类推论者不能以违反类推适用批

---

[1] 相关文献有："在刑法条文用语的字面含义中不可能包括该事项"，冯军：《论刑法解释的边界和路径——以扩张解释与类推适用的区分为中心》，载《法学家》2012 年第 1 期；"超出了法条字面的含义"，刘明祥：《论刑法学中的类推解释》，载《法学家》2008 年第 2 期；"超出刑法正文可能具有之含义的新创制"，曲新久：《区分扩张解释与类推适用的路径新探》，载《法学家》2012 年第 1 期等。

[2] 相关文献有黎宏：《"禁止类推解释"之质疑》，载《法学评论》2008 年第 5 期；杨绪峰：《反思与重塑：刑法上类推解释禁止之研究》，载《环球法律评论》2015 年第 3 期等。

[3] 参见杨仁寿：《法学方法论》，中国政法大学出版社 2012 年版，第 194 页。

[4] Vgl. Sax, Das strafrechtliche 'Analogiecerbot', S. 148 转引自徐育安：《刑法上类推禁止之生与死》，台湾三容股份有限公司 1998 年版，第 51 页。

[5] 参见郑逸哲：《构成要件"适用范围"认识——"构成要件解释"和"构成要件适用"之间》，载《法令月刊》2018 年第 9 期。

评赞成类推论者，赞成类推论者也不能以不要类推思维批评禁止类推论者，双方面对的命题是一致的，即怎样在刑法条文含义的模糊地带做出妥当的解释，一句简单的禁止类推并不是解决问题的务实态度，何况如下文所述，当前我国禁止类推解释论者的理由也并不能成立。由于模糊地带的类推解释和扩张解释需要经过一定判断后才能确证，在术语使用上，本专题将这一处于模糊地带的解释统称为软性解释，但为了说明的便利，在类推解释与扩张解释相对应的场合，仍使用禁止类推论者的类推解释这一术语。

二、禁止类推解释的理由不能成立

当前我国学界禁止类推论占据通说地位，总的来说，禁止类推论对赞同类推解释论的批评、对禁止类推解释论的论证与具体建构讨论仍停留在较为抽象的层次，试图一劳永逸地通过抽象地建构区分规则解决软性解释与罪刑法定原则之间关系暧昧的问题。我国的禁止类推论者在支持禁止类推的基础上承认类推解释与扩张解释的区分，并对通过文义等标准能达致区分持乐观态度，但经过以下分析，这一理论进路存在论证障碍，禁止类推论需要面对法理基础、逻辑演绎和逻辑推论的多重诘问。

（一）禁止类推与其法理基础相互矛盾

禁止类推论将立论背景置于二战后国家主义衰退、个人主义兴起引起国民对法安定性需求的升高[1]，形式的罪刑法定主义、严格的构成要件解释在战后重获青睐。而罪刑法定主义的法理基础是以保护国民预测可能性为中心的尊重人权主义（自由主义）和以法律保留原则为中心的民主主义。在这一法理基础延长线的具体作用上，其认为禁止类推可以保护公民的行为可预测性、"迫使立法者以较为抽象和笼统的方式设置刑法条文"和"对刑法解释者进行心理意义上的约束"。[2]

然而，首先，禁止类推论者没有论证作为自由主义核心的公民预测可能

---

[1] 参见[日]西田典之：《日本刑法总论》，王昭武、刘明祥译，法律出版社2013年版，第26页。

[2] 参见[日]内藤谦：《刑法总论讲义》（上），有斐阁1983年版，第33页，转引自陈家林：《外国刑法理论的思潮与流变》，中国人民公安大学出版社2017年版，第72页。

性的基础何在。如果只是刑法文义,那需要扩张解释的理由:"意图使具体妥当性(当罚性)的要求和法的安定性的要求均衡考虑""解释的实质容许范围,与实质的正当性(处罚的必要性)成正比、与法文通常含义的距离成反比"[1]就不能成立,因为禁止类推论者并没有回应为什么可以以处罚必要性为由缓和文义的形式性。反言之,如果禁止论者真的如此重视预测可能性就应当禁止一切超出文义的解释。正如黎宏教授指出的,按照禁止类推论的逻辑,"剥夺人们预测可能性"的扩张解释也应当被禁止。[2]此处禁止论者使用了两个变量:是否剥夺预测可能性与是否类推,认为两个变量之间相互强关联,但如果是基于尊重人权主义的考量,根本变量应当只是是否剥夺国民的预测可能性而不是是否属于类推解释,不必多类推变量一举。

其次,在具体作用上,禁止类推对立法者、司法者的限制与实践表现更是矛盾。立法者以较为抽象和笼统的方式设置刑法条文反而会进一步导致构成要件的空洞化,迫使法官必须从处罚必要性、规范目的出发解释构成要件,结果只能是愈加侵害公民的预测可能性。从各国司法实务中软性解释层出不穷的现状看,禁止类推对立法者并没有产生效果,对司法者的心理约束作用更是寥寥,"司法实践并不重视对类推的禁止"。[3]

最后,针对禁止类推论的立论背景,日本实质犯罪论、机能主义刑法观兴起的理由正是社会状况的急剧变化。"20世纪60年代以降,日本开始了经济高速增长和社会结构转型,大量新型犯罪现象的登场以及狡猾利用法律之间微妙漏洞的犯罪多发,使得以限制处罚范围为最高宗旨的形式犯罪论的局限性不断凸显"[4]。按照禁止类推论的逻辑,如果能够论证社会状况发生变化就意味着禁止论的立论起点不复存在,而社会状况的变化不管在当时的日本还是现在的我国都是显而易见的。

(二)以文义为定义基础的禁止类推论逻辑无法自洽

如前所述,当前禁止类推论者大多将类推解释定义为法无明文规定的造

---

〔1〕 [日]前田雅英:《刑法总论讲义》,东京大学出版会2015年版,第61页。

〔2〕 参见黎宏:《"禁止类推解释"之质疑》,载《法学评论》2008年第5期。

〔3〕 参见[德]罗克辛:《德国刑法中的法律明确性原则》,载梁根林、[德]埃里克·希尔根多夫主编:《中德学者的对话:罪刑法定与刑法解释》,北京大学出版社2013年版,第33页。

〔4〕 赖正直:《机能主义刑法理论研究》,中国政法大学出版社2017年版,第127页。

法，以文义为定义基础（禁止类推论者也只能以文义为定义基础，因为"一般人大吃一惊说""突兀感说""犯罪定型说""思维模式区分说"等更加没有构建下位可操作规则的空间），主张区分被禁止的类推解释和被允许的扩张解释。例如，各种类型的文义说有：刑法条文字面通常含义<扩张解释<用语可能具有的含义[1]，刑法条文用语通常含义<扩张解释≤刑法条文用语最大可能含义（或：刑法条文用语核心含义<扩张解释≤边缘含义）[2]，刑法正文语言文字的普通意思<扩张解释≤"刑法正文范围内揭示需要解释事项的体系化文义"（"合乎刑法客观目的而又符合语言逻辑"）等。[3]因此禁止类推论的逻辑链是：最大可能文义范围是区分界限→保护国民预测可能性→罪刑法定主义，但是，这个逻辑链的每个节点都有问题，并不能推导出罪刑法定原则可以倚赖这一逻辑链实现。

以文义为边界的问题是，首先，在论证起点上，刑法诠释学认为"法律概念与案例事实在相互理解过程中""理解活动的尽头是不会有止尽的"[4]，这就是当今客观解释占据主导地位的源头思想，主张"刑法是在以固定的文字表述应对变化的生活事实，刑法适用者不可能改变生活事实，只能不断发现固定文字表述的新的含义"[5]。因此，按照客观解释论的推论，确定刑法真实含义的变量不只是文义，文义在不同语境中有不同意思，无法单纯从文本中获知，刑法的真实含义要在案例中体现，即刑法的真实含义并不是单变量（文义）的简单函数。"解释刑法规范不是对单向的对文本意义的静态开掘，而是刑法文本与现实世界的链接……刑法解释是面向实践问题的规范性解释。"[6]其次，论证逻辑上，"刑法真实含义"即类推解释与扩张解释的边界是论证目标，禁止类推论却先验地将明确的界限作为论证起点，假设这一明确界限可以保障罪刑法定原则，再去寻找这一界限，有循环论证的嫌疑。

---

[1] 参见张明楷：《刑法学》（上册），法律出版社2016年版，第41页。在第四版中张明楷教授使用的标准是：刑法条文字面通常含义<扩张解释≤刑法真实含义，参见张明楷：《刑法学》，法律出版社2011年版，第45页。

[2] 参见梁根林：《罪刑法定视域中的刑法适用解释》，载《中国法学》2004年第3期。

[3] 参见曲新久：《区分扩张解释与类推适用的路径新探》，载《法学家》2012年第1期。

[4] 徐育安：《刑法上类推禁止之生与死》，台湾三容股份有限公司1998年版，第268页。

[5] 张明楷：《刑法分则的解释原理》（上），中国人民大学出版社2011年版，第12页。

[6] 石聚航：《谁之目的，何种解释？——反思刑法目的解释》，载《现代法学》2015年第6期。

事实上，简单的文义比较无法得出有价值的结论，疑难案件往往就是因为文义纠缠不清、目标对象缺乏稳定的内涵而产生的争议。最后，来自"读者中心主义"的批评："正是理解者本人的确信，而非僵硬的文字标准，支配着司法实践中的解释边界"[1]"法律文本只是完成解读的一个因素，只有与其他因素一起才能完成文本的最终阐释"[2]。解释者总是将自己的阅历、经验代入到解释过程中，这就是"前见"（前理解、预判、直觉）解释，不存在超脱于前见的抽象文义，绝大多数法律发现都"发生在（三段论逻辑的）包摄之前"。[3]总之，文义无法对刑法解释提供足够的指引。

主张以文义为边界可以推导出保护国民预测可能性的问题是，首先，国民对自己行为的规范意义并不是依赖法条而产生的认识，现代社会不要求国民熟读刑法文本，刑法是通过禁止规范的明确性与其禁止性特征保护国民的消极自由。其次，在社会心理学上，"从一般国民的规范意识看，按照法律条文的语言学意义，这种行为类型既然为国家所禁止，其周围相似的行为在内容上也大概是同等性质了，达到这样认识的场合也是存在的"。[4]

预测可能性标准自身的问题是预测可能性的具体标准并不明确，具有个别性和不稳定性，而且获取困难。从这一概念无法自然推导出国民预测可能性的基础与内容，以及保障国民对法律适用的预见可能性是否只有文义解释这一条路径。明显的是，刑法的真实含义与生活用语之间的关系非常复杂，不可一概而论，有时刑法的真实含义小于生活用语，例如《刑法》第111条为境外窃取、刺探、收买、非法提供国家秘密、情报罪中的"情报"不可能包括法学院博士生招生考试的笔试试题；有时《刑法》的真实含义大于生活用语，例如第347条贩卖毒品罪中的"贩卖"当然包括将祖传的毒品单纯卖出的情形；再如，故意杀人罪中的"人"一般是指他人，但是在教唆、帮助自杀案件、自杀者自杀未遂案件中，也存在可能认定为"自己"的余地；有

---

[1] 杜宇：《刑法上之"类推禁止"如何可能？——一个方法论上的悬疑》，载《中外法学》2006年第4期。

[2] 赵运锋：《刑法类推解释禁止之思考》，载《当代法学》2014年第5期。

[3] 参见［德］阿图尔·考夫曼：《法律哲学》，刘幸义等译，法律出版社2011年版，第107页。

[4] 参见［日］西原春夫主编：《日本刑事法的形成与特色：日本法学家论日本刑事法》，李海东等译，中国·法律出版社、日本国·成文堂1997年版，第126页。

时刑法条文本身错误，完全无法与生活用语相对应，例如《日本刑法》第109条的规定，向非现住建筑物放火罪中使用的"或者"应当是"并且"的意思，因为第108条作为抽象危险犯的向现住建筑物放火罪是"向现在有人居住使用或者现在有人的建筑物放火"，第109条作为具体危险犯当然应当是"向现在无人居住并且现在没有人的建筑物放火"[1]，因此后来修法进行了纠正（现在用语：かつ，而且）等。因此试图通过文义等标准抽象地确定"刑法真实含义"的进路值得怀疑。

证明禁止类推论无力的论据还有很多，例如，其一，我国实践案例中存在大量的模糊地带，[2]没有哪个问题是依赖文义说解决的，相反按照文义说，以"条文的最大可能文义"为标准，"冒充"本就可以解释为"假冒+充任"，然而这一解释为何又受到多数学者反对；其二，禁止类推论者也承认，"扩张解释也需要处罚必要性标准"[3]，扩张解释与类推解释的区分具有相对性；[4]其三，在文义说无力的前提下，给予禁止类推论致命一击的是类推解释与扩张解释二者的界限模糊化，因为二者思维模式完全相同，"就类推解释和扩张解释对法文言的固有概念范围扩张来说是同质的，二者推理形式没有不同""通常所谓的扩大解释和限制解释只是基于解释的后果对解释的分类，根本不是一种方法"[5]，二者都是扩大刑法文义范围的大前提使其可以涵摄到作为小前提的具体案情。"思维模式没有本质区别"[6]"扩大解释更多地关注法律用语的可能外延，类推解释则更多地关注法律用语所可能具有的实质内涵""只存在程度上的差别"，不是适用程序上逻辑结构的差别。[7]因此，扩张解释无法经由禁止类推论的逻辑推导出来，如果去除文义，将扩张解释

---

[1] 参见甘添贵主编：《日本刑法翻译与解析》，五南图书出版有限公司2018年版，第100-101页。

[2] 这些典型案例的整理参见杨绪峰：《反思与重塑：刑法上类推解释禁止之研究》，载《环球法律评论》2015年第3期。

[3] 冯军：《论刑法解释的边界和路径——以扩张解释与类推适用的区分为中心》，载《法学家》2012第1期。

[4] 参见张明楷：《刑法学》，法律出版社2016年版，第41页。

[5] [日] 关哲夫：《讲义刑法总论》（上册），成文堂2015年版，第28页。

[6] 吴丙新：《扩张解释与类推解释之界分——近代法治的一个美丽谎言》，载《当代法学》2008年第6期。

[7] 参见黎宏：《"禁止类推解释"之质疑》，载《法学评论》2008年第5期。

回归到它的概念内涵只由逻辑推理方法确定,它其实就是一部分类推解释。换言之,只存在被允许的类推解释和被禁止的类推解释。

当然,无法否认的是,正如耶林在《为权利而斗争》中为威尼斯商人高声疾呼那样,采取"禁止类推"的宣言确实可以避免刑法解释滑向类推适用的倾向,坚守文义确实可能构筑罪刑法定原则的保障人权之墙。但是这一理由无法掩盖禁止类推论上述说理层面的障碍,更无法技术性地解决软性解释如何区分的问题,问题依然存在。

(三) 禁止类推逻辑推论的诸多问题

禁止类推论除了法理基础和具体作用、自身逻辑论证存在问题,其逻辑推论也存在无法回避的问题。首先,扩张解释概念值得质疑。禁止类推论为了维持禁止类推的命题,在面对刑法条文必须经过解释才能适用的现状、社会生活变化导致生活用语变化等情况,妥协性地创造出扩张解释的概念,因此扩张解释是禁止类推论的产物。但扩张解释与严格的罪刑法定之间存在明显的矛盾,而且正如上文所批判的,文义说无力解决矛盾。那么,扩张解释的概念是否还有存在的必要?支持扩张解释的论者为了防止上述以文义为定义基础的循环论证问题和以逻辑推理方式填充概念内涵而带来的和类推解释混同的问题,必须引入新的理由。冯军教授引入商谈的程序,包括解释者本人反复商谈,进行目的性限缩、诉讼过程中控辩双方商谈,认为诉讼对抗的过程就是商谈的过程等。[1]此处无意质疑商谈程序本身的合理性,值得注意的是引入商谈程序必须在理想状态下运行方能产生效力,但当前我国司法实践和法律适用者的现状恐怕还无法达到理想状态,因此这种理论构建颇具新意却难以落地,否则也不会产生实践中的诸多问题。因此,主张和扩张解释有根本性差异的类推解释是不存在的。刑法解释只有被允许和被禁止的类推解释,他们被统称为软性解释,而没有扩张解释概念生存的空间。

其次,允许有利于被告人的类推存在疑问。当前刑法理论普遍承认对被告人有利的类推,如果上述禁止类推论的逻辑存在问题,即类推解释也存在被允许的部分,那么为什么不是"允许类推解释但禁止不利于被告人的类推

---

[1] 参见冯军:《论刑法解释的边界和路径——以扩张解释与类推适用的区分为中心》,载《法学家》2012第1期。

解释"？这同样可以达致保护被告人人权的目的，禁止类推论无法回答通说基于定义的允许例外论和禁止例外论的区别何在。此外，有利于被告人的类推解释是违反法律主义的，不同于"超法规的违法阻却事由"的创设不以刑法规定为限，是直接源于阻却违法事由的正当化原理，此处允许有利于被告人的类推解释其正当性在哪里？佐伯仁志教授认为可以归结于合宪性的根据，在可以从宪法上找到根据时，可以认为"有利于被告人的类推解释作为合宪性限定解释而得到允许的情况是存在的"，例如，关于无期待可能性的责任阻却可以在《日本刑法》第13条"尊重个人，追求幸福权、公共福利"中找到根据，但是，亦不能把有利于被告人的类推解释全都说成是合宪性限定解释。即便如此，有利于被告人的类推解释也应当被限制在能够主张合宪性的较小的范围之内。[1]

最后，禁止类推和实质解释、目的论解释的立场相矛盾。禁止类推论者一方面拒绝类推解释，一方面将目的论解释推上了刑法解释方法的舞台，殊不知二者之间的亲缘关系："有关类推解释的正当性论证，不可能单纯依靠逻辑力量来完成，而需要借助实质性理由，而规范目的正是最为重要的实质理由的来源"。[2] 禁止类推重视条文的形式性、以期保护预测可能性的理想与目的论解释重视处罚必要性、软化条文形式性的现实之间存在明显冲突，禁止类推论如何能支持、在何种程度上支持目的论解释需要进一步澄清说明。此外，有的禁止类推论者认为当然解释是可以解决类推适用与刑法解释模糊地带解释难题的方法也存在疑问。诚然，当然解释在一些场合可以奏效，例如按照日本特别刑法《枪支管理法》中禁止携带"小于十五厘米以下的刀具"可以类推至"也禁止携带大于十五厘米以上的刀具"确实"理所当然"。但是，放在我国的软性解释中做验证的话，《刑法》第67条第2款有关自首的强制措施是否包括治安拘留，主体是否包括受治安拘留的人就存在疑问，因为治安拘留和刑事拘留基于两种不同性质的法律：行政法和刑法，即使持违法一元论，认为行政法和刑法只是违法性量不同的观点也会对这种场合持有

---

[1] 参见［日］佐伯仁志：《刑法总论的思之道·乐之道》，于佳佳译，中国政法大学出版社2017年版，第22页。

[2] 参见劳东燕：《刑法中目的解释的方法论反思》，载《政法论坛》2014年第3期。

疑问,更遑论当前学界通说是违法相对论,认为行政违法与刑事违法是质的区别,而不只是量的不同。[1]

总之,禁止类推论也承认法律不需要解释即可适用的时代早已过去,试图通过文义来区分扩张解释和类推解释,既保证法的安定性又赋予法的灵活性,但是禁止类推论自身从法理基础到立论逻辑再到逻辑推论都还存在难以克服的问题,因而禁止类推解释的理由不能成立。

赞同类推论和禁止类推论最终都会归结到寻找罪刑法定主义的边界、区分类推解释与扩张解释达致妥当解释的问题,因此这才是真正的问题所在。面对高速发展的我国社会,我国正在经历20世纪日本等国经历的"社会状况急剧变化"的时代,结合"失范社会"需要什么样的妥当解释,面对失范社会,应当考虑什么样的刑法解释可以发挥最大的机能或许才是正确的刑法解释方向。禁止类推当然可以表现禁止类推论者保护人权的思想观念,但是如何技术性地实现这一目标才是必须直面的问题。

三、妥当解释的出路检视

按照禁止类推论的术语,扩张解释和类推解释的界限,是否承认法律模糊地带的类推概念归根到底是罪刑法定主义的边界问题。就该问题,主流学说一致认可的单从规范目的或文义出发的标准都不可信,从规范目的、处罚必要性出发必然是类推适用,从文义出发基本是刑法解释,但模糊地带恰恰就在二者相邻的边缘地带。因此,论者大多会同时使用两个标准,形式与实质并重似乎很完美。但是,形式的刑法文义与实质的规范目的之间的内在关系和适用结构是什么,比例如何,应当在什么案件中考虑前者多一点,又在哪些案件中考虑后者多一点,这些具体问题论者鲜少提到,研究尚未向纵深处发展,让人怀疑这种混合说的真实价值。在混合说之外,学说有向其他解释方法拓展借力的倾向,"只有采用不同于语法途径的其他解释方法(即历史解释、系统的和目的论的方法)才能在多种可能的含义中选择出'正确'

---

[1] 参见张明楷:《正确适用空白刑法的补充规范》,载《人民法院报》2019年8月8日,第5版;欧阳本祺:《论行政犯违法判断的独立性》,载《行政法学研究》2019年第4期。

的"[1],并且都产生构建具体判断的下位规则的意识,值得注意的解决思路有以下几种:

(一) 主观解释论的回潮

当前占据主导地位的客观解释论以刑法学诠释学为基础,认为随着客观社会生活的变化,解释没有尽头,这在一定程度上为实践中缺乏终点意识、明显具有入罪倾向的构成要件解释提供了理论基础,助长了软性解释的产生,因此理论上出现了缓和客观解释的主观解释论回潮的迹象。周光权教授指出:"软性解释有时再向前迈进一步就是类推解释……实质上由司法者制定出了立法上原来没有预想到的新规范"[2],已经揭开了主观解释论回潮的序幕。刘艳红教授明确提出网络时代刑法的"主观的客观解释论",指出:"针对网络空间层出不穷的新型违法犯罪行为,应警惕客观解释论的过度使用""在网络犯罪的解释适用中,以客观解释为基础,同时其解释不能超出'刑法条文的语言原意'之范围,以主观解释作为客观解释之限定"[3]。

主观的客观解释论正确看到了占据主导地位的刑法客观解释在网络时代面对新兴对象有明显的处罚必要性先行的入罪倾向,在此现状下,主观解释具有校正客观解释、伸张刑法谦抑主义的"法治基因",强调主观解释可以提供一个较为明确的基准,以免立法价值被解释者的意志稀释,具有正确性的一面。从权力分析上,更深层次的原因是主观解释可以使立法者、司法者、公民之间的关系透明化,以此代替文义保持公民对于法律规范安定性的信赖,在此意义上,主观解释是客观的,客观解释反倒是主观的。以南京恶意刷单案为例,彻底的主观解释基于行为方式、行为对象、行为结果都需要物理性,认为被害人从事的不是"生产经营",行为人的行为也不是"以其他方法破坏生产经营";彻底的客观解释完全从当前社会现实出发,唯结果论、唯罪名论,认为被害人从事的是"生产经营",行为人的行为方式也是"以其他方法破坏生产经营";但主观的客观解释论认为,被害人从事的网上论文检测工作

---

[1] [德] 冈特·施特拉滕韦特、洛塔尔·库伦:《刑法总论Ⅰ——犯罪论》,杨萌译,法律出版社2006年版,第55页。

[2] 周光权:《刑法软性解释的限制与增设妨害业务罪》,载《中外法学》2019年第4期。

[3] 刘艳红:《网络时代刑法客观解释新塑造:"主观的客观解释论"》,载《法律科学(西北政法大学学报)》2017年第3期。

是网络时代生产经营与时俱进的产物,是生产经营活动由物质性向非物质性的延伸,因此属于该罪名构成要件中应当受到保护的"生产经营"。但行为人的行为不是破坏被害人的生产设备,也不是干扰正常经营活动,不具有物理性要件,其他消费者依然可以正常使用该公司业务,因此行为方式不是"以其他方法破坏生产经营"。

主观的客观解释相对于彻底的主观解释在否认被害人的经营活动是"生产经营"方面结合社会发展的现实进了一步,在相对于彻底的客观解释承认被告人的行为方式是"破坏生产经营"方面又基于刑法的谦抑主义退了一步。其既以客观解释保证了刑法不会离社会生活的变化太过遥远,又能以主观解释发掘法条文义在解释中的作用,在结论上有所克制,贯彻刑法谦抑主义。在方法上,主观的客观解释论通过区分层次找主观解释、客观解释各自的作用点,进而寻找合理的界限这一下位规则的具体构建方法值得借鉴。但是,主观的客观解释论的问题是,一方面,选取主观、客观解释的着力点后,依然要面对为何要应用主观解释限缩处罚范围的疑问;另一方面,"刑法条文的语言原意"的限度在哪里,即立法原意在我国面临的现实困境是立法文件难以获取,全国人大法工委主编的立法草案恐怕也不是立法原意。

(二) 关注限制解释理由的体系解释理论

雅科布斯教授在20世纪90年代即展开对类推禁止理论的批评,认为被禁止的不是类推,而是"规制的一般化水准",与本专题将问题意识置于寻找罪刑法定边界不同的是,他认为明确的界限是不存在的,因此不是将精力放置在构建分界规则上,而是想要通过验证解释结论、理由是否符合"刑法体系"而判断是否被允许,将判断的重心放在限制刑法解释者做出符合体系的解释上。雅氏的理论不同于传统的体系解释,也不同于曲新久教授提出的"刑法体系化文义"[1],其不在意正向攻坚,而着力于反向验证,走出了一条新路。

在雅氏的理论中,体系拘束的四个要件是:"概念展开的继续性""不适用场合产生的评价恣意性""相同程度的规制必要性""对问题处理的适合

---

[1] 参见曲新久:《论扩张解释与类推解释的区分》,载梁根林主编:《当代刑法思潮论坛——刑法教义与价值判断》(第二卷),北京大学出版社2016年版,第351页。

性"。以德国刑法上的森林窃盗案检验,本案的争议焦点是使用"马车"作为森林窃盗交通工具而加重处罚的情形是否可以包含使用"汽车"。首先,"意思的变化在通常的继续性范围之内"是必要的,从机能的等价性出发,可以认为本案中用马车拉木材和用汽车拉木材在机能上是等价的,因此在概念展开上具有继续性。其次,若不适用就会产生评价的恣意性,因为以汽车或马车搬运同样的重量或者搬运更多的重量是可能的。再次,从今天的观点看,对汽车和马车给予相同或以上规制的必要性是存在的。最后,将汽车解释进入马车可以使问题在根本上予以解决,具有妥当性。日本学者川口浩一使用这四个要件解释日本刑法中的"汽油电车事例"和"捕获事例"时,类似森林窃盗案例,前者得出入罪结论,后者得出出罪结论,因为后者的"捕获"在概念继续性上难以包含"捕获未遂"的情形,这一问题最终通过立法论解决。[1]

在方法上,雅氏的体系解释理论拒绝寻找先在的区分界限而构建用以验证解释结论、解释理由的解释体系方法值得借鉴,但是雅氏理论的四要件几乎都是从规范论出发的观点,用这一与规范目的、处罚必要性有着天然亲缘的四要件检验入罪结论,似乎必然百发百中。难怪罗克辛对"概念展开的继续性"批评道:"如此说来,则没有所谓的界限了"[2]。

(三) 机能刑法观下被允许的类推解释的适用结构论

前述理论的无力促使刑法理论将视角回归到类推解释本身的适用结构中来。刑法适用的判断是在事实与规范之间不断往返,事实是具象的,规范是抽象的,只有在思维过程中二者的抽象程度达成一致,一个妥适的刑法适用才有成立可能。因此,刑法适用除了从规范与事实、规范目的与刑法文义出发之外还有第三条出路:选取规范目的和刑法文义的中间选项作为比较的参照物。

类推解释的具体过程是:比较对象→确定从哪个角度看对象间具有相似性并判断相似性程度→得出相似与否的结论→相似情况相同处理。但其实在

---

[1] 参见 [日] 川口浩一:《刑法における類推禁止の原則》(下),载《關西大學法學論集》2008年第57卷第6号。

[2] Vgl. Claus Roxin, Strafrecht Allgemeiner Teil Bd. Ⅰ, C. H. Beck, 1997, §5 Rn. 39. 转引自徐育安:《刑法上类推禁止之生与死》,台湾三容股份有限公司1998年版,第175页。

选择类比对象时有两种不同的思路,即事实与事实比较和事实与规范比较,相对地,也有两条不同的路径。比较对象是典型对象路径(事实与事实比较)时的具体过程是:比较典型对象→分析检验对象与典型对象不同属性→确定关键属性(此时已经得出结论)。齐佩利乌斯将这一过程称为"类型化案例比较",将典型案例称为"作为比较基准的基准类型和指导性类型"。[1]比较对象是法规范的路径(事实与规范比较)是寻找"最相似的法律条文":比较法规范对象→降低规范的抽象程度或提高事实的抽象程度(解释包括对事实的认定、归纳)→分析不同属性→确定关键属性(已经得出结论)。应当认为前一思路较为合理,首先,公众的规范意识是从交往中习得,而不是源于阅读刑法条文,国民总是想到典型事实而不是规范用语,刑法用语具有渗透效应,"人们在探寻凶器这一类型的真实含义时,习惯于将自己熟悉的事实视为'该当'的事实,并趋向于认为刑法类型描述的事实仅限于自己熟悉的事实"[2]。其次,同一抽象程度的对象之间比较不易随意提高、降低抽象程度,因为在具象到抽象运动的过程中已有评价要素存在,当比较对象为法规范时不可避免地对事实进行归纳,此时已经进行了一次价值判断,不难看出,后者路径正是唯结果论、唯罪名论产生的入罪路径,简言之,此时事实归纳更具有可操控性。[3]

但是,不管采取哪种路径,类推中从哪个角度出发,即核心属性、本质要素的确定最为重要,这就是考夫曼所说的类推过程中"比较点的选择""视比较点的选择,可能会得出完全对立的结论"[4]。本质要素的选取应当具有稳定性、包容性、低评价性(比处罚必要性低、距离判断结论较远、比文义表面性要高)。本质要素是至少能够提供违法性基础的要素,因此,本质要素的选取必须决定于刑法的机能,考虑"新世界中最为重要的价值是什么?这

---

[1] 参见[德]齐佩利乌斯:《法学方法论》,金振豹译,法律出版社2009年版,第104-109页。

[2] 杜宇:《刑法解释的另一种路径:以"合类型性"为中心》,载《中国法学》2010年第5期。

[3] 参见蔡圣伟:《重新检视因果历程偏离之难题》,载《东吴法律学报》2008年第20卷第1期。

[4] [德]阿图尔·考夫曼:《法律哲学》,刘幸义译,法律出版社2011年版,第93页。

种价值是应当用刑法加以保护,还是应当用其他方法加以保护?"[1]

在这一思路之下,举例一些确定本质要素的有力论证,这些本质要素的确定都是通过案例间的比较而不是通过案例与规范之间的比较得来的。例如,认为盗电不是盗窃,与电力是否是有体物无关,而是因为盗电案相对于普通盗窃案件是持续犯,即不法类型由行为类型决定。再如,认为载有淫秽视频的硬盘是淫秽物品,因为淫秽物品的淫秽性判断是淫秽信息通过阅读能够被获取,载有淫秽视频的硬盘在这一点上和需要放大镜才能看清楚的淫秽书籍、漫画是等价的,因此需要播放的手段性与需要放大镜作为工具是一样的,不影响行为的不法类型和入罪判断,而淫秽信息本身的淫秽性是本质要素。又如,认为按处方签配药可包括接听医生电话签配药品(日本旧《药剂师法》第9条只规定了按处方签配药品)的案例,就是重视作为本质要素的处方功能性:信息载体性,也就是说关注的是处方信息的真实性而不是处方方式的唯一性。[2]与之同理,伪造文书罪中的文书是否包括"复印的文书",日本刑法认为可以包含的观点就是着眼于二者信用的同一性等。

应当说,从类推解释的本身结构出发,根据刑法的机能寻找本质要素作为中间比较项的做法具有合理性的一面。但是,问题是刑法机能一旦确定,往往就意味着本质要素也已经确定,此时再去根据本质要素处理案件,结果基本确定,可见本质要素其实并不独立,反而可能使判断流于恣意。

总之,在确认文义无法为解释者提供指引,扩张解释与类推解释的明确界限并非先验存在,寻找妥当解释才是保护国民预测可能性的必由之路后,学说着力于构建明确的下位规则来保障罪刑法定原则。"主观的客观解释论""体系解释论"和"回归到类推解释的适用结构论"都有各自优势,也有难以解释的问题。因此,虽然还是无法从抽象层面区分类推解释与扩大解释的界限,但上述理论在方法上已给予丰富的启示。

四、寻找软性解释的罪刑法定主义边界:以破坏生产经营罪为例

本专题在观念上认为从国民的预测可能性出发,应当承认刑法文义之外

---

[1] [日]平野龙一:《刑法的基础》,黎宏译,中国政法大学出版社2016年版,第75页。
[2] 参见[日]大谷实:《刑法讲义总论》,黎宏译,中国人民大学出版社2008年版,第59页。

的判例对国民预测可能性的塑造作用,承认从判决书出发提炼变动着的"国民规范意识"思想,这一点不仅在实践中,在刑法上的其他问题也可以得到印证。例如想象竞合的案件虽然最终是以一罪定罪处罚,但判决书中必须明示行为人一行为所犯的其他犯罪,这就是构成要件的澄清明示机能要通过判决书明确地展示出来。在方法上,借鉴上述理论的合理性,尽力构建下位判断规则。在具体论证路径上,结合网络时代司法实践中对破坏生产经营罪具体构成要件的软性解释展开,力图揭示软性解释中被允许的类推解释的微观过程,以此寻找区分界限。选择破坏生产经营罪的理由是因为网络时代对各种传统时代的构成要件产生了冲击性的影响,破坏生产经营罪是一个较好的观察点。

分析比较中外刑法中存在问题的解释大致可以分为以下两类:首先是法条用语本身具有歧义、错误的,例如日本特别刑法《鸟兽保护及狩猎相关法律》中"捕获"是否包含"捕获未遂"的情形等[1];其次是由于社会背景发生改变,用语含义随之发生改变的情况,例如我国刑法中侵犯通信自由罪中,"信件"是否包含电子邮件,再如淫秽物品是否包含载有淫秽视频的硬盘等。前者应当通过立法解决,后者有可能依靠解释论解决。破坏生产经营罪的构成要件在网络时代的解释困境就是后者,应当通过解释论解决。

寻找边界应当从微观角度进行,能够妥当解释案例的理论才是妥当的理论。以破坏生产经营罪在网络时代的表现为例,到底什么方式算作是"以其他方法"破坏生产经营,刑法对该罪构成要件分别从行为目的(由于泄愤报复或者其他个人目的)、行为方式(毁坏、残害和以其他方法)、行为对象(机器设备、耕畜)、行为结果四个方面加以规定。进入网络时代,司法实践中利用网络实施破坏生产经营活动的案例逐渐增多,在这些案例中行为目的和结果较容易认定,问题是构成本罪是否必须以同时满足行为方式和行为对象二者的物理性标准,即争议的焦点是"以其他方法"破坏生产经营罪的构成要件是破坏生产经营工具、资料还是破坏生产经营活动,这就是本罪刑法解释和类推适用之间模糊的软性解释地带。

---

[1] 参见[日]川口浩一:《刑法における類推禁止の原則》(上),载《關西大學法學論集》2007年第57卷第3号。

(一) 刑法理论的两种立场和司法实践的三种立场

对于这一问题，刑法理论上有两种立场。严格解释论者持肯定回答，"行为必须表现为毁坏、残害等毁损行为；毁损的对象必须是机器设备、耕畜等生产工具、生产资料"[1]。周光权教授认为南京恶意刷单案以破坏生产经营罪定罪的疑问是，根据同类解释规则，破坏生产经营罪罪状中其他方法都是"物理性地对生产资料的破坏、毁坏"[2]，因此严格解释论者大多持双重限定论，认为必须物理性地破坏生产经营工具、资料。相反，反对论者认为双重限定论是"停留于农耕社会和机器工业时代的固有思维和解释水平，不能适应如今以第三产业为主体的后工业社会和网络时代的要求"[3]"若仍局限于传统思维，则破坏生产经营罪在网络时代势必会成为一个'奄奄一息的罪名'"[4]。因此，反对论者大多不要求行为对象和行为方式的物理性。这里可以清楚地看到支持论者出于一种"法条主义"的考量，而反对论者从处罚必要性出发。换言之，从"毁坏机器设备、残害耕畜"中前者看到了行为方式、行为对象的物理性，而后者只看到法益侵害的结果，即破坏生产经营活动。

当前肯定论与反对论尚未形成有针对性的讨论，基本是立场之争，各执一词，以方向完全相反的理由不可能真正说服对方。争论中突出的问题是双方都不能以对方违背罪刑法定主义当做论据，这是结果而不是论据。相比之下，只从处罚必要性和激活破坏生产经营罪罪名适用出发的反对论有更加明显的罪刑法定主义风险。

值得注意的是，司法实践中除了与刑法理论中相对应的两种立场：严格解释论者的立场在"恶意点击他人百度竞价广告案"中得到贯彻，判决书写道："刑法所规定的破坏生产经营犯罪是对机器设备或者耕畜的损毁或者以其他方式破坏生产经营，在一般法律概念里是对实体财物的损毁，即使在科技高速发展的今天，对竞争对手广告的恶意点击是否能认定为破坏生产经营罪

---

[1] 张明楷：《刑法学》（下册），法律出版社2016年版，第1027页。
[2] 周光权：《刑法软性解释的限制与增设妨害业务罪》，载《中外法学》2019年第4期。
[3] 陈洪兵：《双层社会背景下的刑法解释》，载《法学论坛》2019年第2期。
[4] 刘仁文：《网络时代破坏生产经营的刑法理解》，载《法学杂志》2019年第5期。

仍存在高度疑议"[1]，因此判处不构成破坏生产经营罪，可见实践中的严格解释论者保持了支持同类解释的司法克制立场。反对论者的立场在"南京恶意刷单案"中得到体现，"（行为人行为）导致淘宝公司错误判定该店铺在从事虚假交易，并对其作出商品搜索降权的处罚，严重影响了被害公司淘宝网店的正常经营活动，且给该公司造成了较大的经济损失"[2]，因此判处构成破坏生产经营罪。可见实践中的反对论者几乎是唯罪名论、唯结果论的立场，跳过了构成要件符合性的判断，直接得出了有罪结论。[3]

除此之外，实践中还存在一种相对克制的扩张论立场，仅限定行为对象的物理性，而不限定行为方式的物理性，例如在"侵入账号修改网店商品价格案"中，判决书明确写道："该公司在电商平台上的账号、密码是其生产运营的重要工具。被告人未经公司许可，出于个人目的，擅自利用其掌握的公司账户和密码修改后台控制平台的推广佣金比例，造成公司重大经济损失，其行为符合破坏生产经营罪的犯罪特征"。[4]与该案相似的其他案例也倾向于将账号密码认定为一种物理性的生产工具，认定行为人使用账号密码修改商品价格导致损失的行为构成破坏生产经营罪。[5]与之相对，在未利用账号密码而利用修改软件修改网店商品价格案件[6]中，同样是修改价格，但利用修改软件的行为则认定为盗窃罪。使用网店本身的账号密码修改价格和使用改价软件黑入系统修改价格，根本的不同是前者中账号密码被法院认定为属于生产工具，将行为方式认定为破坏生产经营，而类似后者没有使用账号密码修改价格，则不是破坏行为，账号密码完整无缺并没有无法发挥作用，商家可以正常使用、消费者也能正常购买商品。

因此，对于像"侵入账号修改网店商品价格案"这类处于严格解释肯定

---

[1] 参见广东省深圳市中级人民法院（2017）粤03刑初622号刑事判决书。
[2] 参见江苏省南京市雨花台区人民法院（2015）雨刑二初字第29号刑事判决书。
[3] 参见冀洋：《网络时代破坏生产经营罪的司法逻辑》，载《法治研究》2018年第1期。
[4] 参见广东省东莞市第一人民法院（2018）粤1971刑初1054号刑事判决书。
[5] 参见广东省广州市中级人民法院（2017）粤01刑终869号刑事裁定书。
[6] 本案的大致案情：检察机关指控，张某发现多个网店交易系统存在漏洞，先后多次以某软件将网店上销售的新手机修改价格为1分钱，以此获利3万余元。法院判决张某构成盗窃罪。参见广东省深圳市宝安区人民法院（2018）粤0306刑初496号刑事判决书。相似案件还有"谢某利用软件修改网店商品价格案"，参见山东省济南市中级人民法院（2019）鲁01刑终78号刑事裁定书。

论与反对论模糊地带的软性解释案件,才是检验妥当解释的真正试金石。如果认同涂尔干在《社会分工论》中的方法论:通过法律,特别是刑法作为测量社会团结的外在工具,"法律表现出来的社会团结是本质的"[1],这一问题上两种理论之对立以及更之上的两种社会思潮的对立是客观存在的,严格解释的立场和反对论的立场都有可取之处。这意味着绝不能忽视各国实践中灵活解释、软性解释的立场和这一立场下暴露出的问题,严格解释论者口中罪刑法定主义的"危机"中也隐藏着做出符合社会发展现实解释的"机遇"的一面。比反对论者更加谦抑的严格解释肯定论者认为,坚守同类解释、法条主义下的物理性就是坚守罪刑法定原则,这种观点将这一问题简单化了,问题远远没有这样简单,例如几乎无人反对"信件"中包含电子邮件而不需要物理性。处罚范围确实不是越大越好,但也不是越小越好,而是越合理越好,"解释永远是创造的过程"(伽达默尔语)。

(二)故意毁坏财物罪中"有形的影响说"的启示

无论支持论者还是反对论者都赞同破坏生产经营罪是故意毁坏财物罪的特别法条[2],对破坏生产经营罪软性解释的区分边界或许可以从故意毁坏财物罪的成熟讨论中获得启示。

针对故意毁坏财物罪是否需要物理性要件,德国和日本的理论和判例的态度并不相同。德国刑法通常将罪刑法定的边界放在术语的字面含义,认为语意解释对体系解释、历史解释、目的解释具有一票否决权。例如对于禁止遛狗时不用绳索将狗牵住的禁止性规范,如果行为人遛的是老虎并且没有用绳索牵住,德国刑法认为"老虎在生物学上属于猫科动物""将其适用于老虎将构成类推"[3]。但是日本的情况完全不同,日本在二战后有一段时期要求"封印一切恣意",但随着社会状况发生明显变化,对法益保护的要求越来越强烈。由平野龙一开启的机能主义刑法学开始占据通说地位,此后所一彦的

---

[1] [法]埃米尔·涂尔干:《社会分工论》,渠敬东译,读书·生活·新知三联书店2017年版,第29页。

[2] 参见张明楷:《妨害业务行为的刑法规制》,载《法学杂志》2014年第7期;陈洪兵:《双层社会背景下的刑法解释》,载《法学论坛》2019年第2期。

[3] 国家法官学院、德国国际合作机构:《法律适用方法:刑法案例分析方法》,中国法制出版社2016年版,第145页。

刑事法社会学、前田雅英的实质犯罪论、松泽伸的新机能主义刑法学相继出场，主张将为刑法所规制的犯罪视为一种社会现象，刑法要发挥对社会的最大机能，尽量减少处罚间隙，严密法网，回应防卫社会的需求，在解释方法上，目的论解释成为最高位阶的解释方法。

德日对待软性解释的不同态度在故意毁坏财物的案件中的体现较为明显。日本的通说重视权利人对财物的使用价值甚至主观价值，认为"毁弃、损坏，不限于物理性（物质性）损坏，是指有损物之效用的一切行为（侵害效用说）"[1]。根据这种立场，将戒指扔入大海的行为、放走他人鸟笼中珍贵鸟类的行为、混合大量不同颜色的纽扣让他人区分整理困难的行为，甚至是在他人进行必要活动时隐匿必要工具的行为，例如每到上课时隐匿高校教师上课用的扩音话筒，下课时即放回原处的行为都有可能被评价为故意毁坏财物罪。该说认为物理性毁坏说的观点将处罚范围限定得过于狭窄，这无疑正确，但是将该说推导到极端，就会出现将他人正在阅读的书籍页面合上，导致他人找回阅读页面困难这种社会相当的行为都有可能被认为该当故意毁坏财物的构成要件。正如学者评价的，此类将损坏进行概括性理解的学说无疑是将损坏财物罪的保护法益由"财物的所有"偷换为"财物所有人的主观意思"，将损坏财物罪的构成要件拟制成"针对所有权人对于财物的处分自由之行为"[2]，对被害人没有边界的保护是不合适的。

德国的通说则是在物理性毁坏说的基础上理解"毁坏"的，并且无一例外的不处罚财物的隐匿行为。例如，认为将他人的自行车丢入河流中构成故意毁坏财物罪的理由不是因为被害人无法利用自行车，而是自行车在河流中的生锈过程系毁坏过程。虽然在判例方面有松动的倾向，判例通说认为《德国刑法》第303条的损坏包括两种情形，即物质损伤与效用损伤，但是还需要行为人的行为对物品本身造成了物理性的影响[3]，因此在日本被评价为毁坏的上述行为在德国都不是"毁坏"。

---

[1] [日]西田典之:《日本刑法各论》，王昭武、刘明祥译，法律出版社2013年版，第295页。

[2] Vgl. Satzger, Der Tatbestandder Sachbeschadigung（§303StGB）nachderReformdurchdasGrafiti-Bekanpfungsgesetz, Jura2006 S. 433. 转引自张梓弦:《论故意毁坏财物罪中的"毁坏"——"有形的影响说"之提倡》，载《法学》2018年第7期。

[3] 参见王钢:《德国判例刑法（分则）》，北京大学出版社2016年版，第302页。

同为大陆法系的德国和日本出现差异的原因可能有三。其一，国民性的差异。"日本人的法律意识里不存在法与衡平的矛盾，而常常强烈地追究具体妥当的结果，即立足于衡平的解决。个别的正义才是作为法律的真正的实现被希求"〔1〕。相对于日本追求具体的正义，德国追求抽象的正义。其二，立法现状的差异。相比日本刑法，德国刑法的法条非常丰富，这也就缩小了解释刑法规范的空间。一个更极端的例子是美国的《模范刑法典》为了便于检察官起诉，对犯罪行为的描述更加细致，再加上判例法制度天然的对社会生活事实的开放性，因此类推与否在英美法系几乎不是问题。另一方面，虽然日本近年来的立法也有活性化的趋势，但德国的刑事立法活动相对日本更为频繁。而且，日本现行刑法是于1907年制定，刑法用语较为宽泛。其三，对于司法和法官的态度差异。日本在战后引入西方的政治制度，刑法学界平野龙一提倡的机能刑法学占据通说之后，日本国民对司法和法官不是持怀疑的态度，而是变为相信的态度。〔2〕这些差异就造成了在德国被视为类推解释的情形，在日本会被视为是扩张解释，或是创造性的扩张解释。所以，如果说在英美法系和德国是通过成文法数量众多和立法解决与社会生活事实的协调问题，在日本这一工作主要是通过司法官员的解释活动完成的，因此虽然受到向道德主义妥协的批评，但通过对判决的分析，找到"国民规范意识"依然成为日本刑法中一条有力的方法论，当然也正因为如此理论上常常出现批评日本的判例，认为它们违反罪刑法定主义的声音。〔3〕

我国法院的刑法解释比德日都要复杂，但从我国最高人民法院将南京恶意刷单案确立为公报案例，并且我国学界普遍接受客观解释的主导地位、承认目的论解释的通说地位来看，我国总体上更倾向于日本的做法。与破坏生产经营罪的网络时代的解释争论类似，《日本刑法》第175条公然陈列猥亵物

---

〔1〕 [日] 金泽文雄：《日本刑法中罪刑法定主义的界限》，载《广岛法学》第12卷第3号（1989年）。转引自 [日] 坂口一成：《罪刑法定主义的局限性在日本——以关于日本刑法第175条的判例为题材》，载赵秉志主编：《刑法评论》（第5卷），法律出版社2004年版，第260页。

〔2〕 参见 [日] 辻清明：《日本官僚制研究》，王仲涛译，商务印书馆2010年版。

〔3〕 参见 [日] 浅田和茂：《判例に見られる罪刑法定主义の危機》，立命館法学2012年第5·6号（总第345·346号）；[日] 坂口一成：《罪刑法定主义的局限性在日本——以关于日本刑法第175条的判例为题材》，载赵秉志主编：《刑法评论》（第5卷），法律出版社2004年版，第237-261页。

等罪在网络时代也面临"有体性"要件被淡化的判例现状,最终这一问题就是通过立法解决的,在2011年日本刑法的修正中,作为第175条的客体,USB、DVD这类有数据的保存媒体意味的"电磁记录相关记忆媒体"被追加进入。同时,"基于电子通信发布淫秽电磁记录或其他记录(淫秽电磁记录等送信发布)的"行为,也被明确规定成立第175条之罪。但即使确认我国的刑法解释更类似于日本,也不能直接得出破坏生产经营罪的解释上就要倒向"效用侵害说",承认任何与破坏生产经营活动相关的行为都该当于本罪。

事实上,虽然德日对故意毁坏财物罪的讨论相对明确地围绕"效用毁坏"与"物理毁损"两极,但同时为了满足罪刑法定主义的明确性原则和实现刑法与社会生活事实的与时俱进,德日两国就故意毁坏财物罪都不约而同的有走中间路线的倾向,这就是本专题希望提倡的"有形的影响说"的由来。该说"着重考察行为人之行为对于财物本身是否存在直接且有形的影响""毁坏的含义分为两层,第一层即为'通过手段行为对财物本身造成有形的影响',第二层'该有形的影响直接造成了财物的物质侵害或效用减损'"。[1]

但是,破坏生产经营罪是故意毁坏财物罪的特别法条,其解释不能照搬有形的影响说。本罪的特殊之处是其行为对象不是普通财物而是生产资料、生产工具,因此除了普通财物本身的财产属性外,生产资料、生产工具还有持续创造财富的特殊生产属性,"破坏生产经营罪的对象是生产经营,保护法益是生产经营的经济利益"[2],这是解释者不能忽视的。因此,在中间路线有形的影响说中的第一层,对于财物本身造成的有形的影响应当放宽至对于生产资料、生产工具功能性、生产性而非局限于物理性的影响,即利用生产资料、生产工具使生产经营活动受到损失的行为,同时应满足第二层该行为直接造成了财物的物质侵害或效用减损。吸纳来自故意毁坏财物罪中"有形影响说"的启示,根据破坏生产经营罪本身的特殊之处,得出破坏生产工具、生产资料生产性的行为也是破坏生产经营罪的实行行为这一结论较为合理,也相对克制。

---

[1] 参见张梓弦:《论故意毁坏财物罪中的"毁坏"——"有形的影响说"之提倡》,载《法学》2018年第7期。

[2] 陈兴良主编:《刑法各论精释》(下),人民法院出版社2015年版,第639页。

(三) 破坏生产经营罪中软性解释的区分界限

按照有形的影响说的启示，本专题不认同"南京恶意刷单案"唯罪名论的立场，赞同"侵入账号修改网店商品价格案"和"恶意点击他人百度竞价广告案"的立场，认为破坏生产经营系指破坏生产工具、生产资料正常的生产经营活动，但是这一干扰必须通过生产工具、生产资料为中介。

首先，严格解释论者基于法条主义的典型案例"破坏树林""焚烧耕种机器""砸毁他人营业场所"等认为生产工具、生产资料在本罪中是作为财物直接受到物理性的毁坏进而产生法益侵害是不正确的。实践中的案例，如破坏电线导致工厂损失（参见河北省承德市中级人民法院［2016］冀08刑终286号刑事裁定书）、将专用道路堵住让矿石无法运输（参见浙江省金华市婺城区人民法院［2013］金婺刑初字第1688号刑事判决书）、破坏水管致使果园无法正常灌溉（参见广东省雷州市人民法院［2016］粤0882刑初200号刑事判决书）、夏季将他人送冷饮途中的货车车胎扎破（黑龙江省密山市人民法院［2014］密刑初字第160号刑事裁定书）等都是破坏生产资料、生产工具的行为，但均不是因为这些生产工具、生产资料本身受到破坏而成立犯罪。犯罪数额也不可能是单纯按照受到破坏的电线、道路、水管、轮胎等的恢复数额计算，而当然是按照实际生产经营活动受到的损失计算，"破坏生产经营罪中的财产损失就体现为因生产资料被破坏而导致生产经营活动无法继续进行所造成的损失"[1]。这说明认为破坏生产经营罪的"其他方法"按照同类解释规则必须只是生产资料、生产工具本身受到破坏的说法不能成立。

其次，本罪的行为对象也不是广义上的所有生产经营活动，这会使任何与生产经营活动相关的边缘行为都归入到本罪的视野。因此，实践中阻拦他人正常施工的行为（河南省安阳市文峰区人民法院［2016］豫0502刑初439号刑事判决书），将聚众扰乱公共秩序型的行为中干扰被害人相关生产经营活动的认定为破坏生产经营罪也不合适，这些应当认定为寻衅滋事行为，破坏应当被狭义理解为"干扰生产资料、生产工具的正常活动"。

需要注意的是，就判例中常常出现的阻拦道路类案件来说，如果是生产

---

[1] 李世阳：《互联网时代破坏生产经营罪的新解释——以南京"反向炒信案"为素材》，载《华东政法大学学报》2018年第1期。

经营必需的专用线路，有被评价为生产工具、生产资料的余地，但普通道路则不是生产资料、生产工具。在日本刑法中明确规定了我国刑法中没有的妨害业务罪，日本刑法中"将正在营业的商店的周围强行用木板围起来，使其不能营业"〔1〕的判例在我国有成立判破坏生产经营罪的余地。

因此，"南京恶意刷单案"中没有破坏商家的任何生产资料、生产工具，对于这类生产经营活动直接的干扰、破坏行为应当被评价为妨害业务罪，通过立法论设立妨害业务罪解决。而且，南京恶意刷单案即使根据效用侵害说也不应当被评价为毁坏，因为行为人的行为并没有直接影响被害人对于生产资料、生产工具的利用，也没有影响到消费者的正常使用。本案是对商家商誉的影响，应被评价为损害商业信誉罪，本案只是与破坏生产经营罪有罪名上的交叉，而不符合该罪的构成要件。本案最终判处破坏生产经营罪而不是损害商业信誉罪或许是出于"以刑制罪"的考虑，但这种罔顾罪刑法定主义的做法就已经是类推适用。当然，实践中还可能存在一种损害商业信誉罪与破坏生产经营罪名竞合的情形，即"商誉"本身作为一种生产工具、生产资料的情形下，此时损害商誉会直接导致破坏生产经营，例如，在温某等发布某银行行长携款潜逃的谣言导致该行出现挤兑受到巨大损失案件中，可以认为商誉就是银行业的生产工具，银行就是依靠良好的口碑和信誉维持经营活动的，因此发布谣言的行为既损害商誉也破坏生产经营，构成想象竞合。〔2〕

法院在"恶意点击他人百度竞价广告案"中的严格解释立场值得赞赏。和"南京恶意刷单案"一样，本案中行为人没有破坏商家的任何生产资料、生产工具，而是影响到了生产经营活动，应当作为妨害业务行为处理。

"侵入账号修改网店商品价格案"认定为破坏生产经营罪则有一定余地。因为破坏生产经营罪的实行行为是通过破坏、利用生产工具、生产资料破坏生产经营活动，损失包括生产工具、资料的损失加上生产经营活动的损失。因此，将网店的账号、密码作为生产资料、生产工具，将行为人非经允许使用账号密码的行为认定为破坏行为，因为法益不仅包括法益本身还包括法益

---

〔1〕[日]大谷实：《刑法讲义各论》，黎宏译，中国人民大学出版社2008年版，第133页。
〔2〕参见柏浪涛：《破坏生产经营罪问题辨析》，载《中国刑事法杂志》2010年第3期。

主体对法益的自我决定权[1]，将修改价格导致的损失认定为损失数额均有成立空间，判例的立场值得肯定。

总之，就破坏生产经营罪实行行为的认定，严格解释论者认为的必须对生产工具、资料进行直接的物理破坏过度限制了本罪的成立范围，不适应当今网络时代双层社会边界日益模糊的发展趋势。但激进的实质论者认为破坏生产经营活动的一切相关行为无疑会使本罪的入罪门槛无限降低，进入到类推适用的范围，使罪刑法定主义的保障机能落空。因此，本专题基于故意毁坏财物罪中的"有形的影响说"提倡介于二者之间的克制的实质解释论，将条文中出现的生产工具、生产资料作为破坏生产经营活动的中介，必须是通过破坏生产工具、生产资料进而破坏生产经营活动的行为才是本罪的实行行为，既根据文义保障了国民的预测可能性，又通过类推涵摄了相当一部分破坏生产经营活动的行为，可以说是被允许的类推解释。

刑法用语有字面含义、规范含义和普通含义，刑法用语向国民传达的不是字面含义和普通含义，而是规范含义，这在"外行人领域的平行评价"理论、"违法性认识错误"理论中不能以不知法违法而出罪的思想中均有所体现。当然，规范含义经由字面含义与普通含义进行互动，并且构成要件定型性应当由文义和判决共同构筑，"法院有权继续发展法律并使之与变动的社会关系相契合""对于刑事处罚之风险的认知并不仅仅取决于法律规定的语词，而是也可以考虑司法实务对相应条文的应用"[2]。但是承认判例的作用，并不是在裁判依据层面承认，而是在裁判理由层面承认，并且应当保留反驳判例理由的空间。因此，刑法建构的重点一方面是在尽力明晰界限，另一方面同时也是建构限制刑法解释者解释的规则，促进理论和实践的互动，将这个问题最终消融在实践之中。正如前田雅英教授在评论日本型重视提炼国民规范意识的判例的作用时，提醒道"抽象地、一般地讨论'日本型的解释'不仅没有意义，甚至非常危险。'日本型的解释'也是在发展、变化着的，不能

---

[1] 参见王钢：《被害人承诺的体系定位》，载《比较法研究》2019年第4期。

[2] [德]瓦尔特·佩龙：《德国视角下对解释与类推的区分》，载梁根林、[德]埃里克·希尔根多夫主编：《中德学者的对话：罪刑法定与刑法解释》，北京大学出版社2013年版，第180-181页；[日]坂口一成：《罪刑法定主义的局限性在日本——以关于日本刑法第175条的判例为题材》，载赵秉志主编：《刑法评论》（第5卷），法律出版社2004年版，第237-261页。

将过去的判例原原本本地尊崇为'日本固有的解释'"[1]。

此外，应用类推解释时还应当注意，解释不作为犯应当相当小心，例如因为日本刑法中规定非法侵入住宅罪中的经要求不退出，类推解释也不会被认为是类推适用；但非法吸收公众存款罪中的经要求不返还存款行为没有任何法律规定，这一类推解释就很有可能被认定为类推适用。刑法用语中的一些明显主动性、作为性的用语一般也不应当解释为不作为，例如"胁迫"不应当包含不作为的胁迫，"明知被害人正感到恐惧，却对被害人置之不管，要将其评价为不作为的胁迫，作为'胁迫'这一用语的解释来说，是很难做到的"[2]。

可以预见的是，随着世界各国社会状况的急剧变化，刑事立法活性化时代的来临，将会出现越来越多的软性解释，法院也将会得到更明确的指示而不必为躲避类推适用而入罪寻找牵强的理由。但是，在此之前承认被允许的类推解释和类推适用的分界并努力在个罪构成要件中寻找这一分界依然有其重要意义。

总之，类推解释应当与类推思维、类推适用相区分，类推解释是对刑法条文模糊地带的文义以类推方法所做出的解释，有不违反罪刑法定原则的余地。以文义为定义基础的禁止类推论逻辑无法自洽，与法理基础自相矛盾，逻辑推论上也存在诸多问题。赞同类推论和禁止类推论最终都归结到寻找罪刑法定主义的边界、区分类推解释与扩张解释进而达成妥当解释的问题。检讨解决这一问题的现有思路中，主观的客观解释论不够精细，以规范论为底色的体系解释论具有入罪倾向，机能刑法观下探求类推解释的适用结构论难免流于恣意，因此这一问题无法抽象地回答。应当以构成要件的定型性由文义和判决共同构筑为理念，通过将成为问题的软性解释类型化，以破坏生产经营罪在网络时代的解释困境为例，将对生产工具、生产资料的破坏、利用作为生产经营活动被破坏的中介理解，即"通过破坏、利用生产资料、生产

---

[1] [日]前田雅英：《刑法总论讲义》，东京大学出版会2015年版，第64页。
[2] [日]冨高彩：《強盗罪における不作為構成（2・完）》，载《上智法学論集》2011年第54卷第3=4号，第76页以下。转引自[日]桥爪隆：《不作为犯的成立要件》，王昭武译，载《苏州大学学报（法学版）》2017年第4期。

工具破坏生产经营活动"。最终将寻找罪刑法定边界的问题放在每个构成要件中具体地解决，在生活事实中发现法律的真实含义。可以预见的是现代社会的刑事立法愈加频繁活跃，类推解释将越来越不是问题，但在此之前，必须给类推解释生存空间。是为"为类推解释辩"。

不作为犯论：不作为犯中适格先行行为的射程范围

晚近以来，在不作为犯论领域，作为义务来源理论掀起了一股"实质化运动"的思潮。对于作为义务来源问题，"形式说"已经逐渐被舍弃，取而代之的各种"实质说"逐渐占据主流。而通说中的先行行为一方面作为形式法义务论中的义务来源之一[1]，另一方面又作为实质法义务论中的监督危险源保障人类型之一[2]，获得普遍承认。虽然已经获得普遍承认，并取得独立地位，但先行行为作为义务来源在司法实践中的适用并不稳定。究其原因，至为关键的一点就在于筛选适格先行行为射程范围的理论存在疑问。本专题以如何准确认定适格的先行行为作为问题意识（第一部分），在分析现有的先行行为认定理论（第二部分）的基础上尝试指出其疑问所在（第三部分），并且介绍最新发展出的由先行行为型不作为犯的法理基础出发确定先行行为射程范围的研究进路及其可能疑问（第四部分），为了获得正确的适格先行行为射程范围做理论准备。

---

[1] 参见［德］冈特·施特拉腾韦特、洛塔尔·库伦：《刑法总论——犯罪论》，杨萌译，法律出版社2006年版，第362-375页；高铭暄、马克昌主编：《刑法学》，北京大学出版社2017年版，第69-70页；陈兴良：《口授刑法学》，中国人民大学出版社2017年版，第267-272页；刘艳红：《刑法学》，北京大学出版社2016年版，第109-111页。

[2] 参见张明楷：《刑法学》（上册），法律出版社2016年版，第153-159页；［德］乌尔斯·金德霍伊泽尔：《刑法总论教科书》，蔡桂生译，北京大学出版社2015年版，第368-369页。

一、准确认定适格的先行行为是准确适用的前提

先行行为型不作为犯是不作为犯论中的"异类"。或许因为不作为行为对于国民的"视觉冲击"并不大,当前我国的司法实践中不作为犯的适用规模整体并不大,但如果考虑到构成要件行为广义上分为作为与不作为,"不纯正不作为犯不是把刑法处罚范围扩张一倍,而是扩张到无限大"(雅科布斯语)。而且,在真实判例中,"人们很少用不作为理论进行出罪论证"。[1]不作为犯的适用中无疑潜藏着刑事法治的风险点,因此更有厘清的必要。在不作为犯论中,先行行为型保证人地位具有特殊性,因为它是一种"行为"先在而非"制度"(一种广义的制度或者称为关系,比如房东对于租客的房屋安全义务、因结成危险共同体而负有的救助义务等)先在。行为是随机的、偶然的、无限回溯的;而制度是稳定的、必然的、可被固定的。正因如此,在今天日本的真实刑法判例中,虽然理论上已经广泛承认先行行为的独立作为义务来源地位,但在判例中其往往只是被作为其他制度关系的一个"添头"来做补充论证作用。所以,先行行为型不作为犯可谓是"不稳定中的不稳定"。

准确认定适格的先行行为是准确适用先行行为型不作为犯的关键。在先行行为型不作为犯的诸问题中,最为关键的是适格先行行为的射程范围问题,即如何准确认定一个先行行为是足以惹起后续作为义务的先行行为。此前的通说中成立适格先行行为需要两大条件:"义务违反性"与"密接危险性",前者是指适格先行行为必须违反某个实定义务;后者则指先行行为必须直接紧密地惹起刑法危险。这两个条件的法理根据是清晰的:输出危险者应当管控、排除危险,违反义务是其形式标准,密接危险则是其实质标准。但是,当前各国刑法的判例中都未严格遵守通说规定的条件,例如,德国的酒友案(劝酒案)、"皮革喷雾剂案"等[2];我国的情侣分手见死不救案、性行为作为先行行为案等[3]。在我国的真实判例中还出现过类似案情,即情侣吵架一方发生危险另一方不救助,法院认定吵架行为系先行行为,但有的案例中肯

---

[1] 参见白建军:《论不作为犯的法定性与相似性》,载《中国法学》2012年第2期。
[2] 参见徐凌波:《皮革喷雾剂案与刑法上的产品责任》,载《刑事法判解》2013年第2期。
[3] 参见辽宁省庄河市人民法院(2017)辽0283刑初278号刑事判决书。

定作为义务[1]，有的案例中否定作为义务[2]。吵架行为难言"违反义务"，也难以认定如何"密接危险"，否则日常社会交往中无数行为都可以是先行行为，这无疑是一种形式的"结果责任"。所以，如何准确认定适格的先行行为是此类不作为犯适用的第一步也是最为关键的一步，否则就可能"一步错，步步错"。

二、适格先行行为认定相关的现有理论

先行行为的认定在理论史上遵循"先行行为本身的法律评价"和"先行行为与其所引起的危险之间的关系"（或称"先行行为的危险归属"）两条路径，通说认为先行行为需满足"义务违反性"与"可客观归责性"或者"支配性"两大条件。

（一）关于先行行为本身的法律评价

我国学界自20世纪90年代至21世纪初在先行行为认定上讨论的热点是"先行行为本身的法律评价"，少数学说主张先行行为不必满足"义务违反性"或者"违法性"，而主流观点认为先行行为须满足"义务违反性"或者"违法性"。

认为先行行为不必满足"义务违反性"或者"违法性"的理由主要是事实层面的，认为一个行为产生法律禁止的危险和它本身是不是法律禁止的危险是两个问题，"先行行为既可以是合法行为，也可以是违法行为，甚至可以是犯罪行为"[3]。此外，该论调还有一个现实的好处，就是将合法行为纳入

---

[1] 参见湖北省红安县人民法院（2015）鄂红安刑初字第00030号刑事判决书。大致案情：被告人因感情问题与女友在河边争吵。气急之下，女友往水库里走。阻拦过程中，被告人失去平衡落入水中。当其浮出水面时未见女友踪影，便慌忙驾车逃离现场，法医鉴定被害人溺水死亡。法院认为：被害人因感情纠葛而产生轻生念头，而被告人的先行行为诱发了被害人的投水自杀行为，所以对被害人的自杀行为应当承担救助义务，但其驾车逃离现场，最终导致被害人溺亡。构成（不作为）故意杀人罪。

[2] 参见贵州省台江县人民法院（2016）黔2630刑初61号刑事判决书。大致案情：被告人与情人因感情问题发生争吵。被害人威胁被告人从窗子跳下去，在争吵中被害人坠楼身亡。法院认为：被告人将被害人带至宾馆，且在房间内与其争吵，导致被害人骑上窗台，因先行行为，被告人负有积极的作为义务，被告人也确实在口头上劝阻了被害人，且在被害人坠楼后积极救助，被告人有所作为，所以不构成不纯正不作为犯。

[3] 陈兴良：《口授刑法学》（上册），中国人民大学出版社2017年版，第156页。

先行行为有利于保护法益，扩大处罚范围。如在著名的"皮革喷雾剂案"中，德国联邦最高法院采取先行行为型不作为犯进行说理，但皮革喷雾剂公司的先行行为并未违反任何事前的谨慎义务，该判决是从"法秩序原则上禁止制造危险"引出违反义务的行为，认为向市场投入产品就是一种引入危险的行为，因此其符合安全生产标准的合法行为不再重要。[1]

认为先行行为必须满足"义务违反性"或者"违法性"的理由主要包括了两点，其一是法秩序统一性的原理，也就是说如果已经事前实行了一个在前置法上合法的行为，按理说就不应该要求行为人因为该行为负担一个刑法上的义务，否则就是前后矛盾的。反过来说，就是认为合法行为与危害结果之间不存在规范层面的联系，这样的场合类比意外事件："一个人以合乎义务的行为对他人造成危险，在规范上与危害结果之间的关系不比意外事件更为紧密"[2]。

其二是刑法上的自我责任原则，如果"一方对另一方实施攻击，就等于事前预测到对方可能实施的相应反击行为，对由此造成的后果必须自负其责"[3]。除了上述两个理由，该主张也有利于回避矛盾和争议，比如，我国《刑法》中的正当防卫条款存在第20条第3款无限防卫权，如果承认合法行为可以产生救助义务，在极端情况下，就会发生以下不合理情形：防卫人直接杀死侵害人时不构成犯罪，而一旦"手下留情"不当即杀死侵害人反而可能会因为之后的不作为构成犯罪。与此相似，在帮助自杀的场合，如果自杀者一开始就使用直接导致死亡的方式，行为人因为没有救助可能性而不可能成立犯罪；但如果自杀者采取过一段时间才致死的自杀方式，行为人反而可能要承担救助义务。[4]

是否违反义务或者是否违法是一个形式标准，至为明显的是，不可能因为行为人违反了一个合同法上的义务就成立先行行为，所以"义务违反性"

---

[1] 参见徐凌波：《皮革喷雾剂案与刑法上的产品责任》，载《刑事法判解》2013年第2期。
[2] Vgl. Ransiek, "Das unechte Unterlassungsdelikt", *JuS*, Vol.7, 2010, pp.585-589. 转引自尚勇：《"先行行为引起作为义务"的限定》，载《西南政法大学学报》2018年第3期。
[3] 周光权：《刑法公开课》（第1卷），北京大学出版社2019年版，第190页。
[4] 当然，此处只有在认为自杀本身是刑法意义上的"合法"行为时，才能得出帮助自杀也是"合法"行为。

或者"违法性"的背后起到实质作用的还是是否惹起了刑法意义的危险,这就是新近对于先行行为的范围限定问题进行的探究先行行为与其所惹起的危险之间的关系的研究进路。

(二)关于先行行为与其所引起的危险之关系

我国学界近年来在先行行为认定上讨论的热点是"先行行为与其所引起的危险之关系",即为何认定构成要件危险("刑法危险""发生符合构成要件结果的具体的临近的危险")能归属于先行行为人。先行行为的危险归属理论有以下几种:

1. 客观归责标准

罗克辛将客观归责引入先行行为的认定问题,提出了一些具体规则。这些具体规则包括正面与反面判断:"(1)当先前行为处于允许的范围之内时,没有保证人地位;(2)先前行为处在允许的范围之外,就是违背了谨慎义务,但这还不够,还必须是该先前行为正好创设了危险,而这个危险恰是被违反规范所要防止的;(3)通过先前行为招来的危险存在于受威胁者自我答责范围(或他人答责领域)之中,没有保证人地位;(4)危险的创设通过正当防卫得到正当化时,没有保证人地位;(5)先前行为通过紧急避险得到正当化的,就肯定保证人地位;(6)一个得到正当化的先前行为借助持续效果在事后丧失正当性条件时,就肯定保证人地位。"[1]

我国学者对于这些标准做了不同程度的简化。比如"先行行为必须是一种风险创设行为;与损害结果之间存在风险关联,即对受(不作为)侵害法益的保护必须符合先行行为所违反的规范保护目的。"[2]"先行行为制造了一个法不允许的危险,与法益损害结果间须具有规范保护目的关联性;创设危险处于被害人或第三人答责范围时,排除保证人地位。"[3]当然,此处的"风险"与"法不允许的危险"都是特指刑法意义上的危险。

客观归责标准将先行行为惹起危险的条件关系进一步限缩为归属关系,

---

[1] [德]克劳斯·罗克辛:《德国刑法学 总论》(第2卷),王世洲等译,法律出版社2013年版,第573页。

[2] 王莹:《先行行为作为义务之理论谱系归整及其界定》,载《中外法学》2013年第2期。

[3] 孙运梁:《以客观归责理论限定不作为犯的先行行为》,载《中外法学》2017年第5期。

加入了规范评价的色彩,其可以推导出一些具体结论。比如,风险升高理论排除了风险降低行为,否定实施部分救助行为就要承担全部救助义务的"事实承担说"(又称"支配行为说"),[1]例如肇事者将被害人送进出租车,自己随车去医院途中借故下车后司机将被害人遗弃,司机可能会被下述排他性支配标准以不作为入罪,但根据客观归责理论,司机因客观上降低了风险无法归责。这些都是在先行行为的认定问题上引入客观归责标准的贡献。

2. 各种支配理论

在整个不作为犯论中,支配理论作为一种论证作为与不作为等价性的理论是用于弥合不作为犯难以看到的因果过程,认为不作为也"支配"了因果过程。在先行行为型不作为犯论中,研究者们引用支配理论主张先行行为与其后中间危险结果之间的惹起关系"也"是一种"支配"关系,以此作为适格的先行行为的标准。具有影响力的支配理论有以下几种。

(1) 排他性支配说

排他性标准在日本刑法中最早出现在堀内捷三于1973年出版的刑法专著《不作为犯论》中,堀内捷三在本书中将所有作为义务的实质根据界定为存在一个事实意义上的保护功能承担或接管的依存关系。至于如何具体判断这种关系,其给出了三个标准:(1) 开始实施照管法益而使之维持/存续的行为;(2) 该行为应具有反复性/继续性;(3) 该行为对于法益保护而言具有排他性。因为先行行为一般并没有反复性或继续性,所以堀内博士的体系下并没有先行行为保证人地位的存在空间。

将排他性标准与支配标准结合起来的是西田典之教授,西田博士批判性地继受了上述观点,将排他性作为一种填补作为与不作为之间差异的要素,认为作为与不作为本体构造的相同之处就在于二者都对因果流程有一种排他性程度的具体、现实的掌控、支配。获得排他性支配分为两种情况:一是"基于自己的意思"[2](主动支配),比如行为人主动自愿地承担对被害人的

---

[1] 参见[日]堀内捷三:《不作为犯论》,青林书院新社1973年版,第249-264页;[日]松原芳博:《刑法总论重要问题》,王昭武译,中国政法大学出版社2014年版,第73-74页;黎宏:《论不真正不作为犯的处罚范围》,载《刑法论丛》2007年第2期。

[2] [日]西田典之:《日本刑法总论》,王昭武、刘明祥译,法律出版社2013年版,第106页。

排他性的照管义务；二是"支配性领域"，即无支配意思，但基于"社会持续性保护关系"取得被动支配结果，这些"社会持续性保护关系"包含亲子关系、法益侵害场所的所有人或者管理者等。在先行行为的场合，因为要求先行行为人基于自己的支配意思主动支配属于少数场合，而又难以要求先行行为人总是这种"规范要素"的主体。因而西田典之反对先行行为作为义务来源。

我国学者温登平博士在先行行为的危险归属中提倡排他性支配说，"判断行为人对于法益侵害危险的因果过程有无排他性支配。"[1]也就是说适格的先行行为的筛选标准是该先行行为是否排他性地支配了法益侵害危险的因果流程。

（2）存在论的结果原因支配说

虽说各个学说都旨在通过某种正面的标准限定"先行行为惹起刑法危险"，落脚于哪些先行行为能够引起作为义务，但上述排他性支配标准实在是一个非常严格的标准。因为，即使从与作为犯等价性的角度出发，支配也只能是起点支配（更为精确地说是行为人对于自己身体动或者不动的支配），不可能是过程支配。比如，最为典型的射出子弹的场合，普遍观点认为是行为人排他性支配了因果流程，其实是因为子弹的射速太快导致被害人几乎不可能躲闪，但在其他场合，更为精确的观察是行为人的行为终了之后，因果流程就脱离行为人的支配而自由发展了。

总之，即使是作为犯中，行为人对于实施作为行为之后的因果流程也不属于完全支配，或者说排他性的完全支配（过程支配）指向正犯成立的标准，这就连接到刑法中关于正犯与共犯区分标准，即所谓的犯罪支配说。彼支配与此支配是一个意思，那为何彼支配用于论证正犯与共犯的区分，而此支配就能用于论证作为与不作为的共性呢？

许乃曼正是基于上述思考提出了结果原因支配说，"与作为对等的不作为前提要件是，对于侵害法益的重要条件（造成结果的原因）具有与此种支配在强度上可相比较的意志力，也就是对于事件有实际的控制。"[2]在这个说法

---

[1] 温登平：《先前行为作为义务来源否定说批判》，载《刑事法评论：刑法的工具论》2016年第1期。

[2] [德]许乃曼：《德国不作为犯学理的现况》，陈志辉译，载许玉秀、陈志辉合编：《不移不惑献身法与正义——许乃曼教授刑事法论文选辑》，台湾新学林出版股份有限公司2006年版，第656页。

之下,因为先行行为对结果(危险加重)的原因不具有事先(因果流程之前)的常态支配力,否定先行行为的保障人地位。比如,在交通肇事后不救助场景中,肇事后行为人对结果(受伤)的原因支配行为已经结束,导致被害人伤害恶化的因果进程只存在于被害人的身体而脱离先行行为人,因而无法归责。在产品责任场合,认为产品推出市场后,生产商便失去了支配(即使投诉汇聚到厂商也只有"信息优势",而非犯罪支配),不承担监督义务。[1] 因其明显的存在论倾向,此处将其总结为存在论的结果原因支配说。

(3) 排他支配设定说

排他性支配说体现的是过程支配,结果原因支配说体现的是起点支配,一个自然的逻辑就是是否存在"起点+过程"支配?答案是肯定的。在筛选适格的先行行为时,黎宏教授提出的排他支配设定说同时强调"原因支配"+"过程支配",其认为"行为人仅仅是实施了导致法益面临危险的先行行为还不够,还必须维持该侵害法益危险最终变为现实侵害结果。"[2]佐伯仁志教授也认为:"在法益侵害的危险由先行行为创设出来,排他性支配也得到承认的情况下,才可以承认保障人地位。"[3]

值得指出的是,排他支配设定说也是我国司法实践的主流态度。比如对于追小偷致其落水溺亡类案件,法院认为先行行为人有作为义务的关键理由是先行行为对被害人形成某种程度的原因支配(起点支配),并且先行行为排他地支配了因果流程(过程支配)。有的因行为人原因使被害人失去自决能力,如行为人出于对被害人声称举报其开设赌场报复的目的而进行追打被害人[4]、行为人酒后寻衅滋事追打被害人而被害人对其行为无法预期[5]、丈夫怀疑妻子与他人有暧昧关系而殴打妻子[6]等。

真实判例中常常出现行为人对被害人施加了物理强制力(起点支配)结

---

[1] 参见欧阳本祺:《论不作为正犯与共犯的区分》,载《中外法学》2015年第3期。
[2] 黎宏:《排他支配设定:不真正不作为犯论的困境与出路》,载《中外法学》2014年第6期。
[3] [日]佐伯仁志:《刑法总论的思之道·乐之道》,于佳佳译,中国政法大学出版社2017年版,第75页。
[4] 参见浙江省杭州市中级人民法院(2013)浙杭刑初字第74号刑事判决书。
[5] 参见云南省昆明市中级人民法院(2014)昆刑一初字第23号刑事判决书。
[6] 参见广东省高级人民法院(2014)粤高法刑四终字第74号刑事裁定书。

合周边环境陷入排他性支配（过程支配）的情景。比如，行为人"实施按肖某乙入水的行为，直接导致其入水"；[1]"三被告人与郭某发生推搡致其入水"；[2]"被告人为达到与被害人姜某发生性关系的目的，强行搭载姜某驾驶摩托车高速前往家中，被害人中途跳车"；[3]"因车门突然打开，坐在副驾驶位上的被害人被摔出车外"[4]等。这些案例中先行行为人都既支配了原因，也支配了过程。更为典型的一个例子是在水上交通肇事的场合，因为在陆上交通肇事逃逸场合，行为人基于先行的交通肇事行为成立不作为的故意杀人罪，客观构成要件上其逃逸行为应当升高了被害人死亡的危险，罪责上具有不作为故意，是否确实升高了被害人死亡的危险肯定是需要结合周边环境进行具体判断的。但是，在水上交通肇事逃逸致人死亡，一般都会构成不作为的故意杀人罪，这是因为"水上环境与陆地环境不同，一旦肇事船舶事后逃逸，便意味着对落水生命的放弃"[5]。

（4）规范论的结果原因支配说

如前所述，存在论的结果原因支配说不承认先行行为保证人地位，这明显会放过许多值得处罚的情形。在此基础上理论上出现了一种加入规范要素的修正思潮，张明楷教授认为："不能单纯从客观事实上考察行为人事先是否支配了危险源或者脆弱法益，还必须通过社会分工原理，规范地考察行为人是否支配了危险源或者脆弱法益"[6]，可谓规范论的结果原因支配说。[7]

此处的"社会分工"并非"社会生产"领域的分工合作，而是特指"创造危险者负责消除危险"，认为实施先行行为即进入了这种"非常态支配"。该说认为先行行为不只是监督危险源保证人，先行行为有可能"使法益处于脆弱的、需要有人保护的状态"（保护义务），也有可能"成为危险源"（安

---

[1] 参见湖南省娄底市中级人民法院（2015）娄中刑一终字第11号刑事裁定书。
[2] 参见浙江省绍兴市中级人民法院（2017）浙06刑初6号刑事判决书。
[3] 参见广东省高级人民法院（2014）粤高法刑一终字第104号刑事裁定书。
[4] 安徽省六安市中级人民法院（2018）皖15刑初1号刑事判决书。
[5] 姚瑶：《水上交通肇事逃逸的刑法规制》，载《华东政法大学学报》2019年第1期。
[6] 张明楷：《不作为犯中的先前行为》，载《法学研究》2011年第6期。
[7] 此处将张明楷教授的观点冠之以"规范论"容易引起误解，需要提请读者注意的是，此处只是为了强调此种结果原因支配说是加入了规范性要素，并且与前文中许乃曼的说法相对应。

全义务）。该说缓和了存在论的结果原因支配说的刚性，正确指出先行为危险归属中的支配是一种规范性的支配。而对于这种规范性的理解，则是采取了实施先行行为自动产生非常态支配，产生一种先行行为终了即产生规范性支配的机制。

在上述各种支配理论中存在两对概念的暗线，也就是事实支配与规范支配（支配是存在论的还是规范论的还是二者兼有）、事前支配与事中支配（支配是结果原因的还是过程性排他的还是二者兼有）。

关于第一对概念，事实的支配与规范的支配。支配绝不可能是纯粹存在论的，否则就会得出类似许乃曼认为的交通肇事后不负有救助义务的奇妙结论，自然也不可能是纯粹规范论的，否则作为义务就没有边界了，所以正确的结论应当是二者兼有，但是如何兼有、如何具体区分就是值得思考的问题了。

关于第二对概念，事前的支配与事中的支配。抽象地说难以理解，可通过真实案例和教学案例帮助理解。例如，第一，有事前支配没有事中支配的例子：这是一起发生在北京市朝阳区的真实案件，出租房屋的房东隐瞒电热水器可能存在危险的事实，没有告诉承租人危险情况，在承租期间由于电热器过热发生火灾。此处，至为明显地，房东不可能排他性支配整个因果流程，电热器存在的危险现实化是随机的而非被支配的，就像是几个人都洗澡，出水量特别大肯定也会产生现实影响。但这个案件在结果原因设定上是没有解释阻碍的；第二，有事中支配没有事前支配的例子：被害人偶然地进入被告人的排他性支配领域中，例如，某案的行为人独居在偏远山村，某天起床开门发现一个婴儿放在自己家门口，没有管而致其死亡。这个案例行为人事前根本没有支配，但法益危险的状态落入到了他的排他支配领域中；第三，事前支配和事中支配均存在的例子：一般来说就是先行行为与周遭的环境相结合。例如，行为人在水上驾驶船只追尾前船导致被害船员入海（事前支配）之后马上进行逃逸（马上进入事中支配），最终导致被害船员死亡。

将各种支配理论总结为以下的表格：

各种支配理论的对比表

	支配对象	支配维度	典型设例	是否承认先行行为
排他性支配（西田，2013）	因果流程（事中支配）	事实支配	法益主体的危险进程落入行为人的排他性支配领域。	否
存在论的结果原因支配（许乃曼，1978）	危险向实害发展的原因（事前支配）	事实支配	交通肇事不救助中，行为人只存在对于结果原因的支配。	否
排他支配设定（黎宏，2014）	事前支配（支配行为说）+事中支配	事实支配	追小偷致其落水溺亡类案件中，存在起点支配+过程支配	是
规范论的结果原因支配（张明楷，2017）	危险向实害发展的原因（事前支配）	规范支配	通过社会分工原理，规范考察行为人是否支配了危险源或者脆弱法益。	是

关于客观归责标准与规范论的结果原因支配说的适用对比，二者都加入了规范评价的要素，但二者的具体适用范围不同，规范论的结果原因支配说的规制范围更广一些。二者具体的对立点在于客观归责注意危险的方向性，规范论的结果原因支配说重视危险的现实性。比如，在共犯实行过限类案件中，代表性案例是甲乙两人共谋入室盗窃，甲看到卧室内的女主人貌美而将其强奸，在另一间卧室的乙听到后并未阻止。这个案件中，规范论的结果原因支配论认为先行行为即入室盗窃行为终了即产生规范性支配，该先行行为支配了结果发生的原因，因此未过限的参与者也应当承担过限的责任；客观归责论认为强奸罪的危害结果无法归责到盗窃罪的规范目的之内因而排除未过限参与者的责任，"共同行窃也不因而制造或升高强制性交的风险"[1]。又如，在客观归责理论的脉络下，在行为人超速行驶将乙撞成重伤并昏迷后，无论如何不对乙身上的钱包安全（即不被路人"顺走"）承担作为义务，因

---

[1] 林钰雄：《新刑法总则》，台湾元照出版有限公司2019年版，第542页。

为从规范期待（规范保护目的和答责原则）的角度来看，行为人只须为他自身行为所引起的后果及扩大化的损害负责。[1]

三、适格先行行为认定相关的现有理论可能存在的疑问

（一）合法行为也能成为适格的先行行为

通说认为只有义务违反行为或者违法行为才是适格的先行行为，少数学说认为合法行为也能作为适格的先行行为，少数说只是论证了"合法行为也能惹起刑法意义的危险"一点内容。从论证的角度看少数说没有通说有力。[2]但是，通说值得质疑。因为，支撑通说的两个重要支点分别是法秩序统一性原理的违法一元论与行为无价值论的违法观（当然这两点在理论上也是有联系的）。换言之，得出通说违法行为说的结论只能基于行为无价值论。但是，解释实质不法的理论不只有行为无价值论，还有结果无价值论。

通说对先行行为认定"义务违反性"或者"违法性"的根据源于行为无价值论。因为行为无价值论对刑法的理解是行为规范，所以其需要确定一个事前的违法标准，这个"违法"标准因为是事前的，不可能是刑法标准，所以常常需要引用前置法，只有在事前确定行为人"违法"之后，事后再看刑法上的危害结果是否基于该"违法"行为，只有二者合致才能让行为人担责。所以，一个行为无价值论的标准逻辑就是：其将刑法视为事前的行为规范。刑法的目的是维持规范，犯罪的本质是规范违反。因为纯客观的规范违反无意义，必须将故意、过失纳入规范违反的刑事不法判断中，所以故意、过失必须是主观不法要素。既然必须在事前确定一个"违法"标准，行为无价值

---

[1] 参见尚勇：《"先行行为引起作为义务"的限定》，载《西南政法大学学报》2018年第3期。

[2] 在少数学说——合法行为说的正面论证中也存在不少问题。比如，雅科布斯教授提供了合法行为说的一个边缘论据，关于违法阻却行为，雅科布斯教授认为，"紧急避险行为，会产生高于日常生活普通行为的特殊风险，尽管得到法律特别准许，也有义务防止对他人的侵害"。Vgl. Jakobs, Vorangegangenes Verhalten als Grund eines Unterlassungsdelikts-Das Problem der Ingerenz im Strafrecht, Akademie-Journal 2（2002），8ff. 转引自孙运梁：《以客观归责理论限定不作为犯的先行行为》，载《中外法学》2017年第5期。但是，阻却违法行为因阻却违法而出罪，最终也被评价为合法行为，不法程度并不比合法行为高。雅科布斯教授没有说明判断的时点为何非要选在违法性阶段之前的符合构成要件，而不是之后的阻却违法。另外，攻击性紧急避险是阻却违法行为成立先行行为的适例，但德日通说认为其是根据衡平原则，不能让无辜第三人法益受到侵害的原理。

论必然亲和于法秩序统一性原理,也就是将违反前置法作为刑法违法性的"前提或者来源"。[1]

从行为无价值论的视角重新整理通说,对于适格先行行为认定必须是"义务违反"或者"违法"的先行行为的论证逻辑:其一,基于法秩序统一性原理的违法一元论,认为在整个法秩序中刑法的违法性来源于前置法,即违法性量的区别说。这类似行政犯逻辑:违反义务(否定规范)的行为需要刑法再否定方能彰显规范的效力。如杨兴培教授认为任何犯罪行为都应具有两次性的违法特征,"不纯正的不作为不像纯正的不作为那样带有身份犯特点,在刑法的前置性法律、法规中得到明确规定,以至于对不纯正不作为需要履行的特定义务必须通过先行行为形成的法律关系加以确认。"[2]其二,基于行为无价值论的规范违反说,"在常态化的社会秩序中,不存在这种因先前行为引起的不被允许的法益危险",正是因为先行行为违反规范才产生危险。更为抽象地理解,产生上述逻辑是非常可以理解的。因为根据新康德主义的事实价值二分命题,规范只能来源于规范,因此作为义务只能来源于先行行为中的规范要素,前置法义务违反性恰好可以提供这一规范要素,"奠定先前行为之作为义务的根据是其规范违反性"[3]。

但是,结果无价值论不这么看问题。结果无价值论的标准逻辑是:其将刑法视为事后的裁判规范。刑法的目的是保护法益,犯罪的本质是侵犯法益。因为法益是否被侵犯乃是客观可视的,所以刑事不法的判断资料、判断标准都必须是客观的,所以故意、过失不是主观的不法要素。因为结果无价值论是从事后的危害结果已经发生的时点回溯性判断因果流程,所以其违法性判断并不需要一个事前的"违法"标准,因为不重视这种"违反前置法"要素,结果无价值论者一般也都是刑事违法独立性判断论者。所以,以下的质疑是以结果无价值论为思考底色进行的对该问题上通说的相关质疑。

首先,违法一元论不值得提倡,行政违法与刑事违法之间是质的区别,

---

[1] 从这个角度来看,同时主张行为无价值论与刑法违法的独立性判断或者同时主张结果无价值论与刑法违法的统一于前置法的判断就是存在内在矛盾的,当然,这只是大致的方向,还要看相关论者具体的论述。

[2] 杨兴培:《论不作为犯罪义务来源的法律属性》,载《政治与法律》2014年第6期。

[3] 陈文涛:《先前行为产生作为义务的根据及限定》,载《刑法论丛》2017年第4期。

不是量的区别,刑法在整个法秩序中与前置法的关系也不是阶层性的,而是具有独立性的,刑法是前置法的保护法,"刑法以维护社会共同信念和集体情感作为自己的社会使命""刑法的适用表达了全社会的否定伦理评价"〔1〕,这是因为"刑法与行政法具有不同的规范保护目的"〔2〕,即法益保护,"刑法并不是对违反其他法律的行为直接给予刑事制裁,而是根据特定目的评价、判断对某种行为是否需要给予刑事制裁"〔3〕,因此,刑法对于构成要件该当性的判断不是形式的判断,而是以法益侵害性为指导的实质判断,构成要件是违法类型。例如,《中华人民共和国治安管理处罚法》(以下简称《治安管理处罚法》)第40条与《刑法》第245条都规定有完全相同的"非法侵入他人住宅""非法搜查他人身体",但是二者的实质含义明显不同,只有根据案发当时的环境、危险程度将客观上值得科处刑罚的上述行为解释为符合《刑法》第245条构成要件,将客观上没有达到这种程度的行为解释为符合《治安管理处罚法》第40条才能做到罪刑相适应。又如,近年来成为热点的法定犯案件:"陆勇非法销售假药案""赵春华非法持有枪支案"中,"假药""枪支"的刑法认定必须遵从刑法特有的法益保护逻辑,而不能交由前置行政法从形式上认定,再由刑法直接承认其认定结论的刑法适用性。〔4〕

其次,规范违反说基于两个预设,预设1:法秩序不会出现任何冲突;预设2:法秩序没有一点意外地保护着我们。可是,"规则的'统一性'仅仅是解释的理想状态而非现实","法律并非'一次性的'锻造物,而是充满了紧张对立和不能解决的矛盾",所以"法律适用中'法律秩序的统一性'只不过是一个方法上的辅助概念"〔5〕。事实上,先行行为是否真的能够找到具体违反的法律规范尚存疑问,义务违反性支持论者也只是推测"一定"会有前置规范。另外,前置法规范并不能保证不出现意外事件,即完全没有违反义务却出现了法益侵害的情况。论者或许会指出,不可能完全允许合法的行为

---

〔1〕 刘凤科:《刑法在现代法律体系中的地位与特征》,人民法院出版社2007年版,第239页。
〔2〕 欧阳本祺:《论行政犯违法判断的独立性》,载《行政法学研究》2019年第4期。
〔3〕 张明楷:《正确适用空白刑法的补充规范》,载《人民法院报》2019年8月8日,第5版。
〔4〕 参见张明楷:《刑法的基本立场》,商务印书馆2019年版,第179-184页。
〔5〕 [德]魏德士:《法理学》,丁晓春、吴越译,法律出版社2013年版,第121-122页。

成立先行行为，当行为人的举止从任何角度看都履行了义务且是一种合理的交往（尤其在道路交通中），则不成立基于危险的先行行为的责任。[1]但是，这种场合行为人的免责理由应当是行为人并未主动性地引起法益侵害的危险，其只是被动性地被卷入事件中，受到信赖原则的保护而不是先行行为的合法性。[2]换句话说，危险并不是源于行为人自己组织化自由（基于自己管理权限的排他性支配）的领域。[3]

再次，关于认为义务违反性赋予先行行为规范性危险的观点，即危险归属起点的观点也有待进一步明确。传统通说认为先行行为成立的两大条件"义务违反"和"与危险的关系"是义务违反产生法所不允许的危险，即义务违反赋予危险规范性。但是，此处"法所不允许的危险"特指前置法不允许的危险，而不是刑法不允许的危险。这一论证依然是认为违法性危险到构成要件性危险只是量的增加而不是质的区别，换言之，其依然以违法一元论为基础。而且，该论证承认作为义务需要从先行行为的规范性要素中推导，那么其还需要说明为何违反前置法的危险能够推导出刑法性质的作为义务。

最后，违法行为肯定论难以回应现实问题。行为人意外提供了有毒食物导致他人中毒后，是否有救助义务。高层建筑工人意外落下重物砸伤行人后，是否有救助义务。见义勇为者追赶逃跑小偷致其落水后，是否有救助义务。行为人向朋友吹嘘自己的邮票是清代邮票，朋友表示购买意愿后，是否有告知义务。以上案例的答案都是肯定的，但先行行为并没有违反任何义务。违法行为支持论者或许会辩解，例如在清代邮票案中，先行行为并不是行为人的吹嘘行为，而是当朋友表达购买意愿时，行为人依然维持虚假陈述的作为或不告知其真实情况的不作为（此时可将事实归纳为"诈骗行为"），这一先行行为产生朋友财产法益遭受侵害的具体危险，因此产生作为义务。换言

---

[1] 参见［德］乌尔斯·金德霍伊泽尔：《刑法总论教科书》，蔡桂生译，北京大学出版社2015年版，第380页。

[2] 参见［日］吉田敏雄：《不作為犯の体系と構造（四）》，载《北海学園大学法学研究》2009年第45卷第1号。

[3] 参见［日］平山幹子：《保障人の義務について——作為および不作為への帰責の統一性》，载《甲南法学》2005年第45卷第3·4号。

之，一定会有一个突变为违法的危险的过程，即使时间极短。但是，如果可将事实归纳为"诈骗行为"，此时是作为还是不作为，如果是作为，已经脱离先行行为型不作为的处理路径，应按作为犯处理，如果是不作为，一方面此时已经直接认定为不作为诈骗罪，不作为犯已经成立，另一方面如果认为此处不作为诈骗行为是先行行为，即负有告知义务的不作为是先行行为，负有阻止购买义务的不作为是不作为犯，那么，是不告知的行为产生了法益侵害的危险吗？当然不是。或者，论者可能会辩解是之前的吹嘘行为和不告知行为共同成立先行行为，如此先行行为既违反义务又满足产生危险之条件，但是论者所支持的是因违反义务而产生危险。因此，先行行为就是吹嘘行为无疑。行为的无限分割只会带来实践中的困惑。

在当前人工智能兴起的背景下，如果坚持义务违反说会带来更多问题。在机动车自动驾驶发生事故的场合，机动车完全依据设定程序进行合法驾驶，此时完全无法认定驾驶人具有实行行为（比如行为人当时正在驾驶座位上睡觉），因此致人重伤的驾驶人就不承担救助义务，但这是不可思议的。

总而言之，在筛选适格先行行为的理论中，先行行为本身的法律评价只有在坚持行为无价值论的违法观基础上才是一个重要的标准，在坚持结果无价值论违法观的基础上，先行行为的法律评价如何可能就不太重要。其实，合法行为排除说只具有理论意义，缺乏实践意义，反而会给实践中正面认定先行行为带来困惑和无所适从，实践中认定的诸多合法的先行行为就是证明。现实是复杂的，先行行为不能抽象认定，合法的先行行为也能产生法所不允许的危险。因此，危险前行为中"危险"是中性的、客观的危险，先行行为的认定与先行行为的法律评价没有必然关联。

(二) 先行行为危险归属理论的可能误区

先行行为本身的法律评价并不是一个特别重要的筛选适格先行行为的标准，其只是一个形式的指标。在行为哲学上，一个行为的定义其实很难脱离结果，"杀人行为"脱离了"人死亡或者死亡危险"的结果就难以准确地定义。从这个角度来看，可以说，探究先行行为与其所惹起的刑法危险的归属关系是框定适格先行行为的必然选择。但是应当注意的是，"由于在不作为犯与积极的作为犯之间存在根本差异，因此不能将对作为犯的法概念、法准则直接借用到不作为犯。"〔1〕先行行为的危险归属不能直接套用作为犯、结果犯的归责理论，也不能直接套用不作为犯的归责理论。现有的刑法中的归责理论都是以实行行为为中心展开的，但是先行行为并不是实行行为。

1. 客观归责标准的疑问

首先，客观归责标准需要解释为什么可以将用于实行行为归责的标准转用到先行行为与其所惹起的"中间危险结果"的归责关系上。客观归责下的先行行为不作为犯实际有两个客观归责：具体危险归责于先行行为和构成要件结果归责于不作为（实行行为），客观归责的适格对象是实行行为。先行行为危险归属关注的应是具体危险归属于先行行为，"刑事归责的对象是违反了刑事义务的行为，而非刑事义务本身。先行行为是刑事义务的来源之一，而非违反刑事义务的行为。"〔2〕将用于实行行为归责的客观归责标准用到先行行为上是混淆了归责对象。这种"先行行为实行行为化"会带来一系列教义学问题：不作为着手判断提前、因果关系判断提前、违背责任主义行为与责任同在原则等，最终导致过罪风险。在刑法中其他复数行为的讨论中，也有将讨论重心前置的例子。例如，日本的"氯仿案"将着手追溯到引起结果的行为之前的阶段，认可先前行为之时已经存在发展至实害结果的客观危险。但氯仿案系行为人存在一系列的行为计划，先行行为和不作为并不是一整个行为。总之，先行行为的可归责性与适格的先行行为能够奠定作为义务的机能是两个不同层面的问题。

其次，客观归责标准中的下位原则存在疑问。比如，风险升高标准面临的疑问。风险升高是一种事实推定，不是客观事实，与存疑有利于被告原则相冲突。而风险关联标准过于重视风险的方向性，漠视风险的现实性。侵犯一个法益的犯罪行为完全有可能引起侵犯另一个法益的危险，这在前述共同犯罪中共犯实行过限，其他参与者是否承担责任上问题明显不同。在此场合，我国司法实践大多承认因先前犯罪行为见危不救而构成不作为的共犯，判决

---

〔1〕［德］汉斯·海因里希·耶塞克、托马斯·魏根特：《德国刑法教科书》，徐久生译，中国法制出版社2017年版，第806页。

〔2〕于改之：《不作为犯罪中"先行行为"的本质及其产生作为义务的条件——兼论刑法第133条"因逃逸致人死亡"的立法意蕴》，载《中国刑事法杂志》2000年第5期。

理由是这样场合中的被害人也是因受到其他参与者的先前行为而失去被救助可能性，比如，在前述的超出共谋范围的抢劫案中，"其与被告人程某某一起对受害人殴打之后，这一先行为在精神上对受害人产生了压迫，对行为人本人产生了在共犯者实施超出共谋范围的抢劫之时予以制止的作为义务。"〔1〕所以，客观归责标准中的风险关联标准可能会对处罚范围进行不合理的限制。

2. 各种支配理论的疑问

关于排他性支配，在前文中已零星提到排他性支配说在理论层面存在的疑问，总结来看就是两点：首先，过程支配究竟能否和作为犯等价；其次，排他性支配这种事实性很强的标准中是否包含规范性要素的存在空间，比如，在因前行为导致被害人落水，只有行为人一个人的场合就有排他性，有其他人的场合就不具有排他性，这样说理对排他性的标准未免过于苛刻。

关于排他性支配说中规范性要素的存在空间可以用以下例子说明，原案例：行为人交通肇事将行人 A 撞成重伤，明知将其留在原处会致其死亡，仍逃离现场。变形案例：行为人交通肇事将行人 A 撞成重伤，之后赶紧将 A 放在自己车中，行为人原本想将 A 送往医院，但车程半路上改变主意将其弃置在路旁，逃离了现场。在日本，原案例成立保护责任者遗弃罪（在我国适用交通肇事逃逸），变形案例如采排他性支配说，会认为行为人将 A 抱入车内送往医院的过程排除了第三人的救助可能性，因而可等价于故意杀人的实行行为，"行为人因为该种行为而取得了对被害者之生杀大权"。但是"握有生杀大权"除了应当考虑主动/被动，还应当考虑行为人之行为客观上是否有利于受侵害法益的恢复，本案还应当考虑行为人之排他支配行为对于 A 获救助状态的作用，即如果行为人是向医院方向而去，即使排除了第三人对被害人的救助，但其主动向被救助点靠近的行为实则与第三人救助无异，在刑法评价上理应获得更高的评价。相反，如果行为人将被害人弃置的地点明显比肇事发生地危险程度更高，则应当认定为杀人罪。通过这两个对比案例，排斥规范性要素、固守存在论意义的排他性标准会得出错误的结论：将对法益有救助可能的行为被评价为杀人实行行为。因此，排他支配是表象，使危险升高

---

〔1〕 山西省晋城市中级人民法院（2017）晋 05 刑终 175 号刑事裁定书。相似判例还有：浙江省海盐县人民法院（2018）浙 0424 刑初 346 号刑事判决书等。

才是实质。如果行为人驾驶的是一辆救护车，恐怕就没有人会认为其具有排他性支配。

存在论的结果原因支配说下拒绝先行行为的保证人地位，抽象来看，单纯的"存在"其实不可能推导出规范性要素。这种思路明显存在大量处罚漏洞，此处不进行赘述。

目前来看，支配理论中最具有解释力的是规范论意义上的结果原因支配说。该说正面承认规范性要素的作用，但是，首先，和前述客观归责标准类似，这里也有将先行行为实行行为化的问题。换句话说，在支配理论这个语境中转译过来就是，为何先行行为对危险的支配强度应当相当于作为与不作为等价的支配强度。具体来说，这个论证的潜台词是与作为等价的不作为的支配强度应当相当于先行行为的支配强度。但是不作为是实行行为，实行行为引起的无论危险或实害都是刑法规制的直接对象。但先行行为引起的危险如果不制止才具有刑法上的危险或实害。因此直接将支配强度画等号的逻辑似乎存在跨越，其与客观归责论者一样要面对"先行行为实行行为化"的质疑。换言之，该说理当推出不作为支配了结果发生的原因，而不是先行行为支配了结果发生的原因。

其次，规范论的结果原因支配说承认先行行为保证人的异质性地位，但是，肯定保护保证人地位的先行行为并不合适。例如，在一起美国发生的真实案件中，被告人可怜雪地里的一对母女，把他们带回家悉心照顾，但不料母亲是精神病人，在被告人寓所内残酷殴打孩子，造成孩子严重受伤，被告人既没有解救孩子，也没有报警或者呼叫医疗急救，后孩子因殴打受伤而死亡。[1]这一案例在美国法上可以根据"旁观者规则"出罪，但在前述规范论的结果原因支配说的逻辑下，这一情形会成为成立先行行为型保护保证人地位的适例。本案中行为人的作为义务要高于纯粹陌生人状态下见危不救的作为义务，但要低于先行行为型监督保证人的作为义务。因为与陌生人相比，先行行为与侵害结果具有物理上的因果关系，但与监督保证人的先行行为人相比，其先行行为是降低风险的行为。在刑法解释存疑时，应当做出有利于

---

[1] 参见孙春雨：《我国刑法中不作为犯罪理论与实务》，中国人民公安大学出版社2012年版，第117-118页。

被告人的解释,[1]此时应当认为行为人相当于基于陌生人关系的见危不救行为,而我国刑法典没有规定见危不救罪,所以这种行为不成立犯罪。

各种支配理论都是将支配当作作为犯与不作为犯的等价性要件,即作为犯与不作为犯中都存在支配。但这个逻辑意为,作为犯支配了结果原因,由此产生了不作为的义务。作为犯的支配确实是一种事实层面、存在论意义上的支配,所以,在作为犯中,支配只是违反义务的表现形式,换言之,作为犯中支配与义务之间是表里关系,而不具有推导关系。但是,不作为犯本就是规范性概念,支配论者支持从支配中产生作为义务,这确实可以评价为是从事实向规范完成没有依靠的惊险一跃。所以说,支配是一种"现象",而不是可供类比的本质特征"本体",支配理论的应然路径应该还是提取作为犯中的本质特征。

归根结底,不作为犯这种规范性概念的终极命题是定式化其中的规范性要素。无论是从先行行为本身法律评价的角度,还是从寻找先行行为与其所惹起危险的某种直接性、规范性角度,其实都是尝试完成这个工作。当然,从解决问题的维度讲,上文主要是从具体问题本身出发,从各个细节上的博弈取舍进行的。最近也出现一种试图厘清先行行为型不作为犯的法理基础,进而划定其应然射程范围的新思路。

四、对于从先行行为型不作为犯的法理基础出发的射程划定理论的介绍

目前为止,当前研究中极少出现关于先行行为型不作为犯的法理基础相关的研究。这或许印证了许乃曼的一个说法,"危险前行为保证人责任是一个习惯法承认的法概念",当然他是用来论证先行行为不应成为作为义务来源——将"积极作为与危险前行为保证人之不作为两者给予等同处遇,这在价值论的立场上来说是错误的"。[2]但是,仅仅从"输出危险者理应管控危险"这一"习惯法原理",难以得到准确的适格先行行为范围,凡具象的皆有其抽象原理,凡抽象的皆有其具象表现,所以先行行为型不作为犯必有其法

---

[1] 参见冀洋:《"存疑有利于被告人"的刑法解释规则之提倡》,载《法制与社会发展》2018年第4期。

[2] 参见[德]许乃曼:《无法律即无刑罚?》,陈志辉译,载许玉秀、陈志辉合编:《不移不惑献身法与正义——许乃曼教授刑事法论文选辑》,台湾新学林出版股份有限公司2006年版,第5-6页。

理基础,所以,虽然鲜见,但从其法理基础出发论证适格的先行行为范围确是一条可行的研究进路。

最近,张梓弦博士基于"作为义务"的"义务"属性,尝试跳出已有的研究范式,从"义务论"的角度进行先行行为型不作为犯相关法理基础的研究,并尝试在此基础上划定先行行为的应然射程范围。具体来说,其主张回到"权利-义务"的范畴范式,找到康德的定言命令、黑格尔关于自由权利的学说,这些学说其实都是假设在产生立法之前的蛮荒时代指导立法的方法论,所以具有借鉴的意义。在上述思想的基础上,张梓弦博士认为先行行为是一种无故缩减他人于法律上所授予的与其一样的行动余地的行为,所以产生相应的答责性。所以,"先行行为人系在肆意扩张了法秩序原本赋予他的行动余地,继而通过创设法益侵害危险而不当地缩减了他人的行动余地时的保证人。"以此为法理基础,该法理基础下先行行为的射程范围就应"与'应被中和的被害人行动余地之侵蚀范围'紧密契合。"[1]

这种"中和义务理论"或许也可以从法理学上"权利-义务"的关系性出发进行理解。从权利与义务的关系性角度出发寻找作为义务的规范性内涵,义务的内容就是指示应该做什么,对应地,一定有权利主体有权要求义务主体进行这样做。而为什么有权要求,这个权利源于何处?这就是追问法理基础的问题。用中和义务/行动余地理论来解释就是因为先行行为人事前肆意扩张了法秩序原本赋予的行动余地,通过创设法益侵害危险而不当缩减了他人的行动余地。为不稳定的先行行为构建稳定的法理基础,这个工作的难度是非常高的。但该理论洞见可能面临以下疑问:

首先,中和义务理论的适用具有相当的抽象性。在适格的先行行为范围认定的问题上,一个最为根本的疑惑是,此前所批评先行行为认定理论里面的"合义务行为"(在客观归责理论下就是"法所容许的危险行为")的说法模糊,多数场合只能依赖已有的实定法,但实定法也不一定可靠,存在很多突破合义务行为而认定先行行为型不作为犯的案例,前文已经提到很多类似的案例。"中和义务理论"通过抽象的"行动余地"的表述看似完美解决

---

[1] 张梓弦:《先行行为型保证人义务的法理基础及射程厘定》,载《法学》2023年第6期。

了这个问题，但是究竟怎样的情形可以说是超出了行动余地，其中的明确的判断标准成为新的问题。该理论确实也提到了"此义务的射程则应以'应被中和的被害人行动余地之侵蚀范围'紧密契合"，这其实是一个相当康德式定言命令的答案。换句话说，自身行动余地的扩张当然推导出别人行动余地的萎缩，如何超出这个一维视角提出明确的标准呢？或者更具体地说，与客观归责理论对比，中和义务或称行为人肆意扩张自己的行动余地理论与客观归责理论在适用层面有什么具体的不同之处。当然，这种"适用如何"的质疑是一种"万金油式"的质疑，找到了法理基础，落脚于适用层面就具有了相当的发展性。

其次，否认正当防卫属于先行行为的一个逻辑上的问题。中和义务理论与通说一致，都认为违法阻却事由行为不成立不作为犯中的先行行为，这也符合多数人的法感情，但也有少数观点肯定诸如正当防卫成立此处的先行行为。一个可能的反论是这样的，如果认为正当防卫不成立先行行为可能会与防卫过当相矛盾。具体来说，当防卫人实施防卫行为将行为人打成重伤，此时属于正当防卫，但当行为人持续流血，有可能会死亡，也就是存在过当的危险，在这一阶段防卫人产生杀人的故意，没有救助行为人，行为人死亡。很明显，这个案例中，如果分开两段，认定前面是正当防卫，后面是不作为的故意杀人，没有体现出两个阶段的连接性，不如整体评价为防卫过当合适。但是，评价为防卫过当就意味着必须承认防卫人在后一阶段具有作为义务，因为如果没有救助义务，防卫人就可以在正当防卫之后一走了之，就没有过当的问题了。所以，此处比较麻烦的逻辑问题就是防卫过当的认定和承认正当防卫作为先行行为是绑定在一起的两个命题。

再次，如何具体判断被害人行动余地的缩减是否是行为人的原因。先行行为人因其先行行为"偶然"引发了危害结果，自然不应负责。比如，行为人入室盗窃，恰好房主心脏病突发，行为人自然没有救助义务。但是，如案例：行为人夜间于某住宅的地窖中行窃，当房主在黑暗中欲实施抓捕时从楼梯摔下而身负重伤，且行为人未救助便径自离开以致房主死亡。[1]因为本案

---

[1] 参见第295号指导案例"王仁兴破坏交通设施案"，载最高人民法院刑事审判一至五庭：《刑事审判参考》（总第38集），法律出版社2004年版。

例发生于地窖，似乎确实不存在侵入住宅的问题。如果假设完全相同的变形案例发生在住宅之内（如果案例发生在村民的院落里，即使是地窖也有被评价为"户""住宅"的余地），按照中和义务理论的逻辑，因为同时侵犯了被害人的人身领域，所以具有对房主的救助义务。那么，就因为发生的地点相差了几米，就认为一个有救助义务，另一个没有救助义务，这是否存在疑问。

先行行为人为其先行行为惹起的危险负责的边界何在一直是一个颇具争议的问题。为了划定这个边界，中和义务理论认为法益标准是唯一可确定的标准。即在前述案例中，侵入住宅的盗窃仅侵犯了他人的财产权利领域以及空间领域支配权，所以行为人至多只背负返还财物和退出相应空间的义务，而不会因为事实上处于该空间而背负救助他人（身体/生命）的义务，这个标准非常明确而且可操作。但是，在这个案件中中和义务判断的起点为何不能是行为人进入住宅之前，即行为人应当负担因其侵入住宅直接惹起的对房主的所有救助义务。这个问题与客观归责理论中规范保护目的的讨论具有相关性，按照行为功利主义、结果无价值论的立场，一般认为注意规范保护目的本身就是在实践中才能发现的，不存在先在的一个目的限定。所以，在前述案例中，正是因为行为人侵入地窖或住宅，房主才实施抓捕，行为人应当负担救助义务；在前述共谋盗窃一人强奸的案件中，正是因为行为人侵入住宅，房主才面临性自主权被侵害的危险，行为人应当负担救助义务；在前述交通肇事被害人被顺走钱包的案件中，正是因为行为人交通肇事致使被害人无法保护自己的钱包，面临被顺走钱包的危险，行为人应当负担阻止义务。

最后，关于对于犯罪行为能否成立先行行为的态度。按照作者提出的"行动余地/中和义务"理论，犯罪行为作为最为严重的法益侵害行为，其对于被害人自由行动领域的侵犯是最为明显的，不可能认为其不属于此处的适格的先行行为。而且，此处也确实没有所谓重复评价的问题，因为将先行的犯罪行为评价为犯罪与将其作为作为义务来源进而将其之后的不作为行为评价为犯罪，犯罪对象是分离的两个行为。但是，确实可能面临期待可能性层面的质疑：行为人犯罪之后在法秩序原则上不可能期待其停止犯罪、救助伤者、自首等，这也是为什么犯罪中止、自首等会得到一个肯定评价，因为它们并没有遵循人趋利避害的本性而是服从于法秩序指向的理性生活。所以，犯罪行为具有成立此处适格的先行行为的条件，但是，真正成立先行行为不作为犯尚且需要其他限制条件，特别是那些让其后的不作为犯可罚性升高的条件，比如说其后的不作为相较于先行行为明显升高了罪责程度（比如过失的先行行为之后的不作为阶段产生犯罪故意）、介入第三人行为（比如过失致人重伤被突然出现的第三人劝阻不要施救致使被害人死亡，如果不评价之后的不作为，就无法追究第三人的刑事责任）、论证对不作为的正当防卫（比如行为人设置炸弹之后拒不说出具体位置，承认设置炸弹行为可以成为先行行为，而其后拒不说出具体位置的行为是不作为，就可以对其实施正当防卫意义上的酷刑）等场合。

相比作为犯相对清晰的构成要件描述，不作为的构成要件无法计数，如果没有标准清晰明确的适格先行行为的范围认定工具，通过先行行为以不作为入罪会相当容易。毫无疑问，这是我国刑事法治的可能风险点之一。虽然现在不作为犯论的整体适用规模并不高，但随着刑事法治越来越规范化、科学化，先行行为如何认定的问题无疑将会愈加突出。本专题进行的综述、分析、总结、介绍相关先行行为适格射程范围的工作可以为将来的理论和实务中先行行为型不作为犯的相关问题做理论准备。

因果关系论：论环境犯罪的因果关系

环境犯罪中的因果关系，是指符合环境犯罪构成要件的行为与法益侵犯结果之间引起与被引起的关系。要使行为主体对某种危害环境的结果负责，就必须查明其符合构成要件的行为与该结果存在因果关系。根据行为内容，可以将环境犯罪分为污染型环境犯罪和破坏型环境犯罪。部分学者将环境犯罪两种类型的因果关系笼统而谈，认为环境犯罪的因果关系相较于传统犯罪的因果关系具有特殊性，在证明上相当困难。[1] 笔者认为，上述观点失之偏颇。司法实践中，破坏型环境犯罪的法益侵犯结果显而易见，依据传统的因果关系理论即可认定，与一般刑事犯罪因果关系的证明方式并无区别。但是，污染型环境犯罪这种因果过程复杂的犯罪较为特殊，如《刑法》第338条的污染环境罪、第339条的非法处置进口的固体废物罪和擅自进口固体废物罪。这种复杂性是由现代科技、监测技术等的局限性所致，运用传统的因果关系理论难以判定，只能依靠综合疫学因果关系理论和间接反证理论的因果关系推定理论来进行判断。本书中，笔者以污染型环境犯罪的因果关系为研究对象，提倡因果关系推定理论，并对其限制进行探讨。

---

[1] 参见曾粤兴、李霞：《环境犯罪因果关系的特殊性》，载《中国人民公安大学学报（社会科学版）》2012年第5期。

一、污染型环境犯罪因果关系证明的难题

（一）完整的因果链条形成难

1. 污染源确定难

环境污染源于工业、农业及日常生活，污染物种类繁多。一个污染物可能造成多种危害结果，一个危害结果也可能是由多个污染物造成。科技螺旋式发展的今天，污染源特别是化学、生物污染物源，因作用原理复杂、科学机理较强及当下科技水平的限制，难以有效确定环境污染的源头。在污染型环境犯罪中，查明污染源是证明因果关系的第一步，也是至关重要的一步。如果污染源难以确定，则整个因果关系之后续链条就无法寻找，或寻找难度巨大。例如震惊世界的"美国多诺拉事件"，该事件中，美国宾夕法尼亚州多诺拉镇大气中，由于二氧化硫、其他氧化物及大气烟尘的共同作用，生成硫酸烟雾，严重污染了大气，造成当地42%的居民在四天内出现咳嗽、呕吐、腹泻、喉痛，其中20人死亡的悲剧。[1]又如"英国伦敦烟雾事件"，该事件的污染"真凶"太多，如工业排放的二氧化硫、二氧化氮、逆温层现象、气候原因等，具体应归责于谁，难以查证。

2. 污染物造成的危害结果迟延

污染物所致危害后果的迟延性有诸多原由。归结起来，主要有如下三方面：一方面，由于社会生活、生产经营所排放的污染物种类繁多、性质各异，在一定条件下，运用科技手段也难以及时、有效检测到污染物所致的危害后果。另一方面，工厂生产产生特定污染物，一般都先排入空气、水或土壤中，进而扩散到被害人的身体或财产中，因果链长，其中细节更难以确认。而行为人的行为导致的直接结果是环境污染，环境受污染后才可能对人类的人身健康和财产造成损害。再一方面，环境本身具有一定的承受能力和自净能力，只有当污染超过环境自净能力时，才会产生危害结果。在这样的情形下，行为与结果之间的周期较长，时过境迁后才能确定危害后果。困于危害后果的迟延性，污染型环境犯罪的因果链条的完整形成自然也难。污染物所致危害

---

[1] 参见曾丹：《心肺之患：多诺拉烟雾事件》，载《学习时报》2021年9月29日，第A7版。

后果的迟延的典型例子如"日本富山骨痛病事件"。在 1955 年至 1968 年，生活在日本富山平原地区的人们，因为吃了含镉的河水和大米等，慢慢引发骨痛病，直到 1961 年才查明病因。至 1968 年 5 月，共确诊患者 258 例，其中死亡 128 例，到 1977 年 12 月，又死亡 79 例。[1]

3. 排污行为及其所排放的污染物所致危害后果的判断复杂

由于污染型环境犯罪中污染源的确定困难，污染物所致的危害后果具有迟延性等因素，在行为人的排污行为及其所排放的污染物所致危害后果的判断上自然复杂。其一，由于排污行为主体和排污方式的不同，污染物所导致的危害后果可能会有显著差异或者难以查清具体行为人。如数个排污主体共同使用同一排污管道或排污设施，导致污染物相混合而产生相应的化学反应，要具体认定是哪一个排污主体的行为造成了什么样的危害后果实属难事。其二，基于不同地域的光照、湿度、热量、空气质量、地表土质等自然环境因素的差异性，不同地域人群的环境适应能力和具体个体的身体素质等具有差异性，排污行为所造成的危害后果的确定标准也有所不同。有可能同样的污染在甲地区对任何动植物无害，但在乙地区则对特定年龄段的人群或动植物有致命的伤害。其三，排污行为及其所排放的污染物所产生的危害后果也可能与季节或风向、气流等因素有关，行为人只有在特定的时间以特定的方式排放特定的污染物才可能对人体或动植物间接有害。例如"北美死湖事件"。由于美国东北部和加拿大东南部工业发达，每年向大气中排放二氧化硫 2500 多万吨，在季风和气流等因素的综合作用下，大约有 380 万吨二氧化硫由美国飘向加拿大，约有 100 万吨由加拿大飘向美国，造成美国和加拿大多地受到严重的酸雨灾害。[2]

（二）达到与普通犯罪的证明标准难

证明标准是证据质量和证明力的测试仪。[3]西方国家普通刑事案件在因果关系的证明标准上要达到"排除合理怀疑"、具有"高度盖然性"或法官

---

[1] https://baike.baidu.com/item/痛痛病事件/1933324?fr=aladdin#sup-2，最后访问日期：2025 年 1 月 7 日。

[2] https://www.ehs.cn/article-15020-1.html，最后访问日期：2025 年 1 月 7 日。

[3] See Peter Murphy, *A Practical Approach to Evidence*, Blackstone Press Limited, 1992, p. 104.

的"内心确信",我国也是如此,在立法和司法解释上都要求刑事犯罪因果关系的证明标准达到"排除合理怀疑"的程度。我国 2018 年修正的《中华人民共和国刑事诉讼法》(以下简称《刑事诉讼法》)第 55 条、第 162 条、第 200 条等以立法的形式要求对犯罪因果关系的证明标准要达到"犯罪事实清楚、证据确实充分",虽然这些用语都相对模糊,但 2019 年 12 月 30 日起实施的《人民检察院刑事诉讼规则》第 63 条明确规定了在普通刑事案件中的证明标准要达到排除合理怀疑的程度。达到排除合理怀疑的程度,总体如墨菲所言,"只有当控方的证明标准远远超过 90% 的程度,控方才能胜诉"。[1] 在污染型环境犯罪中,因果链条难以完整形成,无论是在污染源上还是在污染物所致危害结果的时间和程度上,抑或在排污行为、污染物和结果的关联性因素上,各种复杂的客观因素众多,侦查机关难以有效和全面地查清,检察机关也难以一一证明各个环节之间的因果性,因而不能像普通刑事案件那样达到超高的排除合理怀疑的程度或极高的盖然性程度。

在实务中,污染型环境犯罪的侦查和证明相当困难,难以达到普通刑事案件因果关系的证明标准。侦查机关和检察机关并非环境污染检测的专家,而行为人因为特定生产经营所实施排污行为具有相当程度的专业性,必然有诸多外人难以知晓的细节和证据。在这样的情形下,侦查机关和检察机关虽然有国家相应科技、人力、物力和财力上的支撑,在侦查和证明上总体处于强者的态势,但在行为人相应生产经营技术和污染物的处理上却属于"门外汉",处于证明上的弱者地位。再者,查处污染型环境犯罪时,对污染源、排污行为和污染结果等的侦查和证明,不可避免地会涉及行为人的商业秘密、知识产权等方面的东西,在刑法的人权保障理念下,出于尊重人权、尊重商业秘密等的考虑,侦查机关和检察机关又不得不止步于此。另外,我国正处于社会发展的转型时期,经济发展是国家的大政方针和政策导向,法官在处理污染型环境犯罪时,有时会考虑地方或地区经济、社会就业等因素而在内心确信的基础上受政策的左右,在证明标准上自然大打折扣。还有,社会进入信息网络时代,污染环境的行为是否入罪、罪行轻重与否等社会呼声也会

---

[1] See Peter Murphy, *Murphy on Evidence*, Blackstone Press Limited, 1997, p. 110.

不当降低法官对污染型环境犯罪的内心确信。

总体说来，在污染型环境犯罪因果关系的证明标准上，一般情况下检察机关的举证还是能够达到排除合理怀疑、具有高度盖然性的，能够使犯罪事实清楚、证据确实充分。但在证明难度大的案件中，本来因果关系的证明属于客观性的范畴，但其因果性在客观上相当复杂，同时公、检、法又受到各种客观或主观因素的制约，难以达到普通刑事案件的证明标准。

（三）传统因果关系理论适用难

自条件说提出以来，在批判和修正条件说的基础上，大陆法系刑法的因果关系形成诸多学说，如：原因说[1]、相当因果关系说、合法则的条件说、客观归责理论等。目前，就刑法理论而言，相当因果关系说是日本和我国的通说。[2]客观归责理论在德国处于通说地位[3]，而且在日本也逐渐成为有力学说[4]。但是，就司法实践而言，整个大陆法系国家和地区的法官仍是根据条件说，判断行为与结果之间是否存在因果关系。

1. 条件说

条件说主张，只要行为和结果之间存在"没有前者就没有后者"的条件关系时，就可以认定存在刑法上的因果关系。它以实行行为所造成的现实结果是否有合理的必然性来确定逻辑上的因果关系，在具体判断方法上采用"排除法"。根据"排除法"，假设没有该条件时，依据结果是否会发生来判断行为和结果之间是否具有因果关系。若会发生结果，就认为不是该事实的原因；若不会发生，则表示该行为是结果的原因，行为和结果之间具有因果关系。如有学者认为，"条件说坚持因果关系的客观性，避免了主观因素的介

---

[1] 原因说主张在能够引起结果发生的诸多条件中，确定一个最适合的、原因力最强的条件作为原因，其他条件不具备这种原因力，不属于刑法范围中的因果关系。但如张明楷教授所言，要从对结果起作用的诸多条件中挑选一个条件作为原因，不仅极为困难和不现实，而且会导致因果关系认定的随意性。所以其在大陆法系国家刑法理论中已经没有地位。详见张明楷：《刑法学》，法律出版社2011年版，第176页。

[2] 参见蒋兰香：《污染型环境犯罪因果关系证明研究》，中国政法大学出版社2014年版，第23页。

[3] 参见张明楷：《刑法学》，法律出版社2011年版，第179页。

[4] 参见［日］山口厚：《从新判例看刑法》，付立庆、刘隽译，中国人民大学出版社2009年版，第1页。

入,将因果关系与责任问题严格地区别开来,且限定故意与过失的处罚范围。"[1]

虽然条件说在司法实务中被广泛运用,但其缺陷也相当明显。其一,条件说主要讨论的是伦理因果关系,将这种伦理因果关系运用到刑法领域,导致处罚范围的不当扩大。其二,在因果关系进程中介入其他因素或异常因素,虽有"中断论"或"禁止溯及论"的应对,但在逻辑论证上已有自相矛盾之嫌。因为条件关系只是判断行为与结果之间事实上的结合而已,将介入因素的通常性或异常性纳入进来已经是相当因果关系说的理论范围了。[2]其三,条件说过于片面。若一个危害结果是由多个条件共同造成的,在不能确定各条件作用大小的情况下,条件说在确定刑事责任时同等对待相同行为,这不仅给聚众犯罪、共同犯罪中认定各行为人责任带来困难,而且有违公平原则。其四,正如杜里奥·帕多瓦尼所说:"条件理论的缺陷在于,运用'思维排除法'的前提是人们必须事先已经知道哪些条件具备何等原因力,也就是知道这些条件是如何作为原因发挥作用的,否则条件理论无法运作。"[3]

基于以上缺陷,条件说在查明污染型环境犯罪的因果关系时,因污染源的难以确定性、排污主体的多样性,对于多种原因造成污染的结果,很可能会不当扩大处罚范围。同时,在查明污染源和结果的因果路径后又出现介入因素时,条件说将得出违背其理论立场的结论。再者,如果有污染型环境犯罪的共同违法行为时,虽然条件说严格划分行为人的责任形式,但不能查清污染责任大小时,运用条件说会违背责任主义原理。如 2012 年云南省昆明市"牛奶河"污染案,昆明市东川通宇选矿厂、昆明市兆鑫矿业有限公司、昆明市东海矿业有限公司三家企业自建厂生产以来,通过私设管道将生产过程中的含硫化钠、砷、铅、锌、铜、镉等有毒物质的尾矿水、尾矿砂等直接排向小江,造成水体及流域土壤的严重污染,周边百余亩土地板结。[4]根据条件

---

[1] 张绍谦:《刑法因果关系研究》,中国检察出版社 2003 年版,第 30 页。
[2] 参见 [日] 西田典之:《日本刑法总论》,王昭武、刘明祥译,法律出版社 2013 年版,第 81-83 页。
[3] [意] 杜里奥·帕多瓦尼:《意大利刑法学原理》,陈忠林译,法律出版社 1998 年版,第 125 页。
[4] 参见《昆明"牛奶河"案 8 人涉污染环境罪被捕》,载 http://news.sina.com.cn/o/2013-10-11/101128404456.shtml,最后访问日期:2025 年 2 月 24 日。

说，在不能查清污染责任大小时，对三被告单位以及直接负责的主管人员和直接责任人员各判处相同刑罚。这种处理结果明显不合理。另外，在实务中，法官之所以偏爱运用条件说，是因为其生活经验和逻辑分析。但污染型环境犯罪因果关系的证明，现有科技尚且不能作出合理解释，基于生活经验和逻辑分析的条件说就更难判定。

2. 相当因果关系说

基于条件说的不足，德国逻辑学家和医学家冯·克里斯提出了相当因果关系说。在相当因果关系说看来，并不是所有伦理上的因果关系都可以成为刑法上的因果关系，而是根据一般人的社会经验法则，如果相同条件在通常情况下会产生相同的结果，且产生的结果具有适当性时，才可以认定存在刑法上的因果关系。那些依据常识被认为，对结果发生具有偶然性的事件，不能成立刑法上的因果关系。相当说排除了各等价条件中的偶然的、非典型因素，限定了刑法上因果关系的范围。在该学说内部，针对"相当性"的理解，有主观说、客观说和折中说之争。其中，主观说认为要考虑行为人能够认识、预见的事情；客观说主张要考虑行为时的客观危险以及行为后根据一般人的经验可以预见的结果；折中说认为要考虑行为时一般人的认识、预见以及行为人特别的认识和预见。以往折中说是日本刑法理论界的通说，现在客观说正取代折中说成为通说。〔1〕

一方面，相当因果关系说限制了条件说对结果产生原因的无限追溯；另一方面，相当因果关系说因将具有相当作用的异常介入因素纳入结果的原因中，而具有合理之处，这也为疫学因果关系理论在查找原因上提供了依据。但相当因果关系说自身也有诸多问题值得思量，例如对"相当性"的判断上。首先，在"相当性"问题上，折中说一方面以一般人的社会经验来判断，另一方面又以行为人的特别认识来判断，最终因走上了主观说的论证结论而得不到赞同。〔2〕其次，在"相当性"问题上，客观说也存在疑问，理论上是否真的能区分行为时的客观危险是值得探讨的。如甲开枪射杀站在悬崖边上的乙，没有击中乙，结果乙受惊摔下悬崖而死，在客观说看来这就是行为时的

---

〔1〕 参见张明楷：《刑法学》，法律出版社2011年版，第177页。

〔2〕 参见［日］山口厚：《刑法总论》，付立庆译，中国人民大学出版社2011年版，第315页。

客观危险。但如西田典之教授所举之例,"A 向 B 开枪,未击中 B,但正好击中躲在天花板后面的小偷,并致其死亡"[1],这样的情形,如果认定行为对结果的相当性可能难以苟同。对行为后结果能够客观地预见上,客观说也存在疑问。如张三违反交通运输管理法规撞伤李四(重伤,躺在公路上)后直接逃逸,张三的逃逸确实造成了李四重伤的事实,但其能否客观地预见到李四被其他车辆撞死或因无人救治而死亡确实难以说清。面对客观说难以解决的难题,虽然西田教授自己提出经验的相关因果关系说,但经验仍存在诸如是否可靠、是否符合逻辑、是否经得起科学实验的检验等疑问。

相当因果关系说是对行为造成结果是否具有高度盖然性的证明,污染型环境犯罪因果关系的证明标准在整体上低于普通刑事案件的证明标准,既然普通刑事案件都可以运用相当因果关系说,那在处理污染型环境犯罪因果关系证明的问题上理当也可以运用。但如上所述,相当因果关系说虽有效地弥补了条件说的缺陷和不足,但其自身的逻辑论证并非完美。再如之前所举的"小偷案"等特殊案件在因果关系的证明上存在着自相矛盾的地方。最主要的是,以一般人的认识或社会经验作为证明相当性的标准,完全是经验主义的做法,并不能有效适用于因果链条复杂、具有科技挑战力的污染型环境犯罪因果关系证明。如 2004 年至 2012 年陕西凤翔、河南济源、湖南武冈、福建上杭、广东清远、四川隆昌、江苏大丰等地暴发的"血铅继续超标事件",[2]造成上千人血铅含量超标。如果运用一般人的社会生活经验来判断可能是排污主体的行为和众多孩童、成年人血铅超标的结果有相当的因果关系,那么势必造成因果关系证明标准的盖然性极低,就连民事案件的证明标准都难以达到,更无法适用于刑事案件的证明标准。同时,在出现公害结果时,只要知晓污染排放嫌疑人,社会民众的心理都会愤怒而多半失去理智地指向这些嫌疑人。如果这些也叫"一般人的社会生活经验",那么无疑会导致诸多冤假错案。因为"群体是不受推理影响的,他们只能理解那些拼凑起来的观念"[3]。

---

[1] [日]西田典之:《日本刑法总论》,王昭武、刘明祥译,法律出版社 2013 年版,第 67 页。
[2] 参见吕玉桦等:《2004—2012 年我国血铅超标事件的流行特征分析》,载《中国预防医学杂志》2013 年第 11 期。
[3] [法]古斯塔夫·勒庞:《乌合之众:大众心理研究》,冯克利译,中央编译出版社 2004 年版,第 91 页。

3. 客观归责理论

客观归责理论并不完全属于因果关系理论[1]，但在因果关系的判断上有其相对合理的地方。如张明楷教授认为，"客观归责理论是将因果关系和归责问题相区别的。在因果关系的判断上以条件说为前提，在与结果有条件关系的行为中，只有当行为制造了符合构成要件结果的不被允许的危险，才能将结果归责于行为。"[2] 在此看来，要行为对结果的归责必须具备三个条件：(1) 行为制造了不被允许的危险；(2) 行为实现了不被允许的危险；(3) 行为所造成的危险结果没有超出构成要件保护的范围。

客观归责理论在德国是处于支配性地位的学说，主要是基于德国刑法理论以二元的行为无价值论为立场。[3] 在以结果无价值论为主流立场的日本以及我国刑法理论中，该理论基本属于补充因果关系理论或处于被排斥的位置。[4] 总体来说，客观归责理论的核心在于行为制造出不被允许的危险。运用该理论，在判断行为是否对结果负责时，不仅判断了行为与结果之间的因果关系，还将诸如结果回避可能性、被害人的承诺、认识错误等问题作归责内容考虑，确实具有一定合理性。这样的归责原理，一方面体现了该理论的全面性，可谓面面俱到。另一方面，该理论将违法阻却事由或责任阻却事由也纳入归责范围，严重超出了构成要件符合性的范围，这是不可取的。同时，该理论虽然始终强调行为与不被允许的危险或结果之间的关系，但也明显不当地扩大了行为的含义，将行为的含义扩张至构成要件的实行行为的含义之外，这也是不合理的。

虽然客观归责理论所强调的不被允许的"危险"，并不像风险社会下的"风险"那样含义模糊、笼统，但在面对污染型环境犯罪的行为人所造成的危害后果时，以不被允许的危险来概括污染物所致的危害后果也明显较为笼统和模糊。虽然污染型环境犯罪中的排污行为在何时确定为实行行为是一大难

---

[1] 当然也有部分学者如刘艳红教授认为客观归责理论和相当因果关系说一样属于因果关系理论。详见刘艳红：《客观归责理论：质疑与反思》，载《中外法学》2011年第6期。

[2] 张明楷：《刑法学》，法律出版社2011年版，第177页。

[3] 参见 [德] 克劳斯·罗克辛：《德国刑法学 总论》（第1卷），王世洲译，法律出版社2005年版，第210页。

[4] 参见周光权：《行为无价值论与客观归责理论》，载《清华法学》2015年第1期。

题,但因此而运用不强调实行行为的客观归责理论来证明排污行为、污染源和危害后果之间的因果关系难免牵强。这样的结局如同客观归责理论自身的缺陷一样,不限定行为的实行性,从而有损构成要件的定型性,有违背罪刑法定主义之嫌。退一步说,客观归责理论虽是德国刑法理论的通说观点,但就普通刑事案件而言,该理论也未被德国司法实践所接受,日本和我国司法实践也是如此。既然在普通刑事案件的司法实务中都难以运用该理论,那么在污染型环境犯罪这类因果链条极为复杂、证明难度极大的案件中也更难适用了。

我国 2003 年的"三门峡水污染事件",[1]充分说明了污染型环境犯罪的证明难度极大。改革开放以来,三门峡大坝上游一些企业的污水排放量有增无减,黄河附近城镇的生活用水也逐年增加,再加之黄河流域水土流失、生态环境退化等诸多因素,造成黄河水体自身净化能力降低,使三门峡水库水质严重下降。其中,2003 年是实测记录中污染最严重的一年,这一年三门峡水质已恶化至Ⅴ类。如果运用客观归责理论,哪些行为制造了不被允许的污染源已经很难认定,这些污染后果是怎样形成、如何实现,更难以查清。在这样的情形下,如何查明行为与结果之间的条件关系,如何在条件关系上客观归责,令我们举步维艰。

二、污染型环境犯罪因果关系理论之探讨

近年来,针对污染型环境犯罪案件因果关系证明的特殊性,国外学者提出了无因果关系理论和事实证明本身理论、设备责任说、疫学因果关系理论、间接反证理论、因果关系推定理论等学说。笔者将分别探讨:

(一) 无因果关系理论和事实证明本身理论

美国侵权因果关系理论,主要有无因果关系理论和事实证明本身理论。无因果关系理论,是指在加害人和受害人均为多人的情况下,如果无法证明具体的加害行为与损害结果之间的因果关系,则将加害人和受害人分别作为

---

[1] 参见蒋兰香:《污染型环境犯罪因果关系证明研究》,中国政法大学出版社 2014 年版,第 236—237 页。

一个整体；如果能够证明两个整体间必然存在一定因果关系，那么就可以推定每个受害人的损失与每个加害人的行为之间都具有因果关系。

无因果关系理论在行为和危害后果的因果关系上，基本以常识和经验逻辑的方式来证明，将加害方和受害方都分别作为整体看待，具有巨大的模糊性，证明力度无法达到高度盖然性或较高盖然性。该理论在民事案件中或许可以被采用，但在刑事案件中，尤其是污染型环境犯罪的刑事案件中难以采用。严格地说，这一理论实际上并未解决因果关系问题，无法确定真正的加害者，无法作为环境犯罪因果关系理论加以适用。

事实证明本身理论为解决原告举证困难而设计。根据该理论，只要公诉人能够证明若被告人无过失则一般不会发生环境事故或环境损害，环境事故或环境损害的发生仅能由被告人控制的工具或媒介引起，不涉及公诉人的参与或自愿行为即可。根据该理论，公诉人只需对三个方面进行举证就可以推定被告人责任：（1）如果没有过失，则损害不会发生；（2）损害的发生是由被告人的工具或媒介引起的；（3）损害不涉及公诉人的参与或自愿行为。当然，被告人在诉讼中也并非完全被动，其具有四项法定抗辩事由：一是损害发生原因不可预见；二是损害系非侵权行为造成；三是公诉人存在过错；四是法律明文允许。美国实务中运用事实证明本身理论的典型案例，如美国1970年的"加利福尼亚渔业和娱乐部诉波利茅斯号轮船案"。[1]

虽然事实证明本身理论具有相对合理之处，但并不适合我国。事实证明本身理论与后文所述的间接反证理论类似，即根据已知的事实推定其他事实，不能排除合理怀疑，也不适合当作刑法上的因果关系理论。在美国，该理论首先作为一种民事侵权责任而存在，用来解决环境侵权中的因果关系自然可以。但环境侵权毕竟不等于环境犯罪，尤其不等于因果关系证明极为困难的污染型环境犯罪。该理论在证明标准上难以达到高度的盖然性要求。另外，环境犯罪的责任形式有故意和过失，在过失犯罪的情形下，该理论则难以适用。再者，如有的学者所言，我国在刑事诉讼程序上更多地沿袭大陆法系的诉

---

[1] 参见蒋兰香：《污染型环境犯罪因果关系证明研究》，中国政法大学出版社2014年版，第209页。

讼程序,该理论在证明方式上并不适合我国司法实践。[1]

(二) 设备责任说

德国环境侵权因果关系认定以造成污染的设备作为逻辑起点,被称为设备责任说。该说主张如果依照个案的具体情况,某一设备很可能会引起损害,那么就推定损害是由该设备造成的。至于该设备在个案的具体情况下是否会造成损害,则根据其运营流程、排污物质种类、损害发生时间和地点及损害发生的其他具体因素判断。[2]

设备责任说能比较容易地发现危害行为与结果间的因果关系,但其缺陷也相当明显。首先,设备责任说将污染源只限定在"设备"上,在科技不断发展、设备不断换代的当下,在因果关系证明上显得过于僵硬。如 2013 年"上海黄浦江死猪事件"的污染源就没有所谓的"设备"。[3]其次,污染型环境犯罪的污染源不只是在"设备"上,还有其他物理、化学反应的结果,运用设备责任说,难以解决"设备"以外的污染型环境犯罪的因果关系证明问题。再次,在多设备共同造成的污染型环境犯罪案件中主张适用连带责任,这明显违背了现代刑法的责任主义原理。最后,即使在单一设备造成污染的情形下,根据设备责任说认定排污行为与危害后果之间的因果关系的证明标准,也只能达到较高的盖然性程度,而不能达到法官的内心确信。如罗克辛教授认为,"在人们存在怀疑时,因果关系永远仅仅只能通过准确的自然科学方法(主要是实验)来加以证明,在因果关系缺乏客观的自然科学证明之处,不允许将这个因果关系通过自由证据评价的途径,由法官的主观确信来加以代替。"[4]

(三) 疫学因果关系理论

疫学因果关系理论,是指通过对某一区域内的多人的疾病进行疫学分析,利用公共卫生学和统计学方法,根据大量统计数据,如果能够认定某因素与疾

---

[1] 参见蒋兰香:《污染型环境犯罪因果关系证明研究》,中国政法大学出版社 2014 年版,第 210 页。

[2] 参见惠丛冰:《论环境污染侵权诉讼中因果关系的证明标准——德国环境责任法给我们的启迪》,载《人民司法》2005 年第 5 期。

[3] 参见周凌云:《黄浦江万头死猪漂流记》,载《绿色视野》2014 年第 10 期。

[4] [德] 克劳斯·罗克辛:《德国刑法学 总论》(第 1 卷),王世洲译,法律出版社 2005 年版,第 235 页。

病之间具有高度盖然性的联系，那么即使不能严格地从医学、药理学中寻找到详细的法则性的证明，也可以认定二者之间存在因果关系。疫学因果关系根据四个条件予以确认：（1）该因子在疾病发生之前已经发生作用；（2）该因子的作用越大，疾病发生率越高；（3）该因子作用越小，疾病的发生率越低；（4）该因子导致疾病发生的作用机制可以得到生物学上的合理说明。[1]如果某因子符合上述四点，就能够确定该因子与疾病间的因果关系。疫学因果关系的结论依靠统计数字得来，是一种推定的理论。环境犯罪的因果关系复杂，很多都难以用已知的科学知识予以证明，若因此否定刑法上的因果关系，则会放纵环境犯罪。疫学因果关系的应用是惩罚环境犯罪的需要，日本和德国都曾运用该理论解决实践中环境污染的案件。

最早将疫学因果关系运用到污染环境犯罪中的案例，是日本20世纪50年代的"熊本水俣病案"。该案基本案情是：日本熊本水俣市—肥料公司在生产过程中排放了大量含有汞的废水，导致水俣湾附近水域的鱼虾贝类受污染，当地居民吃了被污染的鱼虾贝类后得了怪病，即水俣病。囿于当时的医学水平和药学作用，该病的确切病因无法得到证明，因此日本裁判所根据疫学因果关系理论推定肥料公司的排污和水俣病间存在因果关系，认定该公司的经理和厂长构成业务上的过失致死伤罪。另外，在日本司法实务中，运用医学因果关系理论最典型、最成功的应属"富山骨痛病案"。该案争议焦点是富山骨痛病与镉排放之间是否存在因果关系，一审裁决运用疫学因果关系证明了骨痛病系镉中毒所致。二审法院支持了一审判决，并对疫学因果关系判断作了进一步的阐述，增强了疫学在环境犯罪中应用的合法性。本案是日本较为著名的公害案件之一，其对疫学因果关系理论的适用具有典型代表意义。

污染型环境犯罪的因果链条复杂，在排污行为和危害后果之间，有时不得不进行事实上的推论。事实上，疫学因果关系理论也是通过相关数据统计推论出结果，这样的推论结果具有实体法上的意义。这也是现在在日本司法实践中，疫学因果关系理论一直被司法机关采用的主要原因。[2]由于我国污

---

[1] 参见陈泉生：《环境侵害的刑事救济》，载《现代法学》1992年第5期。
[2] 参见蒋兰香：《污染型环境犯罪因果关系证明研究》，中国政法大学出版社2014年版，第193页。

染型环境犯罪的案件数量较少,且大部分运用传统因果关系理论即可解决问题,同时我国对公害犯罪案件因果关系的证明问题缺乏深入研究,所以导致疫学因果关系理论对我国司法实践的影响极其有限。近年来,我国不少学者主张借鉴和引用疫学因果关系理论,以解决污染型环境犯罪中因果关系的证明难题。如张明楷教授认为,疫学因果关系理论有助于刑法上因果关系的认定,可以运用于公害犯罪中。[1]再如黎宏教授认为,条件关系的证明只要能认定没有 A 就没有 B 的关系,就能肯定因果关系,根据疫学的证明能够认定"合理的不容置疑的程度"时,就应当肯定条件关系的存在。[2]虽然疫学因果关系理论在德国、日本、韩国等国家的运用,已取得了较好的效果,似乎也应在我国刑事诉讼中推广。但在我们看来,该理论也存在如下不足:

首先,疫学因果关系理论在本质上有违无罪推定原则之嫌。疫学因果关系理论虽然依据相关科学数据,推定排污行为和危害结果之间的因果性,但由于污染型环境犯罪中危害后果的发生存在诸多难定因素及因果链条的极为复杂性,难以达到高度盖然性的证明标准,没有以确定的自然科学因果法则为依据。如果法官仅仅依靠相关数据和经验进行内心确信,判定被告人构成犯罪,那么在事实上就成了有罪推定。正如西田典之教授所批判的,刑法上的因果关系要求"存疑不罚",不能因为存在疫学的因果关系便肯定存在刑法上的条件关系。[3]再如污染型环境犯罪等公害犯罪中,虽然黎宏教授主张疫学因果关系理论,但其又认为,"疫学的因果关系论即便适合于公平分担损害和救济被害人的民事案件,但是,在刑事案件中,则是和先前的刑事原则相抵触的。"[4]由此可见黎宏教授的矛盾心理。其次,疫学因果关系理论的证明标准偏低。疫学因果关系理论只是利用公共卫生学和统计学方法,根据统计数据而得出行为和结果之间的因果关系,并没有严格从医学、药理学等方面进行确证,如果牵强地肯定排污行为和危害后果具有刑法上的因果关系,在证明结论上难免有不可靠之嫌疑。再次,疫学因果关系理论虽然可以推断出

---

[1] 参见张明楷:《刑法学》,法律出版社 2011 年版,第 184 页。
[2] 参见黎宏:《日本刑法精义》,中国检察出版社 2004 年版,第 98-99 页。
[3] 参见[日]西田典之:《日本刑法总论》,王昭武、刘明祥译,法律出版社 2013 年版,第 79 页。
[4] 黎宏:《日本刑法精义》,中国检察出版社 2004 年版,第 98 页。

污染型环境犯罪因果关系的存在,但污染源如何形成、污染物如何作用等,在现有的科技水平上仍然是难以确定的。

(四) 间接反证理论

间接反证理论最早源于德国的民事证据法,由罗森贝克所创立,是在案件事实不明的情况下发生的举证责任转移,由不负举证责任的当事人承担证明该主要事实不存在的反证责任。该学说并不针对原告所举事实进行反证,而是直接针对案件事实本身进行证明,在形式上颠覆了传统的"谁主张谁举证"原则。只要原告证明了案件因果关系链条中的部分事实,就可以推定其余事实的存在,此时由被告人承担反证责任,如果被告人能够反证主要事实的不存在,即可免责。反之,就认定存在因果关系,进而追究被告人刑事责任。在环境犯罪案件中,当控方根据疫学理论证明了"如果不是某种污染物排放作用于人体,也就不会有某种疾病和症状发生的事实"[1],就可以推定其余事实的成立。随之,证明责任也转移给被告人,由排污企业反证该推定事实的不成立。

间接反证理论将证明因果关系的要件事实,具体细化为几个部分分别予以认定,而不是作为一个整体处理。但对于如何细化、原被告人如何分配证明责任又有不同的观点,主要有好美、竹下说和淡路说。好美、竹下说由好美清光教授和竹下守夫教授提出,其将因果关系事实分为五个部分:(1) 被告人产生了有害物质;(2) 有害物质排放到外部;(3) 经由媒介扩散;(4) 有害物质到达原告身体或财产中;(5) 发生了损害。[2]其中第(2)、第(4)、第(5) 部分由原告负举证责任,其余部分可予以推定。淡路说由淡路刚久教授提出,其将因果关系事实分为三个部分:(1) 损害发生的原因物质及其装置;(2) 原因物质到达损害者或损害地的经过路程;(3) 企业生成并排放原因物质。[3]原告只需证明其中任意两个部分即可推定第三部分的成立。对比好美、竹下说和淡路说,虽然两者在因果路径上有着不同的介分,但却没有本质的不同。从另一角度而言,淡路说在因果关系的证明上似乎相对简便和

---

[1] 参见付立忠:《环境刑法学》,中国方正出版社2001年版,第627页。

[2] 王明远:《环境侵权救济法律制度》,中国法制出版社2001年版,第194页。

[3] 曹明德:《环境侵权法》,法律出版社2000年版,第183页。

容易一些。

间接反证理论在日本司法实务中时常被运用,典型的如"新泻水俣病案"[1]。该案争议焦点在于,被告人昭和电气工业公司是否排放了导致水俣病产生的汞。该案中,原告主张汞系被告人工厂所排放;被告人否认,并主张是地震期间新泻港码头附近的仓库泄漏的含汞农药。新泻地方裁判所支持了原告主张,认为案件中的具体因果关系事实,没有完全必要从自然科学的角度一一证明,可以根据情节证据推定被告人是汞排放污染源。如果被告人不能拿出反证推翻这种推定,就认定存在因果关系。

根据《中华人民共和国民法典》(以下简称《民法典》)第1230条、《中华人民共和国水污染防治法》第98条等法律所规定的举证责任倒置原则,在我国环境污染侵权案件中也时常可见间接反证理论的身影。如2011年6月的"康菲公司渤海漏油案",[2]该案争议焦点为21名原告是否具有合法的养殖权利和索赔权利,蓬莱19-3溢油事故是否对21名被告人的养殖区造成污染,21名原告主张的损失是否与溢油事故具有法律上的因果关系,21名原告遭受损失的程度和具体数额,中海油是否就本次事故承担赔偿责任。虽然我国《刑事诉讼法》明确规定,刑事案件中的举证责任由检察机关承担,但在司法实践已经开始运用间接反证理论,如"云南阳宗海砷污染案"[3]。

在污染型环境犯罪中运用间接反证理论,检察机关对排污行为、污染物和危害后果之间的因果关系的证明并不需要达到高度的盖然性,只需证明部分事实,其余部分由被告人承担反证责任。在具体操作上,间接反证理论是先设立反论题,再由反论题引出对被告人不利的推断,如果被告人能推翻反论题,证明污染后果与自己的行为没有因果关系,则被告人免责;反之,则需要承担相应责任。[4]该理论缓解了检察机关在污染型环境犯罪中,举证难

---

[1] 该案在主要运用间接反证理论的同时也运用了疫学因果关系理论。参见[日]原田尚彦:《环境法》,于敏译,法律出版社1999年版,第28页。

[2] 参见《康菲溢油终审维持原判 21名养殖户获赔168万余元》,载 https://www.chinacourt.org/article/detail/2016/09/id/2257330.shtml,最后访问日期:2024年12月13日。

[3] 罗玲芬等:《重大环境污染事故罪认定的若干疑难问题研究——以阳宗海砷污染案为例》,载《中国检察官》2010年第11期。

[4] 参见蒋兰香:《污染型环境犯罪因果关系证明研究》,中国政法大学出版社2014年版,第200页。

和因果关系证明难的困窘。有利于提高诉讼效率,有利于及时救济被害人的权益,体现了刑法的效益性价值。

虽然间接反证理论具有上述优点,但是论证中的瑕疵也相当明显。第一,间接反证理论在逻辑论证上实行的仍然是有罪推定。该理论先是设定了被告人构成犯罪的命题,由检察机关举出部分证据来证明这个命题,被告人如若有异议则必须举证抗辩,这明显违背了无罪推定原则。第二,间接反证理论有让被告人自证其罪的嫌疑。根据该理论,被告人对检察机关证明事实的抗辩在表面上似乎是"谁抗辩谁举证"的运用,但在其抗辩过程中隐含着这样一个逻辑:被告人要是无法证明就更加说明了检察机关的控告理由的说服力和证据的证明力,更加说明了污染后果就是由被告人的行为造成的。这无疑是隐形地使被告人自证其罪。第三,间接反证理论有侵犯被告人商业秘密的嫌疑。被告人要证明危害后果与自己的排污行为等没有因果关系,就必须拿出相关材料证明自己的生产设备是什么、从哪里来的、是否合格,生产原料是什么,从哪里来的、是否合格,生产的产品销往何处、是否合格,生产的废弃物如何处理等不会导致环境污染,这在事实上就是让被告人强制性地说出其商业秘密。

(五) 因果关系推定理论

"推定的出场是为了弥补证明的不足,证据证明不可能完全连接实体与程序,其间的距离需要推定来缩短。"[1]因果关系推定理论,严格说来并不是一种"理论",而是一种证明方法。该理论是指在污染环境案件中,用疫学原理证明污染损害后果与损害行为之间的盖然性联系,在被告人无法反证损害结果并非自己所致时,推定其存在因果关系。因果关系推定理论本质上可以说是疫学因果关系理论与间接反证理论的综合运用,弥补了仅用疫学因果关系或间接反证理论难以判定复杂因果关系的不足。应用过程包括两个步骤:第一步是以疫学因果关系(或者间接反证因果关系理论中部分事实)为基础证明污染行为与损害结果之间存在的盖然性因果关系,由原告承担举证责任;第二步由被告人反证自己不是污染源,即由被告人承担反证责任。所谓"推

---

[1] 邓子滨:《刑事法中的推定》,中国人民公安大学出版社2003年版,第40页。

定"，通常是指从其他已经得到证实的事实推断出的结论，包括事实上的推定和法律上的推定。

因果关系推定理论，因融合了疫学因果理论和间接反证理论的优点，而被诸多国家以立法的形式予以肯定。如日本1970年颁布的《关于危害人体健康的公害犯罪制裁法》第5条规定："如果某人由于工厂或企业的业务活动排放了有害于人体健康的物质，致使公众的生命和健康受到严重危害，并且因为在发生严重危害的地域内正在发生由于该种物质的排放所造成的对公众的生命和健康的严重危害，此时便可推定此种危害纯系该排放者所排放的那种有害物质所致。"[1] 又如加拿大1970年的《北极水污染防治法》中规定，如果被告人不能举出反证，则分析报告或证明书上陈述的事实，可以被推定为具有因果关系而构成之事实。[2]

囿于污染型环境犯罪的关键证据往往难以获取，排污行为、污染物和危害后果之间的因果路径又相当复杂，在危害结果发生上又无法查清证据链的情形下，不得不进行事实推定。而因果关系推定理论，基于疫学因果关系理论所证明的污染事实的较高盖然性，进一步排除被告人间接反证的事实。这种方式提高了证明标准的盖然性程度，缩短了证明过程，弥补了各自的不足，这是其优势所在。但是，该理论也附带了前述两种理论的瑕疵和不足。我们应持评判借鉴的态度。

三、我国污染型环境犯罪以因果关系推定理论为选择

（一）我国污染型环境犯罪以因果关系推定理论为选择的必要性

我国污染型环境犯罪因果关系的证明，有必要选择因果关系推定理论。原因如下：其一，污染型环境犯罪的污染源确定困难、法益侵害后果的迟延、排污行为及其所排放的污染物所导致的危害后果的判断困难，使行为和结果之间完整的因果链条形成困难，加大了因果关系的证明难度。其二，在这种因果关系证明标准难度巨大的情况下，条件说、相当因果关系说等传统理论难

---

[1] [日] 原田尚彦：《环境法》，于敏译，法律出版社1999年版，第81页。
[2] 参见蒋兰香：《污染型环境犯罪因果关系证明研究》，中国政法大学出版社2014年版，第172页。

以解决此问题。其三，在专属于污染型环境犯罪的因果关系理论中，也存在诸多问题。如：无因果关系理论、事实证明本身理论难以达到排除合理怀疑的程度；设备责任说对污染源范围的定位过于片面且运用僵硬；单纯的疫学因果关系理论和间接反证理论也具有诸多不足。其四，从刑法人权保障机能和社会防卫职能来看。如果因为污染型环境犯罪因果关系的证明难度大、难以达到排除合理怀疑程度，一律采取"疑罪从无"的态度，会明显不当地放纵犯罪。如此，国民的自由、人权、健康等更加难以保障，刑法的社会防卫效果也会散失。其五，如果环境污染超过了环境自身的净化能力，在客观上就属于不被允许的危险，这样的危险也属于一种风险。鉴于环境污染所导致的"风险社会"的痕迹已经显露，而传统的刑罚并合主义思想又过于僵硬，有必要运用刑罚进行积极的一般预防，以让社会民众遵守法律法规，爱护环境。在积极的一般预防观念指导下，对难以证明的污染型环境犯罪案件，在不违背罪刑法定和无罪推定原则的情形下，有必要实行限制性的推定。其六，从国家的诉讼成本角度来说，如果在污染型环境犯罪这种因果链条复杂、证明难度大的案件中，完全不运用推定原理将导致侦查机关的侦查和检察机关的证明成本急剧上升，在客观行为构成犯罪的案件中严重浪费诉讼资源。其七，从国家诉讼的效率来说，如果因为完全限制因果关系推定，在污染型环境犯罪案件中，会导致侦查时间的不必要延长、起诉和裁判时间的不必要浪费。这样的后果就是"迟到的正义非正义"。其八，党的二十大提出要"推进美丽中国建设""深入推进环境污染防治""依法治污"等。面对因果关系证明难的污染型环境犯罪案件，实行严格限制的推定也是响应党的指导方针、国家刑事政策的应有之意。

（二）因果关系推定理论在我国实行的可行性证成

因果关系推定理论，可以在我国《刑事诉讼法》中找到间接的根据。我国 2018 年修正的《刑事诉讼法》第 51 条规定，"公诉案件中被告人有罪的举证责任由人民检察院承担……"似乎表明所有刑事公诉案件的证明责任都由检察院承担，因果关系推定理论在我国没有立法上的支持。但笔者认为，我们应当对这一条文做符合体系的解释。根据《刑事诉讼法》第 42 条，"辩护人收集的有关犯罪嫌疑人不在犯罪现场、未达到刑事责任年龄、属于依法不负刑事责任的精神病人的证据,应当及时告知公安机关、人民检察院。"从中可以找到污染型环境犯罪中被告人的举证义务。一方面,该条虽然没有直接规定行为人的举证责任,但由于辩护人为行为人做无罪或罪轻辩护,其实是明文规定了行为人的举证责任。另一方面,这里的"不在犯罪现场"应当做出实质性的解释。严格地说,《刑事诉讼法》第 42 条所规定的辩护人负有举证责任的情形适用于所有刑事犯罪,污染型环境犯罪也不例外。该条的立法目的在于及时澄清案情、提高诉讼效率,避免犯罪嫌疑人陷入无谓的诉讼,也避免国家司法资源的不必要浪费。截至 2007 年,在实体法上,通过检索《刑法》,可以得出 17 个刑事立法推定。[1]其中,最典型的刑事立法推定就是《刑法》(2006 年修正)第 282 条第 2 款、第 395 条第 1 款之明文规定。我国《刑法》(2006 年修正)第 282 条第 2 款规定的非法持有国家绝密、机密文件、资料、物品罪和第 395 条第 1 款规定的巨额财产来源不明罪都明确规定了"不能说明来源"则构成相应犯罪,这为污染型环境犯罪因果关系的证明适用因果关系推定理论提供了借鉴依据。由于污染型环境犯罪和非法持有国家绝密、机密文件、资料、物品罪,巨额财产来源不明罪都属于检察机关难以证明的犯罪类型,根据同类解释规则,污染型环境犯罪的行为人也应当负有相应的举证责任,污染型环境犯罪案件中因果关系的证明也可以适当地实行推定制度,只不过在适用上必须严格限制。严格限制即在污染结果与行为人方面的核心科技有关,而这样的核心科技在通过司法鉴定也难以鉴定的情况下,才能例外地要求被告人承担举证责任,实行因果关系推定制度。

另外,在我们看来,2023 年 8 月 15 日起施行的《最高人民法院、最高人民检察院关于办理环境污染刑事案件适用法律若干问题的解释》(以下简称《环境污染刑事案件解释》)第 16 条也从侧面为因果关系推定理论提供了支持。该条规定:"对案件所涉的环境污染专门性问题难以确定的,依据鉴定机构出具的鉴定意见,或者国务院环境保护主管部门、公安部门指定的机构出具的报告,结合其他证据作出认定。"这首先明确了疫学因果关系理论的严格

---

[1] 劳东燕博士在《认真对待刑事推定》一文中得出我国刑法典、刑事诉讼法典文本、司法解释与刑法基本理论中所适用的刑事推定共计 44 个,其中完全属于刑法典的有 17 个。详见劳东燕:《认真对待刑事推定》,载《法学研究》2007 年第 2 期。

适用范围，降低了法官对污染型环境犯罪证明标准的认定。被告人若对此有异议，则只能申请重新鉴定，或另行举证自己的行为没有造成污染后果，以抗辩检察机关的证明事实。事实上，也是要求了被告人为自己做无罪或罪轻的举证辩护。而被告人举证为自己作无罪或罪轻辩护，实际上等于适用了间接反证理论。

退一步说，在司法实践中，即使在因果关系证明路径较为复杂的普通刑事辩护中。如果辩方要对检察机关的起诉做无罪或罪轻辩护，除了在侦查机关侦查终结所形成的卷宗材料中找出被告人无罪或罪轻的证据外，还需要被告人另行举证推翻检察机关的控诉。如在受贿罪案件中，检察机关指控国家机关工作人员张三指使其情人李四收受贿赂。为了使抗辩理由达到法官的内心确信，该国家机关工作人员除了指出检察机关的证明不足外，还需要证明自己没有指使李四收受贿赂或事实上和李四没有情人关系。如果张三不举证抗辩检察机关的控诉，则法官自然会根据检察机关所举证据和事实推定张三构成受贿罪。基于污染型环境犯罪的特殊性，在因果关系证明上的难度远胜于普通刑事案件中因果关系证明较为复杂的案件，根据"入罪时举轻以明重、出罪时举重以明轻"的原则，在污染型环境犯罪案件中，法官要求被告人反证相关事实也是必然的逻辑。

（三）适用因果关系推定理论应注意的问题

适用因果关系推定理论判定环境犯罪问题，有利于达到刑法惩治犯罪、保护受害者、提高司法效率的目的。然而，也应看到在刑事案件中，这种"推定"是被严格限制的，它毕竟不是"确实充分"的证据。在论述环境犯罪因果关系理论时，我国有学者主张应掌握四个条件：（1）被告人排放了污染物；（2）客观上无法直接证明污染行为与损害结果之间是否存在因果关系；（3）调查、统计方式方法应符合科学的技术规范，结论应具有盖然性和必然性；（4）仅适用于污染环境犯罪案件中的特殊情况，对其他破坏环境类案件不能适用。[1]也有人主张从三个方面进行限制：（1）前提是排污行为与危害结果存在疫学上引起与被引起的高度盖然性；（2）排污行为造成危害的对象仅

---

[1] 参见付立忠：《环境刑法学》，中国方正出版社 2001 年版，第 633—634 页。

限于"公众";(3) 严格适用于符合污染的情形。[1]我们赞同严格限制因果关系推定理论的适用,以避免可能出现的枉法裁判问题,在适用时应注意以下几方面问题:

第一,坚持公平原则。严格区分因果关系推定与有罪推定,坚持罪刑法定原则和无罪推定原则,不能突破刑法和刑事诉讼法的基本原则。因果关系推定理论是一种基于自然科学法则的高度盖然性学说,与有罪推定是截然不同的,如果被告人能够反证其行为与危害结果发生无因果关系,就不能推定有因果关系。而且,推定仅解决了犯罪的客观基础问题,是否承担刑事责任还需要考虑其犯罪的其他主客观方面,是否存在违法阻却事由等情况。因果关系推定减轻了控方举证责任,提高了诉讼效率,是对保护受害人的一种倾斜,但同时也易造成控辩双方权力(利)义务的不平等。因此,适用因果关系推定理论应坚持法治、公平、公正原则,保障诉讼质量,平衡诉讼双方利益冲突。

第二,严格限制因果关系推定理论适用范围。并不是所有的环境犯罪都可以适用因果关系推定理论进行判定,它只能适用于污染环境类案件,破坏环境资源犯罪案件的因果关系通常并不复杂,可适用传统刑法因果关系原则进行证明。同时,我国刑法理论将犯罪分为结果犯、行为犯、举动犯和危险犯等,对于行为犯、举动犯和危险犯并不以危害结果为构成要件,不存在因果关系证明问题,故因果关系推定理论仅适用于污染环境犯罪中的结果犯。而且只能适用于复杂的综合污染情形,之所以运用推定原理就在于实践中污染行为的复杂性、结果发生的隐蔽性和长期性等特点。单一污染主要是一个行为主体产生污染物,造成危害结果的行为。此种污染的原因和结果一般较为明确,不需要推定理论。而复杂的综合污染是由多人行为导致的,利益关系复杂且污染物作用原理专业性强。因果关系难以判定,此时才有适用因果关系推定原理的空间。

第三,应当排除其他可能性。适用推定理论之前,必须有足够证据排除其他可能性。比如,企业在生产过程中排放、倾倒了足以引起法定危害后果

---

[1] 参见张勇:《环境污染刑事案件中严格责任与推定原则问题探讨》,载《北京政法职业学院学报》2005年第4期。

的某种污染物；运用传统的因果关系理论，不能证实污染行为与危害结果之间的因果关系，并经疫学等科学方法论证，污染物数量增减会相应地导致危害后果的加重或减轻；调查统计方法应符合科学技术规范的要求，结论应当具有盖然性和必然性，推定过程应符合法律的逻辑要求。[1]侦查机关必须先全力收集证据，在客观上确实无法直接证明因果关系时方可适用推定理论。因果关系推定的第一阶段，应由检察机关负举证责任，若无法收集足够的基本证据，达不到高度盖然性的话，则无法进行推定。

我国正在努力建设"资源节约型、环境友好型"社会，环境犯罪的治理显得日益重要。虽然破坏型环境犯罪所造成的危害后果不容小视，但在犯罪的认定和证明上较为容易，相对于污染型环境犯罪而言，更加容易实现刑罚的报应和预防。

污染型环境犯罪要想实现刑罚的报应和预防，就必须解决犯罪的认定问题，必须解决因果关系的证明难题。在污染型环境犯罪因果关系的证明上，因果关系推定理论系疫学因果理论和间接反证理论之精华，克服了传统因果关系理论的困窘。从刑法立法精神和刑法的机能、刑事诉讼法的诉讼目的以及党的大政方针、国家的刑事政策等方面考虑，在污染型环境犯罪案件中，适用因果关系推定理论具有必然性。在我国刑事立法、司法解释和司法实务中，因果关系推定理论具有可行性，只不过需要一定的限制。综合全文，因果关系推定理论的限制性适用具有妥当性。

---

[1] 参见赵红艳：《环境犯罪定罪分析与思考》，人民出版社2013年版，第64页。

> 专题五

正当防卫论：防卫挑拨的违法性根据与判断标准

近年来，"山东于欢案""昆山龙哥案"等正当防卫案件挑动着社会大众的敏感神经，正当防卫教义学也再次成为理论刑法学研究中的热点。正当防卫教义学基本以"正当防卫的正当化原理-正当防卫的具体成立要件"为主线建立起来，但其中还有一些"边缘问题"亟待研究，本专题的主题"防卫挑拨"正是其中一例。现实中大多数涉正当防卫案件都有挑衅行为，司法实践中认定防卫挑拨的数量却极少。这揭示了传统刑法理论对防卫挑拨的关注度不够。本专题围绕防卫挑拨问题的核心，即怎样的防卫挑拨行为能够阻却正当防卫（第一部分），以厘清防卫挑拨问题的概念前提、讨论语境与实践认定特征出发（第二部分），总结现有研究对于该问题的研究现状（第三部分），总的来说，传统刑法理论关于防卫挑拨的违法性根据与判断标准问题，总体上走的是一条经验主义道路，其徒具通说外形而欠缺内部严谨的说理论证，尤其是从违法性根据到具体判断标准的推导过程有待进一步澄清（第四部分）。结合正当防卫正当化依据理论的最新发展，以当代功利主义者对罗尔斯式正义论的回应为视角，防卫挑拨的判断标准的最优解是在两种理论范式下都能够证成（第五部分）。除了以故意过失区分的防卫挑拨判断标准外，还有一种情况防卫挑拨也应当作出限制，即挑拨人具有特别认知的场合。其违法性根据在法益衡量原理下是攻击行为则可归责于挑拨行为，在自利理性人普遍同意理论下是具有特别认知的挑拨行为超出了社会团结义务的限度（第六部分）。

一、问题的提起

防卫挑拨一般是指这样的情形：甲挑拨乙，乙受到挑拨攻击甲，甲防卫乙，其中乙的攻击行为不是正当防卫，甲的防卫行为单独看是正当防卫。那么，甲的挑拨行为对其之后的防卫行为认定为正当防卫是否影响，如何影响，反言之，该场合下防卫人的退避义务是否存在，范围如何，这就涉及防卫挑拨的违法性根据和判断标准问题。在各国的司法实践中均存在大量防卫挑拨案件，例如：

案例1：（尝梨赖账案）黄某在农贸市场卖梨时，朱某到其摊位尝完梨后不买欲离开，黄某上前向其索要吃梨款，双方发生争执，朱某和同行的另外两人与黄某缠打。过程中，黄某两次被打倒在地，后朱某将黄某打倒在沈某卖农具的摊位上。黄某随手拿起一把草钩欲继续打斗，被摊主夺下，黄某又从该摊位上拿起一把镰刀用力横扫，将朱某砍伤，后朱某经抢救无效死亡。法院认定黄某犯故意伤害罪。[1]法院认定本案的行为结构是：黄某向朱某讨要债务，朱某不法侵害黄某，黄某进行防卫。

案例2：（德国的仇人相见案）"红鸡酒馆"的两名老主顾A和B不知什么缘故结了仇。一天，B告诉A，他不想在酒馆里看见A，否则后果自负。然而A下决心不当胆小鬼。A尽管对若动起手来B明显的身体优势有所顾虑，但还是在第二天晚上来到酒馆同往常一样点了一瓶啤酒。当同在酒馆的B看到A时，B马上冲向A并尝试着将其拽出酒馆。结果A同B纠缠在一起。并用拳猛击B脸部，B随即倒在地上。当B吃力站起来，A拿起桌子上的大啤酒杯击打B的头部。[2]本案的行为结构是：A踏入酒馆"激怒"B，B不法侵害A，A进行防卫。

案例3：（我国的仇人相见案）朱某与被害人韦某因打麻将发生口角，被围观群众劝开后，韦某扬言要杀死朱某，并在社区内张贴广告，寻找朱某下

---

[1] 参见刘洋：《互殴中正当防卫的认定》，载《人民司法》2006年第1期。

[2] 参见［德］埃里克·希尔根多夫：《德国大学刑法案例辅导》，黄笑岩译，北京大学出版社2019年版，第140页。

落,声称"凡提供朱某下落者,奖励现金两千元"。朱某得知后,曾数日不敢出门,因惧于韦某,后朱某外出时总是随身携带一把匕首。某日,朱某在明知韦某在麻将馆打牌的情况下,鉴于爱打麻将的嗜好,还是坚持到了麻将馆,看到朱某的韦某称"总算找到你了",遂上前殴打朱某,二人发生冲突,但随即被人拉开。其间,韦某突然手持一柄长剑砍向朱某头部,由于朱某躲闪,实际只砍伤朱某左肩,随后韦某又向朱某连砍三剑,朱某边躲避边用左前臂抵挡。见无法砍到朱某,韦某又从左侧腰间拔出一把改制的发令手枪,并叫到"小兔崽子,我崩了你",看见韦某手中的手枪,朱某感到危机,于是从自己右侧腰间拔出随身携带的匕首,向韦某左侧胸部猛刺一刀后逃跑,韦某经抢救无效死亡。[1]法院认定的本案的行为结构是:朱某踏入麻将馆"激怒"韦某,韦某不法侵害朱某,朱某进行防卫。

防卫挑拨问题在我国学界还尚未深入展开研究,但其意义重大。在理论上,有利于深入对相关问题(如互殴)的理解。在实践中,由于涉正当防卫案件大多有挑衅行为,有利于明确并非只要有挑拨行为或对形成防卫情状负有责任就完全丧失防卫权,以扩张实践中正当防卫的适用。此外,2020年8月28日印发的《关于依法适用正当防卫制度的指导意见》在实践中正当防卫的认定必然放宽的背景下,可以预见涉防卫挑拨的案件必将越来越多,因此该问题也具有紧迫性。如前所述,防卫挑拨问题的核心是怎样的挑拨行为能阻却正当防卫,即防卫挑拨的判断标准问题。而对此问题的回答离不开防卫挑拨的违法性根据问题。本专题将在明确防卫挑拨的讨论语境与实践特征的基础上逐层推进对其违法性根据与判断标准问题的展开。

二、防卫挑拨的讨论语境与实践特征

(一)防卫挑拨的讨论语境

刑法教义学力求形成清晰的判断标准,这依赖两个基点:法律概念与法律

---

[1] 参见张宝、毛康林:《预见不法侵害并积极准备防卫工具能否阻却成立正当防卫》,载《中国检察官》2014年第11期。

效果。"没有概念作为抽象观念，根本没有思维操作及科学可言"[1]。同样，法律效果也是建构教义学体系的必备一环。概念与效果相互关联，最终形成例如"假想防卫→过失犯罪或意外事件"的规范判断结构。因此，讨论防卫挑拨首先需要厘清当前研究中使用较为混乱的相关法律概念与法律效果。在日本学界对于自招侵害问题领域中前提概念的混乱使用情况，日本学者桥爪隆坦言以往研究中围绕"以何种事实关系为决定性的理由而否定正当防卫的成立要件"[2]这一点而展开的详细分析，是被敷衍了之而一笔带过的。因此，确定讨论语境、统一规范术语是研究的第一步。

法律概念上，当前研究中防卫挑拨有区分下位类型和不区分下位类型两种定义模式。区分下位类型的防卫挑拨从挑拨行为的法律或伦理性质与挑拨行为的主观心态（蓄意、故意、过失）各一方面或两方面结合来划定防卫挑拨的不同类型。如将防卫挑拨分为蓄意挑拨与非蓄意挑拨。[3]而不区分下位类型的防卫挑拨则使用统一的防卫挑拨概念，只采用蓄意或故意挑拨类型的防卫挑拨。如故意挑拨类型："为侵害对方故意引起对方对自己的侵害，然后以正当防卫为借口，给对方造成侵害的行为"[4]。我国传统刑法理论采用的是后一种蓄意挑拨类型，"行为人出于侵害目的，故意引诱、挑衅促使对方进行不法侵害，尔后借口防卫加害对方"[5]。

法律效果上，当前研究中存在防卫挑拨完全阻却正当防卫和限制阻却正当防卫两种法律效果。完全阻却正当防卫的法律效果是只要认定为防卫挑拨即完全阻却正当防卫。这一结构下，防卫权的范围与防卫挑拨的成立要件是一体两面的问题，明确了防卫挑拨的成立条件就同时确定了防卫权的范围。而限制阻却正当防卫的法律效果下，认定为防卫挑拨还不一定阻却正当防卫，需要进一步确定法律效果。即防卫挑拨的概念认定与效果确定分属两个层次，概念认定层次范围较宽，通过效果层次限缩范围。

---

[1] 吴从周：《概念法学、利益法学与价值法学——探索一部民法方法论的演变史》，台湾元照出版有限公司2007年版，第59页。

[2] [日] 桥爪隆：《正当防卫论的基础》，有斐阁2007年版，第4页。

[3] 参见林钰雄：《新刑法总则》，台湾元照出版有限公司2019年版，第256页。

[4] 张明楷：《刑法学》，法律出版社2016年版，第205页。

[5] 高铭暄、马克昌主编：《刑法学》，北京大学出版社、高等教育出版社2019年版，第127页。

上述不同的定义模式与不同的法律效果相结合，统一的防卫挑拨概念与完全阻却正当防卫效果相连接，类型区分的防卫挑拨概念与限制阻却正当防卫效果相连接，结合后最终在防卫权能的范围上大致是一致的。二者在蓄意挑拨类型的防卫挑拨完全阻却正当防卫处达成一致：我国、德国以及日本的通说均认为，蓄意实施防卫挑拨无权进行正当防卫。这也体现在类似结构的自招侵害的紧急避险中，"即便避险行为人自招危险、对危险的发生负全部责任，但只要其并非故意进行避险挑拨，就不能认为其权益不再受保护或原则上相较于第三人利益更加不值得保护，而完全否定构成紧急避险。"[1]"统一概念——完全阻却""类型概念——限制阻却"这两种展开实质上并不对立，本质是同一问题，即怎样的挑拨行为能阻却正当防卫。本书将这一问题归结为防卫挑拨的判断标准问题，能阻却正当防卫的挑拨行为成立防卫挑拨，不能阻却正当防卫的挑拨行为不是规范意义上的防卫挑拨。

（二）防卫挑拨的实践特征

我国司法实践中认定防卫挑拨的案件数量较少，以"防卫挑拨""挑拨防卫"等作为关键词在中国裁判文书网上检索，得到关于防卫挑拨案例20余件。通过分析这些案例，发现司法实践认定防卫挑拨有两个主要特征：一致的认定理由和确定的适用效果。

首先是一致的认定理由：阻却防卫目的。司法实践中认定防卫挑拨的理由具有一致性，即阻却防卫目的，如存在报复目的、加害意图等。有的裁判文书中明确表达为："被告人出于报复目的采用挑拨防卫方式故意伤害他人身体，不成立正当防卫。"[2]"李某前持铁叉以言语挑拨激怒被害人，借口防卫对被害人实施故意伤害，无防卫意图，属防卫挑拨，不是正当防卫。"[3]司法实践受我国传统刑法理论影响，普遍认为防卫目的是正当防卫的成立条件之一，防卫挑拨因无防卫目的而阻却正当防卫。

其次是确定的适用效果：完全阻却正当防卫。司法实践中认定为防卫挑拨后，适用的法律效果具有确定性，即一旦认定为防卫挑拨就完全阻却正当

---

[1] 马克昌主编：《犯罪通论》，武汉大学出版社2010年版，第786页。
[2] 广西壮族自治区田阳县人民法院（2017）桂1021刑初14号刑事判决书。
[3] 新疆生产建设兵团第三师中级人民法院（2014）兵三刑终字第11号刑事裁定书。

防卫。裁判文书中的经典表述是"行为属于防卫挑拨，不是正当防卫"。如"毛某以言语激怒被害人，使被害人欲实施不法侵害，导致双方在互殴中毛某持砖头致伤被害人，其行为属挑拨防卫，不是正当防卫"〔1〕。

但是，我国台湾地区的判例一直完全否认挑拨行为对成立正当防卫的影响，直至2007年一个判例中，二审以阻却防卫意思阻却正当防卫，但终审依然完全否认挑拨行为影响成立正当防卫。〔2〕我国台湾地区的判例至今坚持挑拨行为完全不影响正当防卫。

此外，在防卫挑拨案件中，国内外判例的共同倾向是，挑拨方与被挑拨方的认定完全依据结果论。如前述案例1、2、3中，尝梨赖账的朱某、以武力威胁对方不能进入特定场所的B、韦某，似乎更符合"挑拨""自招侵害"的内涵。但在防卫挑拨中，挑拨方与被挑拨方的确定并不是从正面认定，而是根据侵害结果中朱某、B、韦某是被害人而认定其为被挑拨方，再反推挑拨方与挑拨行为。由此就会得出案例1中黄某讨要债务的合法行为、案例2和3中A和朱某进入特定场所的合法行为成立防卫挑拨中挑拨行为的结论。

相较我国司法实践中的上述两项特征，防卫挑拨的国外判例显得比较混乱。英美法中的一些判例也认为挑拨行为完全不影响正当防卫。〔3〕日本最高裁判所则在2008年的一个判例中"首次正面否定成立正当防卫"。〔4〕而近年来下级裁判所判例中阻却正当防卫则有各式各样的理由。如确认挑拨人"预见+积极的加害意思"阻却紧迫性、否定紧迫性和为了防卫的行为性、否定攻

---

〔1〕 湖北省宜昌市中级人民法院（2018）鄂05刑终16号刑事裁定书。
〔2〕 参见许恒达：《正当防卫与挑唆前行为》，载《月旦刑事法评论》2016年第2期。
〔3〕 参见［英］威廉姆·威尔逊：《刑法理论的核心问题》，谢望原等译，中国人民大学出版社2015年版，第312页。
〔4〕 大致案情是：本案被告人与甲发生口角，突然殴打甲的面部（第一暴力），然后逃离现场。甲骑自行车追赶被告人，从被告人的背后施加了职业摔跤的双勾拳（Darkest Lariat）那样的暴力（第二暴力），被告人予以还击，用随身携带的特殊警棍击打甲的面部与左手，致甲受伤（第三暴力）。问题在于，第三暴力是否成立正当防卫。对于该案，最高裁判所基于下理由判定不成立正当防卫："按照前述案情事实甲的攻击可谓是由被告人的暴力所触发的、紧接着被告人的暴力且在相近地点实施的一系列、整体性的事态，因此，在甲的攻击并没有大幅超出被告人的前述暴力程度等本案事实之下，就应该说，本案中被告人的伤害行为不能谓之为，是在被告人实施某种反击行为能被正当化这一状况之下的行为"。参见［日］桥爪隆：《刑法总论之困惑（二）》，王昭武译，《苏州大学学报（法学版）》2015年第2期。

击方的行为是不正等。[1]

司法实践中上述国内外判例大相径庭的可能原因是，一方面，国内判例深受我国传统刑法理论影响，对防卫挑拨的关注不足，理论上坚持"防卫挑拨无防卫目的，进而完全阻止正当防卫"的粗放结构。在实践中防卫挑拨认定理由一致、适用效果确定的背景下，关于防卫挑拨有很多具体问题被掩盖。如过失挑拨是否阻却正当防卫、蓄意挑拨（故意挑拨+侵害目的）中，决定性的是故意挑拨还是侵害目的等。传统刑法理论忽视防卫挑拨，因此在涉及正当防卫案件中较常见的挑衅行为被认定为防卫挑拨的数量极少。另一方面，更深层次的原因是防卫挑拨对防卫权能/退避义务如何影响的规范结构在教义学体系中至今仍未得到有效澄清。

三、防卫挑拨的学理见解及其不足

防卫挑拨既然能阻却正当防卫，其必定违法。那么其具有违法性的理由何在，这就是防卫挑拨的违法性根据问题。满足何种条件的防卫挑拨能够阻却正当防卫，这是判断标准问题。判断标准问题必然与违法性根据相关联，在逻辑上，应当能够从阻却正当防卫的防卫挑拨的违法性根据中推导出其判断标准。

（一）防卫挑拨的违法性根据的传统论证路径及其不足

防卫挑拨的违法性根据的论证在学说上主要有正当防卫内外两大着力方向。一是回归正当防卫成立条件，欲将其消解于正当防卫某个或某几个成立条件的不符合上。二是上升到原理层面，即从正当防卫的正当性依据切入。以下分别论述这两大方向论证路径的具体展开与其不足之处。

1. 阻却正当防卫成立条件的诸路径

（1）阻却紧迫性要件。防卫挑拨阻却紧迫性要件是结果无价值论的主张。他们均将"自招侵害"置于"紧迫性"要件之下，着眼于挑拨行为与预见之间的关联，逻辑链是：挑拨行为=预见侵害→无紧迫性→有退避义务。上述日本2008年判例在这一路径的解读中，法院提出了综合判断的具体标准：挑拨

---

[1] 参见[日]川濑雅彦：《自招侵害相关正当防卫被否定的案例》，载《庆应法学》2011年第20号。

人的预见、前后行为的因果关系、时空上的连续性、挑拨人的挑拨程度等均被视为影响预见的因素。日本的司法实践长久以来根据"预见侵害+积极的加害意思"阻却紧迫性要件来裁判自招侵害案件。[1]但是这一标准中"积极的加害意思"面临心情刑法的批评,"客观上完全相同的防卫行为,根据积极加害意思心情要素的有无,有时违法被阻却,有时不被阻却"[2]。紧迫性终究是客观要件,只有积极的加害意思被表现于外,"采迎击姿态之客观面向后,始不具急迫性"[3]。这一标准实际上被改造成为"预见侵害+积极的加害意思+表现于外的行动"的判断结构。

阻却紧迫性路径的问题是：首先，预见到侵害未必没有客观紧迫性。预见至多表示心理准备，但主观上的心理准备不可能阻却客观攻击的紧迫性。否则多数正当防卫案件中防卫人都有面对攻击的心理准备，一概阻却正当防卫无疑会压缩防卫权能。实践中的多数观点也认为即使预见到不法侵害，也不应当由防卫人负担回避义务。[4]其次，正当防卫案件中防卫人积极的加害意思一般很难被否定。"预见到侵害并面对侵害的话，很难否定'积极的加害意思'"[5]。即使加入"表现于外的行动"客观标准，即事先做好迎击准备、设置防卫措施等也无法否定不法侵害来临时的客观紧迫性。新近有研究指出此处正当防卫中的紧迫性并非物理意义上的客观紧迫性，而是规范意义上的紧迫性，这里带来了紧迫性要件肥大的问题，需要进一步研究。

（2）阻却防卫意思要件。我国传统刑法理论和行为无价值论提倡防卫挑拨阻却防卫意思。防卫挑拨中"并没有防卫意思，而是攻击意思"。逻辑链是：有攻击意思→无防卫意思→阻却正当防卫。但首先，有攻击意思未必没有防卫意思。多数情况下攻击意思与防卫意思可以并存。少数情况下，日本

---

[1] 参见[日]西田典之：《日本刑法总论》，王昭武、刘明祥译，法律出版社2013年版，第141页。

[2] [日]桥爪隆：《正当防卫论的基础》，有斐阁2007年版，第277页。转引自[日]佐伯仁志：《刑法总论的思之道·乐之道》，于佳佳译，中国政法大学出版社2017年版，第113页。

[3] [日]川端博：《刑法总论》，余振华译，台湾元照出版有限公司2008年版，第147页。

[4] 参见钟煜、郝川：《预见不法侵害积极携带工具是否阻却正当防卫》，载《中国检察官》2018年第12期；张宝、毛康林：《预见不法侵害并积极准备防卫工具能否阻却成立正当防卫》，载《中国检察官》2014年第22期。

[5] [日]山口厚：《刑法总论》，中国人民大学出版社2018年版，第126页。

的判例中防卫意思被否定的场合只限于攻击意思将防卫意思完全排除，防卫意思被归零的情况。[1]其次，无防卫意思未必能阻却正当防卫。当前的主流观点是解构防卫意思，防卫意思只要有防卫认识即可，剥离为了防卫的防卫目的。"防卫意思必须认知到防卫情状，以及其施行攻击用以反击不法侵害即足，不需具备明确的防卫目的"[2]。防卫过程中即使出于愤怒、恐慌等其他心理因素也应肯定具有防卫意思。现在，即使持防卫意思必要说的学者也朝着防卫目的稀薄化的方向解释防卫意思，"意识到急迫不正的侵害，出于回避的单纯心理状态已足"[3]。

（3）阻却相当性要件。防卫挑拨阻却相当性的观点分为两种，一种认为相比典型的正当防卫，防卫挑拨中挑拨者的"法益要保护性受到较低评价，侵害者和防卫者的关系比正当防卫更接近紧急避险，应课以防卫行为相当性范围内的退避义务"[4]。另一种认为"挑拨者被允许的反击行为的范围应在相当关系中讨论，即把挑拨者挑拨行为的对象、速度、强度、范围等和被挑拨者侵害行为的对象、速度、强度、范围等作为比较对照，确定挑拨者的反击行为的对象、速度、强度、范围、难易、他手段可能性等，化归到必要性、相当性的检讨"[5]。但是，前者问题是将正当防卫讨论域中正对不正的问题转化为了紧急避险不正对不正的问题。况且，即使将防卫挑拨归结为紧急避险，退避义务的范围问题依然没有得到解决。后者将挑拨行为与防卫行为作为整体考虑防卫限度，但"防卫挑拨中，单独看防卫行为本身是相当的，又如何证明其欠缺相当性"[6]。上述综合判断标准也只是提出了解决方向而欠缺实际操作的有效指引。

（4）阻却不法侵害要件。近来有学者认为防卫挑拨引起的攻击行为不是不法侵害。"防卫者因事前意图惹起不法侵害，在后阶段负有退避义务，防卫

---

[1] 参见[日]安广文夫：《最判解刑事篇》1985年版，第144页。转引自[日]川濑雅彦：《自招侵害相关正当防卫被否定的案例》，载《庆应法学》2011年第20号。

[2] 黎宏：《刑法总论》，法律出版社2016年版，第134页。

[3] [日]大塚仁：《刑法概说》，有斐阁2005年版，第372页。

[4] [日]今井猛嘉等：《刑法总论》，有斐阁2020年版，第234页。第6章由桥爪隆执笔。

[5] [日]关哲夫：《讲义刑法总论》，成文堂2015年版，第217页。

[6] [日]浅田和茂：《刑法总论》，成文堂2007年版，第235页。

权不再如同一般防卫者。"[1]但承认挑拨行为抵消攻击行为的问题是,这样似乎所有的挑拨行为都阻却正当防卫。这一路径可以归结于正当防卫正当化依据中的法益衡量原理,但是,这种功利主义的正当防卫观可能也无法彻底解决问题。首先,即使挑拨人的被保护性降低,其法益仍然存在,并不意味着可以直接侵害挑拨人。其次,这种个人法益程度高低对比的论证路径可能存在内在矛盾。因为不借助法益衡量原理所反对的超个人的法秩序因素无法解释不法侵害人的被保护性降低。因为不法侵害人是不法的侵害人,而这即是从违反法秩序的角度阐述的。再次,法益性质上,正当防卫时可能无法进行法益衡量。因为正当防卫是正对不正,法益性质不同,不存在衡量的前提。最后,具体的法益衡量程度也根本无法准确计算。[2]

2. 正当防卫成立条件外的诸路径

(1) 法理型理论。将防卫挑拨的违法性根据诉诸法理的理论主要有"权利不得滥用"、"阻却社会相当性"与"阻却法确证原理"等。权利不得滥用理论认为正当防卫是一种权利,权利行使皆须符合不得滥用的内在限制。防卫挑拨是"正当防卫权的滥用,导致法确证的客观利益不存在"[3]。但首先,防卫挑拨不一定是权利滥用。虽然不法侵害由挑拨人挑拨引起,但防卫人的侵害对被挑拨人也是不法侵害,反击行为很难一概说是对正当防卫权的滥用。其次,权利滥用在其他问题上的法律效果是完全丧失,为何在防卫挑拨中却是部分丧失?比如在委托代理中,代理人滥用权利则代理人的代理权全部归于无效。松宫孝明教授认为权利滥用说会推导出"一概禁止对有意挑拨引起的攻击的防卫,完全否定对挑拨人一方的法益保护"[4]。但防卫挑拨的场合中,挑拨人的权利并未全部丧失。此外,阻却社会相当性理论则认为防卫行为"即使符合正当防卫要件,但在该种防卫行为欠缺社会相当性时,实质上有违法性"[5]。阻却法确证原理认为从确证法秩序角度,"反击手段的法秩序保护效果已减低,此时防卫者必须顾虑并尽可能保全不法侵害者的法

---

[1] 许恒达:《正当防卫与挑唆前行为》,载《月旦刑事法评论》2016年第2期。
[2] 参见王钢:《正当防卫的正当性依据及其限度》,载《中外法学》2018年第6期。
[3] [日]曾根威彦:《刑法总论》,弘文堂2008年版,第102-103页。
[4] [日]松宫孝明:《刑法总论讲义》,钱叶六译,中国人民大学出版社2013年版,第106页。
[5] [日]大谷实:《刑法讲义总论》,黎宏译,中国人民大学出版社2008年版,第265页。

益"[1]。上述法理型理论的共同特征是回归抽象层面。其共有的问题是，以原理代替法条，以抽象代替具象。权利滥用、社会相当性、法确证原理本身有极大解释空间，过于抽象，很难发展下位规则，与教义学的发展趋势相悖。

（2）原因违法行为理论。山口厚教授在防卫挑拨中持原因违法行为理论。这一视角下防卫挑拨的结构是：不当的挑衅行为（原因行为）使防卫行为不违法。与原因自由行为相似，"此前的挑唆行为，是刑法的处罚对象"[2]，"之后产生的防卫行为也随之违法"[3]。原因违法行为理论的问题是：首先，以上论证以原因行为违法为前提，但挑拨行为完全有可能不违法。那么，"为什么原因行为的挑拨行为合法，基于应当合法的防卫行为惹起的结果同时也能奠定既遂的违法性。"[4]其次，原因违法行为使着手前置化。为了避免和责任主义的冲突，将着手认定在有责任的原因行为。"以挑拨防卫为手段的侵害行为的实行着手，从挑拨行为开始"[5]。但是，这样即使被挑拨人没有任何反应时，也可能被认定为未遂犯。最后，原因违法行为理论难以解释挑拨行为与防卫行为不成比例的场合。比如，"对防卫人，仅仅能够肯定对原因行为的刑事责任（例如名誉毁损或侮辱），对防卫行为的结果的责任（杀人或者伤害），就不能做出充分说明"[6]。

（二）防卫挑拨的判断标准的传统论证路径及其不足

当前防卫挑拨的判断标准几乎都着眼于挑拨行为本身，而没有考虑挑拨行为与防卫情状引起之间的关系。当前的研究就挑拨行为本身，可大致分为三个方向：从主观面判断、从客观面判断和从主客观面结合判断。

1. 从主观面判断的路径

虽然上述防卫挑拨的违法性根据聚讼不已，但大多数研究都肯定蓄意型防卫挑拨阻却正当防卫。对防卫挑拨从主观面判断的方向包括：蓄意、故意、

---

[1] 许恒达：《正当防卫与挑唆前行为》，载《月旦刑事法评论》2016年第2期。
[2] 陈家林：《外国刑法理论的思潮与流变》，中国人民公安大学出版社2017年版，第307页。
[3] 黎宏：《刑法总论问题思考》，中国人民大学出版社2007年版，第313页。
[4] [日]曾根威彦：《刑法总论》，弘文堂2008年版，第103页。
[5] 黎宏：《刑法总论问题思考》，中国人民大学出版社2007年版，第313页。
[6] [日]松宫孝明：《刑法总论讲义》，钱叶六译，中国人民大学出版社2013年版，第106页。

过失。从预见的角度看就是：预见+侵害目的、预见、预见可能性。如前田雅英教授认为，积极加害型的挑衅行为是"一连的攻击行为"，阻却正当防卫。故意挑衅行为阻却正当防卫。过失挑衅行为原则上不阻却正当防卫。[1]王钢副教授区分为故意挑拨阻却正当防卫、过失挑拨限制正当防卫。[2]德国通说则是分为蓄意挑唆、其他可非难方式所导致的防卫情状和防御挑唆三种类型，其中，蓄意挑唆完全否定正当防卫，两种非蓄意挑唆则给予部分限制。[3]但是，从主观面判断的路径可能至少需要回答两个问题。其一是，"意图通过防卫造成对方伤害的想法纯粹属于一种深藏于行为人内心的动机"[4]，挑拨行为的主观面如何能够成为防卫权能范围确定问题的决定性变量。其二是，在主观面的分类中，蓄意挑唆与故意挑唆究竟是都能够阻却正当防卫，还是只有蓄意能够否定正当防卫。如果是前者，说明阻却正当防卫的实质影响因素是故意而非侵害目的。如果是后者，则说明否定正当防卫的实质因素是侵害目的而非故意，这又回到第一个疑问，故意和目的都是主观要素，其如何能影响防卫权的范围。对于这些问题，目前鲜见深入研究。

2. 从客观面判断的路径

正是认识到上述归结于挑拨人的主观面向可能无法准确判断防卫挑拨中防卫权能的范围，也有不少学者主张从客观面判断的路径。从客观面判断的观点认为，应当"以挑拨行为客观事由为基准，将原因的挑拨行为类型化"[5]。"即使预见到侵害，被攻击者也没有避免义务，特别负担只应根据违法行为的有无来确定"[6]。客观面的分类主要是将挑拨行为根据其客观法律性质区分为违法行为、合法行为或以是否违反社会伦理分为合伦理行为、反伦理行为。只有违法或违反社会伦理的挑拨行为能够阻却正当防卫，而合法或合伦理的挑拨行为完全不影响反击行为成立正当防卫。如松原芳博教授在从客观面解读日本2008年判决时指出，"本决定着眼于客观事实""先行事实必须是'不

---

[1] 参见 [日] 前田雅英：《刑法总论讲义》，曾文科译，北京大学出版社2017年版，第230页。
[2] 参见王钢：《正当防卫的正当性依据及其限度》，载《中外法学》2018年第6期。
[3] 参见陈俊榕：《论"挑唆防卫"》，载《中正大学法学集刊》2013年第39卷。
[4] 陈璇：《克服正当防卫判断中的"道德洁癖"》，载《清华法学》2016年第2期。
[5] 黎宏：《刑法总论问题思考》，中国人民大学出版社2007年版，第316页。
[6] [日] 生田胜义：《行为原理与刑事违法论》，信山社2002年版，第251页。

法'的""不要求该先行事实具有有责性"。[1]黎宏教授也认为:"挑拨防卫,原则上都是不法加害行为"[2]。与此相对,德国联邦最高法院曾认为挑衅行为不必违法,"挑衅者的举止在'社会伦理上有问题'即可"。但正如罗克辛教授批评的,"什么是违法的,可以清楚确定;社会伦理评价总是模糊和摇摆不定"[3]。但是,或许放到实践中,即使违法也较难确定,如违反地铁乘车守则"文明乘车"的行为、违反民法诚实信用原则的行为等可能不比社会伦理有更高的明确性。而且,如果在正当化依据中采法确证原理说,挑拨行为的违法性也并不是影响法确证的关键变量:"无论防卫人是否实施了违法的挑拨行为,法确证的利益都不会改变"[4]。关于究竟为何要区分挑拨行为的违法或违反社会伦理属性,当前研究也未能作出有效的解答。

3. 从主客观面结合判断的路径

或许是认识到单纯从主观、客观无法充分说明判断标准的合理性,也有不少学者尝试从两方面结合来判断的路径。当前,从主客观面结合的判断学说大致可以分为两类。一类是"意图+违法"的挑拨行为阻却正当防卫。例如,中山研一教授指出:"实施违法挑拨行为,并意图利用产生的正当防卫状况侵害他人,不成立正当防卫"。[5]山中敬一教授则认为:"限制正当防卫的挑拨应仅限于意图挑拨的场合",且"为限制正当防卫,应要求挑拨行为违法"[6]。故意违法挑拨行为的场合适用三阶段理论,即退避、防御性防卫、攻击性防卫。而另一类认为"过失+违法"的挑拨行为就可以适用三阶段理论,意图挑唆不需要挑拨违法即阻却正当防卫。[7]但是,如果作为基础的主客观路径各有疑问,恐怕二者结合的路径不仅要回应主客观路径各自的疑问,

---

[1] 参见[日]松原芳博:《刑法总论重要问题》,王昭武译,中国政法大学出版社2014年版,第134页。

[2] 黎宏:《刑法总论问题思考》,中国人民大学出版社2007年版,第316页。

[3] [德]克劳斯·罗克辛:《德国最高法院判例:刑法总论》,何庆仁、蔡桂生译,中国人民大学出版社2012年版,第43页。

[4] [日]佐伯仁志:《刑法总论的思之道·乐之道》,于佳佳译,中国政法大学出版社2017年版,第100页。

[5] 参见[日]中山研一:《口述刑法总论》,成文堂2002年版,第140页。

[6] [日]山中敬一:《刑法总论Ⅰ》,成文堂1999年版,第457页。

[7] 参见许恒达:《正当防卫与挑唆前行为》,载《月旦刑事法评论》2016年第2期。

可能也要对如此结合的合理性作出独立的解答。

四、传统论证路径在方法论上存在的问题

关于防卫挑拨的违法性根据与判断标准，除了上述当前研究中已经指出的具体论证上的问题外，还存在方法论层面的问题。上述防卫挑拨的违法性根据与判断标准的传统论证路径本应遵循由防卫挑拨的违法性根据推导出认定标准的逻辑，但上述实际论证中却未能形成推导关系。类似于先行行为不作为犯中，通说的"违法行为+密接危险"标准的得出，事实上，防卫挑拨判断标准的得出主要走的也是一条经验、体感的而非逻辑、建构主义的道路。

（一）防卫挑拨的违法性根据不能推导出蓄意的挑拨行为

当前学理上普遍承认蓄意/故意的挑拨行为完全阻却正当防卫。但从违法性根据到这一标准的推导过程可能存在疑问。

首先，故意、过失是实行行为的故意、过失，而挑拨行为不一定是刑法中的实行行为。在刑法学中，故意总是与实行行为同在，"故意犯中，如实行行为时不伴随故意，就不能认定构成要件该当性"[1]。但是，挑拨行为并不一定是实行行为。实践中发生的挑拨行为大多只是轻微的干扰、影射、嘲笑或无理的举动等完全无法被认定为不法的轻微行为。因此，讨论挑拨行为的故意、过失并将其作为决定是否阻却正当防卫的关键性变量的理由至今尚未得到有效澄清。

其次，在阻却正当防卫成立条件中最具影响力的阻却紧迫性要件路径下，故意、过失也并不是影响阻却正当防卫的关键要素。这一路径的关键变量是"表现于外的行动"，因为，只有客观的"表现于外的行动"才能阻却同为客观的"紧迫性"要件。而"表现于外的行动"与挑拨行为的"故意或过失""积极加害意思或其他意思"并无必然的关联。例如，不止蓄意、故意型的挑唆，即使过失挑唆的类型——"可能预见（过失）+防卫意思而非积极加害意思+表现于外的行动"也应当能够阻却正当防卫。

如果通说和实践只是坚持蓄意/故意的挑拨行为能够阻却正当防卫，却不

---

[1] [日]前田雅英：《刑法总论讲义》，曾文科译，北京大学出版社2017年版，第67页。

进行细致的论证，如同共谋共同正犯成立标准的"利用说"一样，无疑会使现实适用陷入模糊的境地。[1]将法教义学的规范判断让位于经验上的价值判断，正当防卫的判断将被"道德洁癖化"。

（二）防卫挑拨的违法性根据无法推导出违法的挑拨行为

防卫挑拨的违法性根据不能推导出蓄意的挑拨行为，同样，防卫挑拨的违法性根据也难以推导出挑拨行为必须以具有违法性为前提。挑拨行为需要违法性和先行行为型不作为犯中要求先行行为的违法性一样，只是在经验上为了限缩挑拨行为成立条件进行的限制。但这一限制的理由同样尚未得到明确。

首先，合法行为也能成立挑拨行为。例如，在案例4（挑拨者宣称正当防卫案）中，"甲乙邻居两家某日发生较深矛盾，第二天下雪堵住了两家家门。甲发现后故意将自家门口的雪铲到乙家门口，乙家人前来论理。甲故意刺激乙，说：'你跑到我家来打人是不法侵害，我可以进行正当防卫'。乙听后更加气愤，向甲打了过来，甲拿起事先准备好的工具将乙打成重伤"。[2]挑拨人甲陈述的内容："你跑到我家来打人是不法侵害，我可以进行正当防卫"很难被认定为违法甚至违背社会伦理。

其次，防卫挑拨的成立与挑拨行为的法律性质无关。有学者认为，"只要行为人的某项活动完全在法律的轨道上展开，就意味着法律对此持完全赞同和容许的态度。"[3]即合法行为不能成立挑拨行为。但是，这一观点存在疑问，在具体的情境中，正如金德霍伊泽尔教授指出的："恰恰相反，在具体的案件中，结果的出现否定了游泳（日常行为——引者注）不具有危险性的说法。"[4]因为，没有危险的行为又怎么可能带来危害结果。可见，危险应当具体到案例中判断，而不应当脱离具体案件只作抽象的判断。

综上，防卫挑拨中防卫权的范围问题可能并不主要是一个单纯依赖教义学逻辑可以自然推导得出的命题，而应当回归到正当防卫的正当化依据原理

---

[1] 参见刘艳红：《共谋共同正犯论》，载《中国法学》2012年第6期。
[2] 刘艳红主编：《刑法学》，北京大学出版社2016年版，第198页。
[3] 陈璇：《克服正当防卫判断中的"道德洁癖"》，载《清华法学》2016年第2期。
[4] [德]乌尔斯·金德霍伊泽尔：《客观归责：功能与局限》，陈璇译，载陈泽宪主编：《刑事法前沿》（第七卷），中国人民公安大学出版社2013年版，第115页。

上理解。当前我国学界的研究现状也证实了这一点,当前学界对正当防卫中退避义务的研究也主要是集中在正当防卫的正当化依据的延长线上展开的。

五、防卫挑拨违法性根据的新思路:功利主义与自利理性人普遍同意的对立

(一) 正当防卫的正当化依据新解:自利理性人的普通同意

"中西语境中对于正当防卫制度的不同政治定位,直接导致对防卫权性质的不同认识;而对防卫权性质的不同认识,反过来影响对正当防卫制度的规范性诠释"[1]。防卫挑拨的违法性根据问题的反面就是正当防卫的正当化依据问题。关于正当防卫的正当化依据,历来有自我保存+法确证原理的二元论与法益衡量/优越利益保护原则之争。自我保存本能说认为紧急状态下的反击是人类的本能。其可以追溯至霍布斯的国家契约说,霍布斯在《利维坦》中论述私力救济时不断提及"自我保存"。该说认为公民让渡权利组成国家,但紧急状态下国家无法保护公民,公民的自然权利恢复完满,私力救济是自然法意义上的权利行为。但将其适用于当代刑法,却不能解释为第三人、国家正当防卫和防卫限度合理性问题等。法确证原理说认为正当防卫同时彰显了法秩序。但其不能解释防卫限度合理性、防卫无责任的不法攻击行为等。[2]

迥异于传统的法益衡量和二元论,王钢副教授沿着康德的"自然之普遍法则公式",即权利的主张必须是可普遍性的,才能成为有效的权利,在数篇文章中对自利理性人普遍同意理论作出有力证明。近年来,王钢副教授的论证加强了防卫挑拨的"违法性根据"与"判断标准"之间的推导关系,具有重要的方法论意义。此外,这一证明至少还具有以下重要意义:首先,有力推进关于正当防卫正当化依据的讨论。20世纪70年代后,罗尔斯的《正义论》构成对功利主义哲学最主要的批评,并一举终结了功利主义在自由主义哲学中的支配地位。因此,在政治哲学思潮变迁的背景下重新审视正当防卫的正当化依据问题不仅必要,而且应当,更具有可行性。其次,突出范式转

---

[1] 劳东燕:《正当防卫制度的背后》,载《清华法学》2006年第1期。
[2] 参见张明楷:《正当防卫的原理及其运用——对二元论的批判性考察》,载《环球法律评论》2018年第2期。

换的重要意义，扩展了该问题的理论视野。在道德哲学谱系中，功利主义哲学属于结果论的道德理论范畴，即以"善"推导出"正当"。自利理性人普遍同意理论则一举将结果论范式转换为道义论/义务论范式。这一范式转换无疑超越了功利主义，而在更高的道德哲学维度上审视这一问题，开拓了理论视野。其有助于促进学界反思当初为何选择了功利主义作为证成刑法学中"正当"的理论，这些理由在当代是否还能成立等一系列问题。当下，自利理性人普遍同意理论已经在违法性阶层的研究中产生了重要影响，已有学者运用该理论对以往关注甚少的推定同意等问题展开研究。[1]

从哲学思潮的演进史来看，这种引进应当得到相当高度的评价。但是，在法哲学领域长久以来的观念是：功利主义是古典自由主义哲学最重要的一个派别，自由主义在经历古代自然法、近代自然法、霍布斯的"自然权利"、休谟的"正义理论"后终于在功利主义处获得落地。"自由主义的这种（普遍主义的）理论需求由于功利主义的兴起而得到满足"[2]。及至刑法学中，以功利主义为指导思想的违法性阶层成为阶层论完全区别于要件论的本质特征。阻却违法事由的一般原理是优越法益保护或者法益衡量原理，前身是功利主义，所以刑法体现自由主义的色彩。上述观念可谓根深蒂固，因此，接纳新思想的同时，或许也应当进一步了解当代的功利主义者对自利理性人普遍同意范式的回应与反批评，才能够更加客观全面地理解这一问题。

（二）当代功利主义者对罗尔斯的回应与反批评

在进行功利主义与自利理性人普遍同意理论的对比之前，有必要回顾刑法学中已经探讨过的各种版本的功利主义与它们的主要问题。当前，纳入我国刑法学者视野的功利主义主要有三个版本。首先，张明楷教授所持的是客观行为功利主义，其采取事后视角，将正当性标准与决策程序（行为规范）相割裂。人们可以援引行为功利主义而违反道德规范，这可能成为违法行为的通行证。其次，陈兴良教授赞同的是规则功利主义，其中的"规则"是道德规则。其面临最主要的批评是，因为规则总是有例外，其必然"坍塌"为

---

[1] 参见魏超：《论推定同意的正当化依据及范围——以"无知之幕"为切入点》，载《清华法学》2019年第2期。

[2] 李强：《自由主义》，东方出版社2015年版，第92页。

行为功利主义。最后，马乐博士认为，与刑法中的"正当"相连接的是制度功利主义，其克服了行为功利主义与规则功利主义的软肋：二者必然面临人际比较的难题，即人际的功利具有不可通约性，例如，无法判断今天甲的幸福多于乙的幸福。行为功利主义和规则功利主义只是个人道德实践而非公共理性选择。制度功利主义将功利衡量的对象从行为转为制度，即由制度本身因其被普遍遵守而能获得最大社会功利而证成正当，而行为仅因符合制度要求而正当化。[1]

总体上，功利主义主张"善"优先于"正当"，而以权利为基础的自由主义主张"正当"优先于"善"。罗尔斯认为人们的正义观常常会受到自身利益情况的歪曲，因此为了解决可能的分配争议，可以假定人们处在"无知之幕"的后面，由无知带来无私。在防卫挑拨中防卫权的范围这一分配争议中，人们如果事先并不知道自己是挑拨者还是被挑拨者，那么他们在界定防卫权的范围时就可能做到公正，因为随意偏袒任何一方都有可能损害自己的利益。罗尔斯的正义论以权利/自由为基础，并且为正义原则注入平等的色彩。在其理论架构上，由"无知之幕"推导出两个正义原则，即自由原则与差别原则。

当代功利主义者对罗尔斯的回应主要有：其一，对于"自由原则"，功利主义者认为罗尔斯也会得出和功利主义相一致的结论。在罗尔斯的理论中，自由原则相对于其他原则具有"词典式的优先性"（lexical priority），因此优越于仅仅以功利净余额来判断正当的功利主义。但是，在罗尔斯的"一般正义观"下，自由与其他基本的善是一样的，这样自由原则在能够使每一个人获益的情况下，在逻辑上就会倒向功利主义了。例如罗尔斯指责功利主义者在某些情况下会支持农奴制，但 David Lyons 教授指出，"一般正义观"允许自由的不平等，而自由的不平等也会容许农奴制。因此，"罗尔斯的原则与功利主义事实上没有区别"[2]。

其二，对于"差别原则"，功利主义者认为最大最小值原则缺乏实操性，而后果主义也能够解决弱者公平的问题。现实社会中对弱者的定义不可能像

---

〔1〕 参见马乐：《刑法学中的"正当"与违法性理论》，法律出版社2017年版，第74页。

〔2〕 David Lyons, *Rawls versus Utilitarianism*, Routledge, 2003, s.280. 转引自姚大志：《论功利主义者对罗尔斯的批评》，载《南京大学学报（哲学·人文科学·社会科学）》2019年第6期。

两个人比较得出较弱者这样简单，必然是以群体划分的，但是，不可能排除弱势群体中有个体分别，因此在实际操作中也就很难保证最不利者的绝对权重。相比之下，"尽管差别原则对弱者所表达的关注具有一定的直觉吸引力，但后果主义理论下的边际效用递减律结合帕菲特（D. Parfit）的优先主义[1]，同样能够提供这样的关注。在后果主义理论下，过得越差者得到的关注越多，但不要求绝对权重，这显然更符合我们的道德直觉。"[2]

其三，对于"无知之幕"的方法论，功利主义者认为正义原则的选择方式不等于正义原则的内容。"'原则的选择方式'不能受到各种自然和社会偶然性因素的影响（这是具有直观合理性的），"并不能推导得出，"'被选择的原则的内容'也不能受到各种自然和社会偶然性因素的影响（这是极有争议的）"[3]。例如，假设某法学院将就年末奖金分配问题请学院所有老师选择分配方案：A方案将完全依据论文发表情况分配奖金；B方案则完全平均分配。"无知之幕"下，因为选择主体并不清楚自己的禀赋、之前发表的论文情况等具体影响发表论文的变量，往往可能会倾向于B方案，但B方案明显极有争议。因此，无知之幕只是为义务论与后果主义提供了一个较量平台，但是进入平台后得出怎样的结论则是开放的。

其四，作为公平的正义论指出"功利主义进行人际比较可能违背道德直觉"的著名论点可能是循环论证。罗尔斯在其书中经常指出，功利主义会为了多数人的利益而"剥夺"少数人的自由，其追随者们也常常提倡"生命至高无上，不能进行衡量"的命题。但是，正如功利主义者指出的，"在选择正义原则之前，我们是没有合法期望的，从而也就不会有自己的正当利益；是否合法、正当，这是要由我们在无知之幕下所选择的正义原则来确定的"[4]。因此这种事先预设了正当利益，而正当利益却又必须由这种预设推导出的正义原则来论证的方式被功利主义者指责为是"窃取论点"式的循环论证。

此外，针对罗尔斯批评的功利主义忽视人际比较、疏漏人与人之间独立

---

[1] D. Parfit, Equalit, and priority, Ratio, 1997, s.213-214.
[2] 葛四友：《罗尔斯的公平正义观真的反对后果主义吗？》，载《哲学研究》2012年第7期。
[3] 葛四友：《罗尔斯的公平正义观真的反对后果主义吗？》，载《哲学研究》2012年第7期。
[4] 葛四友：《罗尔斯的公平正义观真的反对后果主义吗？》，载《哲学研究》2012年第7期。

性的观点,功利主义者也发展出了几种回应模式。其一是解构人的独立性。例如,帕菲特认为,人是由人际关系中的经验构成的,人与人之间的界限在道德上并没有那么重要。即人的独立性在形而上学上不重要,应当被忽略。又如,David Brinkz指出,人从属于更大整体的一部分,人的独立性自始不存在。其二是辩称反道德直觉的结论也是作为公平的正义论等功利主义竞争者的通病。其三是否认功利主义结论带来了反直觉的结论。[1]在知识论上,相比政治哲学,刑法学是底端应用层面的知识。从刑法学的视角看上述政治哲学的争论,笔者认为,即使当代功利主义者可以有效回应前述四个问题,但关于人际比较难题,功利主义提出的解决方案都不具有合理性,罗尔斯的正义论在这一点上对功利主义的批判是能够成立的,具有合理性。

(三)防卫挑拨问题在正当化依据讨论中得到的启示

虽然当代功利主义者对罗尔斯从正义方法论到正义原则的内容展开了全方位的批评,而政治哲学层面的争论各种观点也复杂多样,但罗尔斯给予"以功利主义哲学作为刑法学中'正当'性来源"的思想具有启发性的一点理论是"社会团结义务"的引入。人是社会中的人,在"无知之幕"后,差别原则使人们能够同情、关心弱者。"自利理性人为维护自身利益会自愿负担一定限度的社会团结义务"[2]。如果挑拨行为在此社会团结义务限度之内,则不阻却其后的正当防卫,反之能够阻却正当防卫。

关于社会团结义务,作为社会连带主义法学的先驱,狄骥认为没有先于社会的权利。"当一个指定集团中的公众自觉产生意识并达成共识——为了维持该集团中的社会连带关系,赋予一种规则以制裁是正确的,并且对于违反这种规则的行为不加制裁则会使公众在一定时间内对交换公平和赏罚公平有所怀疑时,这种规则就会成为一个社会集团的法律规则"[3]。而法治原则要求"不要去做那些有可能损害社会的相互依赖的事情,而要尽量去做那些保

---

[1] 参见[英]蒂姆·莫尔根:《理解功利主义》,谭志福译,山东人民出版社2011年版,第132-135页。

[2] 王钢:《对生命的紧急避险新论——生命数量权衡之否定》,载《政治与法律》2016年第10期。

[3] [法]莱翁·狄骥:《宪法论》(第一卷:法律规则和国家问题),钱克新译,商务印书馆1959年版,第94页。

障和加强社会的相互依赖的事情"[1]。人不是孤岛,在人际交往中,每个人都负担一定限度的社会团结义务,不能因自己的不当行为而损害社会团结,否则由此引起的不利后果应由行为人自己承担。具体到防卫挑拨中,不利后果就是正当防卫权的限制。

本书认为,根据自利理性人普遍同意理论中"社会团结义务"的意涵,以故意、过失区分防卫挑拨判断标准的观点逻辑通畅,具有合理性。[2]而根据挑拨行为的法律或伦理属性区分防卫挑拨是否阻却正当防卫的观点无法得到有效证明,合法挑拨行为引起不法侵害进而反击也能阻却正当防卫。换言之,从自利理性人普遍同意标准也无法推导出阻却正当防卫的挑拨行为必须违法。除了蓄意/故意挑拨类型和侵害行为与虽然挑拨在前但防卫行为与不法侵害显著不成比例的两种阻却正当防卫情形外,本书尝试提出另一种情形:挑拨人存在特别认知的情形。因为目前还无法在法益衡量与自利理性人理论中作出取舍,具体防卫挑拨的判断标准同时符合这两个理论标准才是最优解,而特别认知既可以由功利主义得出也可以由自利理性人普遍同意理论得出。

六、阻却正当防卫的防卫挑拨的一种情形:特别认知

(一) 特别认知的提出

防卫挑拨一概阻却正当防卫的观点从根据到标准都有问题,但是全盘承认正当防卫的观点也未必合适。如果无法从正面根据逻辑推导,那么从经验上得出具体判断标准,再走反面验证的路径就有可取之处。挑拨人的特别认知阻却正当防卫可以从法益衡量的角度得出,也可以由社会团结义务得到论证。

首先,从法益衡量的角度,可以得出特别认知使挑拨人法益要保护性降低,特别认知下的挑拨行为是引起防卫情状的原因。影响法益要保护性之一

---

[1] [法] 狄骥:《法律与国家》,冷静译,中国法制出版社2010年版,第214页。
[2] 但是,这一结论似乎在行为无价值论下才有意义。因为行为无价值论强调行为通过违反行为规范侵害法益,这样违反行为规范的故意与过失行为在不法上才有程度差异,无心遵守行为规范的故意不法重于有心而无力遵守行为规范的过失不法。但是结果无价值论认为行为直接侵犯法益,不强调行为规范的作用。所以,故意行为与过失行为在客观侵害法益上不法程度是相同的,因此没有主观不法概念和不法程度的差异。

的变量就是引起防卫情状的原因。防卫挑拨与典型正当防卫不同：正当防卫下不法侵害是引起防卫情状的原因，而防卫挑拨中的挑拨行为是原因。换言之，在典型正当防卫情形中攻击行为引起防卫行为，在防卫挑拨中则是由"挑拨行为+攻击行为"引起了防卫行为。因此，如果"挑拨行为+攻击行为"的结构中，挑拨行为相对攻击行为完全具有可归责性，挑拨人就应承担退避义务。典型正当防卫情形中防卫情状的引起归责于攻击行为，而防卫挑拨中则应归责于挑拨行为。"挑拨行为使侵害者丧失抑制自己实施侵害的能力，或者使得规范无法期待侵害者不去实施侵害，那就可以认为，挑拨者才是法益冲突的真正操控手"〔1〕。在这种情况下，引起防卫情状的决定权掌握在挑拨人手中，而非侵害人手中，而"自我决定权的反面就是自我答责"〔2〕。最终可以归结于"权利－义务－责任"的法理根据。即攻击行为可归责于挑拨行为。传统路径过于关注挑拨行为本身的主客观属性，而忽略了挑拨行为→攻击行为可归责性导致挑拨人法益要保护性降低的判断。

其次，从社会团结义务的角度，也能得出特别认知的挑拨人超出了社会团结义务的限度的结论。在"无知之幕"背后，自利理性人会认为故意的防卫挑拨与不成比例的挑拨后防卫之所以阻却正当防卫，是因为它们超出了社会团结义务的限度。而过失的防卫挑拨并未超出社会团结义务的限度，这种情形下，每个人都既可能是挑拨人也可能是被挑拨人，因此采取三阶段理论适当限制即可。但是，在挑拨人具有特别认知的场合，例如挑拨人明知对方暴躁易怒、之前有过节而对方吃过亏时，特别认知具有赋予社会团结义务的效力，挑拨人本应当谨守义务不要引起法益冲突状况。但此时，如果挑拨人不遵守团结义务而在有特别认知的前提下挑拨对方，即使此时在第三人看起来是日常无危险行为，但具体情境中对被挑拨人来说却是挑拨行为。正如路易斯·格雷克教授指出的，"不考虑行为人的认识内容的情况下对一项危险是否存在作出评价，根本不可能"〔3〕。这样主观特别认知下的客观行为才

---

〔1〕 陈璇：《克服正当防卫判断中的"道德洁癖"》，载《清华法学》2016年第2期。

〔2〕 Joachim Renzikowski, *Notstand und Notwehr*, Duncker & Humblot, 1994, s.179. 转引自陈璇：《克服正当防卫判断中的"道德洁癖"》，载《清华法学》2016年第2期。

〔3〕 [德] Luis Greco：《客观归责领域的主观面：论特殊认知"问题"》，陈晰译，载赵秉志主编：《当代德国刑事法研究》（第3卷），法律出版社2019年版，第9页。

该当构成要件,"行为人的特别认知的确可以决定行为的不法"〔1〕。此外,特别认知还需要以存在获取特别认知的义务为前提,这可以限缩特别认知的成立范围。Jakobs 的行为归责理论即在原则上不考虑特别认知,除非能够确认特别认知具有义务来源。"要求拥有特殊认知的行为人使用该认知以避免法益侵害,而此时又不存在行为人获取该认知的义务,这本身就是自相矛盾"〔2〕。

最后,挑拨人的特别认知限制防卫权的观点在司法实践中也能找到相应支持判例。例如,案例5(王某某故意杀人案),2015年3月2日11时许,被告人王某某到定安县定城镇秀龙坑村南渡江边打鱼,并随身携带一支火药枪(枪长约170厘米)。中午约12时,王某某的妻子王某香打电话给王某某,说其患有精神分裂症的大儿子王某荣(被害人)要打王某香和二儿子王某杆。王某某听后便携枪赶回家中劝说王某荣,并与王某荣发生争吵,后王某某把王某荣平时使用的摩托车推到自家附近的水利沟处并推倒在水沟边。王某荣见状,从家中拿一把砍刀(长约70厘米,含刀柄)追向王某某。王某某往前跑,没跑多远便停住转身朝王某荣开了一枪,击中王某荣左侧胸部等部位,致王某荣倒地当场死亡。后王某某离开现场,将枪支、子弹丢弃后返回家中。不久被接到王某香报警电话赶来的公安民警抓获。〔3〕本案中,虽然法院没有认定王某某是防卫挑拨,但也基于被告人的特别认知承认其防卫权应当被限制。被告人王某某明知被害人王某荣患有精神病不能刺激,而将被害人王某荣平常所骑的摩托车推倒在水利沟边,致使被害人王某荣受到刺激而持刀对其进行追赶,其行为虽然不属于防卫挑拨,但有一定过错。〔4〕

(二) 可能质疑的回应

1. 特别认知是专属于实行行为的要素

有学者提出:"特别认知属于实行行为的要素,其功能在于为判断实行行

---

〔1〕 许玉秀:《当代刑法思潮》,中国民主法制出版社2005年版,第478页。
〔2〕 [德] Luis Greco:《客观归责领域的主观面:论特殊认知"问题"》,陈晰译,载赵秉志主编:《当代德国刑事法研究》(第3卷),法律出版社2019年版,第16页。
〔3〕 参见海南省第一中级人民法院(2015)海南一中刑一初字第37号刑事判决书。
〔4〕 参见海南省第一中级人民法院(2015)海南一中刑一初字第37号刑事判决书。

为的危险性提供依据"〔1〕。如果将此观点与本书"将特别认知视为挑拨行为的判断标准之一"的观点对比来看，很容易得出二者是对立的结论，因为如前述，挑拨行为不一定是实行行为。但实际上，二者并不对立。特别认知在客观归责论中，是被用于判断行为的危险性而认定是否引起法所不容许的风险，即"构成要件行为"性。与之对应即是"实行行为"，在我国传统刑法理论中实行行为/危害行为具有有体性、有意性、有害性三种特征，因此上述学者将特别认知归入"有意性"中。但是，在防卫挑拨中，单纯挑拨行为需要结合之后的防卫行为才能直接造成被挑拨人法益侵害。换言之，即使具有特别认知的挑拨行为也只是相当于普通案件中单纯侵害行为的引子或一部分。因此，在防卫挑拨的结构下，特别认知并不是专属于实行行为的要素。

2. 特别认知是故意的组成部分

关于特别认知与故意的关系，目的行为论者认为特别认知故意的组成部分，将特别认知与故意等同起来。但是，特别认知和故意不能等同。有特别认知一定有故意，但有故意不一定有特别认知。特别认知同时意味着获取特别认知的义务，如果没有这一前置义务，即使有特别认知也不能认为引起了法所不容许的风险。在防卫挑拨中，其逻辑链是：前置获取特别认知的义务→特别认知→基于特别认知的不挑拨义务→退避义务。在这一结构中，规范只能源于规范，而非事实，退避义务最终可追溯至前置的获取认知的义务。而归责逻辑的起点其实是挑拨人是否具有得到特别认知的义务，这与故意或过失无关。即使行为人过失地挑拨对方，但具有获取特别认知之义务，也应当被归责。也因此，特别认知与蓄意/故意挑拨类型是平行、并列的防卫挑拨的判断标准。

3. 防卫挑拨中挑拨行为与不法侵害共同惹起反击行为

或许有观点认为："防卫人与侵害者均对不法侵害及其后反击行为的产生具有原因力"。但这只是一部分防卫挑拨，本书讨论的防卫挑拨实则是挑拨行为引起攻击行为，实际上是防卫情状可归责于挑拨人的场合。对这一问题的回答就需要回到挑拨行为本身，挑拨行为本质上是一个传递信息给被挑拨人

---

〔1〕 欧阳本祺：《论特别认知的刑法意义》，载《法律科学（西北政法大学学报）》2016年第6期。

的过程。在特别认知的场合，这一过程如何产生被挑拨人的攻击行为，挑拨人对这一过程本身的故意过失并不重要，重要的是传递信息的性质，即是否确定地会让被挑拨人产生攻击行为。与其后攻击行为产生联系的并非挑拨行为的故意过失，也不是挑拨行为的法律性质，而是挑拨人的特别认知。刑法应当关注的是行为如何制造法所不容许的风险，而不是故意或过失地制造法所不容许的风险。特别认知足以产生"具体的"法所不容许的风险。

防卫挑拨问题的核心是怎样的挑拨行为能阻却正当防卫，即防卫挑拨的判断标准问题。传统理论对这一问题的回答围绕防卫挑拨的违法性根据展开，但除了具体论证问题外，在方法论上就防卫挑拨的违法性根据与判断标准未能形成有效的推导关系。对防卫挑拨的理解应回到正当防卫的正当化依据，结合"自利理性人普遍同意"理论，并关注到当代功利主义者对罗尔斯的回应与反批判，判断标准的最优解是在两种理论范式下都能被证成。除了以故意、过失区分的防卫挑拨判断标准外，在挑拨人具有特别认知的场合，防卫权也应当被限制。其违法性根据在"法益衡量"原理下是防卫情状可归责于挑拨行为，在"自利理性人普遍同意"理论下是具有特别认知的挑拨行为超出了社会团结义务的限度。当前关于防卫挑拨的类型化研究，基本遵循德日讨论的路线，但深入其说理之后，这一路线并非完美无缺，本专题旨在试图跳出这一路线，寻找新的防卫挑拨类型。当然，作为防卫挑拨的新类型、特别认知到什么程度、特别认知对防卫权限制到何种程度，这些具体问题还未完全得到解决。

专题六

不法判断论：基于法益理论的不法判断构造
——以侵犯公民个人信息罪为例

晚近以来，法益理论传入我国刑法学界并逐渐获得通说地位，法益观念可谓深入人心，但是回到法益概念的原初，即作为一种判断实质不法的理论工具如何进行具体的实际操作却因为法益的抽象性难以径直得到相应答案。一般来说，每个罪名都有各自对应的法益内容、法益结构，所以通过个罪的法益来进行其不法的判断总的来说应当是一个个罪层面的研究。本专题拟以《刑法》第253条之一的侵犯公民个人信息罪为例基于法益理论对其进行不法判断，在确定法益的基础上进行本罪的构成要件解释。大数据时代下，数据作为信息内容的新型载体，数据资源成为重要的生产资料。由信息的集合与规模效应引发的侵犯公民个人信息行为的产业链化是《刑法》第253条之一侵犯公民个人信息罪的立法背景。[1]但是否据此即可认定本罪法益是超个人法益而非个人法益，我国学界存在激烈争论。本专题拟从分析当前本罪研究中这场法益之争出发（第一部分），揭示问题应聚焦之处：个人信息的公共属性，厘清刑法学与民法学对个人信息公共属性的不同理解（第二部分）。在此基础上提倡本罪法益的个人法益论，并将其适用于本罪的构成要件解释与疑难案件处理中（第三部分）。本罪中法益的确定与基于法益展开的构成要件解释，就是基于法益理论进行不法判断的一个实例。

---

〔1〕 参见臧铁伟、李寿伟主编：《〈中华人民共和国刑法修正案（九）〉条文说明、立法理由及相关规定》，北京大学出版社2016年版，第127页。

一、侵犯公民个人信息罪中的法益之辩：个人法益 vs. 超个人法益

实质刑法下，法益与构成要件解释关联互动，法益具有甄别不法本质、决定入罪范围的机能，构成要件是法益评价的结果。[1]因此，正确界定法益对解释构成要件至关重要。当前，我国学界在关于《刑法》第253条之一侵犯公民个人信息罪法益的讨论中，存在个人法益与超个人法益之争。

（一）个人法益与超个人法益的对立轴

1. 确定法益的路径：前置法 vs.社会系统

为使法益具有确定实质处罚根据机能，必须从刑法外部确定法益。确定法益的路径中，个人法益论求诸前置私法。"准确确定侵犯公民个人信息罪的保护法益，必须结合《个人信息保护法（草案）》等该罪重要的前置法之规定"[2]。"个人信息权则是社会发展之后由其他实定法（《民法总则》第111条——引者注）予以确认"[3]。个人法益论的立论基于法秩序统一性、违法一元论，主张"刑法对违法性的判断就不能自外于民法而应从属于民法"[4]。法益由前置法确认后，刑法是前置法的保障法，刑法法益承认前置法确定的法益，本罪法益不需要刑法特别确认。

超个人法益论中，一种观点求诸外部环境，"生活在信息社会中，需要保证每一个社会成员对个人信息安全的信赖"[5]。另一种观点在刑法内部论证，从法益的重要性、紧迫性、罪刑均衡角度，认为只有侵犯公共信息安全的行为才有必要被刑法独立规制。[6]但是，仅在刑法内部单独论证本罪法益难免有循环论证之嫌。总体上，超个人法益论的立论基于违法多元论，主张宪法确认个人信息自决权法益（个人法益）后，能否确定为刑法法益，仍是悬而

---

[1] 参见张明楷：《实质解释论的再提倡》，载《中国法学》2010年第4期。

[2] 刘艳红：《侵犯公民个人信息罪法益：个人法益及新型权利之确证——以〈个人信息保护法（草案）〉为视角之分析》，载《中国刑事法杂志》2019年第5期。

[3] 冀洋：《法益自决权与侵犯公民个人信息罪的司法边界》，载《中国法学》2019年第4期。

[4] 冀洋：《法益自决权与侵犯公民个人信息罪的司法边界》，载《中国法学》2019年第4期。

[5] 江海洋：《侵犯公民个人信息罪超个人法益之提倡》，载《交大法学》2018年第3期。

[6] 参见王肃之：《被害人教义学核心原则的发展——基于侵犯公民个人信息罪法益的反思》，载《政治与法律》2017年第10期。

未决的问题。[1]本罪法益需要刑法独立确认。

2. 论证法益的中心：个人中心 vs. 社会中心

论证中心上，个人法益论的论证以个人为中心，重视个人信息的个体属性。个人对自己信息形象具有一种控制权。[2]其肯定民法上将个人信息作为私权客体进行赋权保护的模式，公民个人信息被认为是信息主体占有的对象与自由的延伸。因此，被害人承诺被视为阻却构成要件或阻却违法事由。在价值选择上，个人法益论倾向于信息主体的信息安全，契合警惕公权力的古典个人主义价值。

超个人法益论的论证以社会为中心，注重个人信息的社会属性。"个人信息同时也是社会生活事实的一种写照"[3]。个人信息由社会主体间的信息交换所产生，"公民个人信息是关于个人的信息，而不是属于公民个人的信息"[4]。因此，超个人法益论下，是否入罪端赖对公法益的侵犯与否，被害人承诺不影响入罪，"行为入罪的可能性与公民意愿之间没有任何联系"[5]。在价值选择上，超个人法益论关注主体间的信息利用，贴合大数据时代重视信息分享的背景。

（二）个人法益论的论证障碍

1. 论证方法问题

其一，个人法益论肯定个人信息作为私权客体保护的模式不一定适应大数据时代。个人法益论者主张的个人信息自决权源于德国 20 世纪 70 年代自动化处理信息的技术背景，但其未必适应现在人们一举一动都已被数据化的大数据时代。大数据时代下的个人信息不仅关系到自己还关涉他人，个人对自己信息的披露会影响到很多人，因此个人授权、个人同意是不够的。而且，

---

[1] 参见敬力嘉：《大数据环境下侵犯公民个人信息罪法益的应然转向》，载《法学评论》2018 年第 2 期。

[2] 参见冀洋：《法益自决权与侵犯公民个人信息罪的司法边界》，载《中国法学》2019 年第 4 期。

[3] 江海洋：《侵犯公民个人信息罪超个人法益之提倡》，载《交大法学》2018 年第 3 期。

[4] 敬力嘉：《大数据环境下侵犯公民个人信息罪法益的应然转向》，载《法学评论》2018 年第 2 期。

[5] 凌萍萍、焦冶：《侵犯公民个人信息罪的刑法法益重析》，载《苏州大学学报（哲学社会科学版）》2017 年第 6 期。

即使20世纪70年代的信息自决权本身也绝非信息主体对客体的绝对支配权，这无异于保护一种漫无边际的个人意志，无法为他人行为划定禁区。[1]

其二，个人法益论在寻找前置法过程中存在疑问。个人法益论主张在前法益上升为法益的过程中，由前置法确认法益，刑法承认由其确定的法益。但个人法益论在寻找前置法过程中无法解释为何只找到个人权利性质的私法，如《民法总则》第111条、《个人信息保护法（草案）》第1条等，却未找到《中华人民共和国网络安全法》（以下简称《网络安全法》）等公法。特别是，《网络安全法》第四章"网络信息安全"中第44条、第45条与《刑法》第253条之一的第1、2、3款的规定几乎毫无差异。[2]而且，即使确认前置法应是私法而非公法，私法上"实现'信息自决'也并非其唯一目的，实现信息保护和信息利用之间的平衡，促进信息产业的发展也应成为个人信息保护法追求的制度目标。"[3]

2. 具体论证问题

其一，个人法益论认为在刑法典中罪名的章节安排上，本罪被"置于侵犯公民人身权利犯罪下，其所保护的法益绝非公共秩序或社会利益"[4]。但刑法典中罪名的位置与法益的结构化安排本就有相对性，不具有决定性。例如，我国《刑法》中"侵犯知识产权罪"被规定在"破坏社会主义市场经济秩序罪"一章中，但犯罪行为针对的是具体权利人的知识产权，难以想象存在不侵犯具体知识产权而侵犯知识产权管理秩序的行为。因此侵犯知识产权犯罪虽规定在"破坏社会主义市场经济秩序罪"一章下，其法益必然包含个人法益。再如，《德国刑法》中第123条"侵入住居及场所罪"虽然被规定在

---

[1] 参见杨芳：《个人信息自决权理论及其检讨——兼论个人信息保护法之保护客体》，载《比较法研究》2015年第6期。

[2] 《网络安全法》第44条：任何个人和组织不得窃取或者以其他非法方式获取个人信息，不得非法出售或者非法向他人提供个人信息。第45条：依法负有网络安全监督管理职责的部门及其工作人员，必须对在履行职责中知悉的个人信息、隐私和商业秘密严格保密，不得泄露、出售或者非法向他人提供。

[3] 谢远扬：《〈民法典人格权编（草案）〉中"个人信息自决"的规范建构及其反思》，载《现代法学》2019年第6期。

[4] 于冲：《侵犯公民个人信息罪中'公民个人信息'的法益属性与入罪边界》，载《政治与法律》2018年第4期。

第七章"妨害公共秩序之犯罪"中,但有力观点主张其法益是个人法益,"有学者批判说,不能根据错误的立法体例理解侵入住宅罪的法益,侵入住宅行为导致左邻右舍不安,只是其反射的、附随的效果韦尔策尔"[1]。

其二,一种观点认为超个人法益论是将本罪认定为法定犯,但本罪是自然犯的法定犯化,即带有法定犯特征的自然犯,因此本罪法益是自然犯下的个人法益。但自然犯、个人法益、结果犯与法定犯、超个人法益、危险犯这两对范畴的区分也不具有决定性。诚然,"保护超个人法益的规定,很可能安排危险构成要件,保护个人法益的规定,大多以实害或具体危险构成要件陈述"[2]。但抽象危险应允许反证[3],例如生产、销售、提供假药罪;生产、销售、提供劣药罪是法定犯,但根据其抽象危险能被具体判断的性质,某种程度其是具体危险犯,即结果犯。[4]再如,虚开增值税专用发票罪无疑是法定犯,但其抽象危险判断也是"名为抽象危险实为具体危险的判断"[5]。

(三) 超个人法益论的论证问题

1. 论证方法问题

其一,超个人法益论无法从大数据背景直接证成刑法中的超个人法益。超个人法益论均认为大数据时代的个人信息具有社会属性,但这无法直接推导出个人信息必须由刑法保护。个人法益论的立论基于违法一元论,刑法是前置法的保障法,前置法确定法益后刑法不必独立确认,因此在个人法益论中这一问题或许不影响其逻辑自洽。但超个人法益论的立论是基于违法多元论,刑法须独立确认法益,因此为何超个人法益能被刑法确认就需要特别论证。

其二,超个人法益论难以解释一些明显指向具体个人的立法现象。如本罪在《刑法》中的体系位置是分则第四章"侵犯公民人身权利、民主权利罪"。再如,《最高人民法院、最高人民检察院关于办理侵犯公民个人信息刑事案件适用法律若干问题的解释》(以下简称《公民个人信息解释》)第1

---

[1] 张明楷:《外国刑法纲要》,法律出版社2020年版,第456页。
[2] 林东茂:《刑法分则》,台湾一品文化出版社2018年版,第7页。
[3] 参见付立庆:《应否允许抽象危险犯反证问题研究》,载《法商研究》2013年第6期。
[4] 参见张明楷:《刑法的基本立场》,商务印书馆2019年版,第183-184页。
[5] 马春晓:《虚开增值税专用发票罪的抽象危险判断》,载《政治与法律》2019年第6期。

条、第 3 条均将指向自然人的"可识别性"作为认定个人信息的核心要素。完全排斥个人法益的观点可能无法妥当解释这些立法现象。

2. 具体论证问题

其一，超个人法益论在论证"危害后果的公共性"时有偷换概念的嫌疑。多数个人信息不等于多数人的个人信息，少数人的多数信息也值得刑法保护。超个人法益论者均根据《公民个人信息解释》第 5 条第 1 款第 3-6 项和第 2 款第 3 项中危害后果的公共性提出本罪中被害人因群体被侵害而非个体被侵害具有刑法保护必要性[1]。"本罪在多数情况下保护的法益是多数人的信息自决权"[2]。但论者将上述规定的"多数信息"偷换概念为表征公共性的"多数人的信息"。按其逻辑，非法获取、出售或者提供 50 个人的行踪轨迹信息构成本罪，但非法获取、出售或者提供 1 个人的 50 条行踪轨迹信息不构成本罪。但《公民个人信息解释》只规定信息类型、数量、违法所得数额等，并未规定被害人数量。当然，在侵犯公民个人信息行为产业链化的当下，多数被害人的多数信息是实践中的普遍情况，但不可就此否认少数被害人的多数信息值得被刑法保护。实践中也不乏侵犯少数人的多数信息的判例。[3]

其二，社会信息管理秩序说存在逻辑疑问。有学者认为本罪法益是作为社会法益的社会信息管理秩序。[4]社会信息管理秩序说作为集体法益一元论不承认个人法益，但是，集体一元法益可能难以成立，因为难以想象不经侵犯公民个人信息而径直侵犯社会信息管理秩序的行为。而且，此说仅将法益定位为社会管理需要而不联系实体性的国民生活利益，这在法益理论受到抽象化的普遍质疑而愈加需要具象化的当下，其正当性也面临诘问。

其三，公共信息安全说不符合刑法规定。有学者认为本罪法益是公共信

---

[1] 参见王肃之：《被害人教义学核心原则的发展——基于侵犯公民个人信息罪法益的反思》，载《政治与法律》2017 年第 10 期。

[2] 江海洋：《侵犯公民个人信息罪中超个人法益之提倡》，载《交大法学》2018 年第 3 期。

[3] 参见山西省太原市中级人民法院（2014）并刑终字第 494 号刑事裁定书，此外，实践中"私家侦探"类案件大多只侵犯特定人的个人信息，如河南省许昌市魏都区人民法院（2018）豫 1002 刑初 30 号刑事判决书等。

[4] 参见凌萍萍、焦冶：《侵犯公民个人信息罪的刑法法益重析》，载《苏州大学学报（哲学社会科学版）》2017 年第 6 期。

息安全。[1]但我国刑法分则第二章"危害公共安全罪"规定的公共安全犯大多至少是具体危险犯，而非抽象危险犯。例外地，第127条"盗窃、抢夺枪支、弹药、爆炸物、危险物质罪"的前半句是抽象危险犯也是因为对枪支、弹药、爆炸物的特殊规制。侵犯公民个人信息行为相对于下游犯罪至多处于预备阶段，尚未对公共物理安全造成紧迫的危险，将其归类为公共安全犯与刑法规定相抵牾。

其四，对个人信息安全的信赖说与法益论发展趋势相悖。有学者认为本罪法益是对个人信息安全的信赖。[2]但当前法益论的发展趋势是反对抽象化、精神化、主观化的法益，因为其为类推适用开方便之门。例如2019年《最高人民法院关于依法妥善审理高空抛物、坠物案件的意见》第5条第2款："故意从高空抛弃物品，尚未造成严重后果，但足以危害公共安全的，依照刑法第一百一十四条规定的以危险方法危害公共安全罪定罪处罚……"。张明楷教授正确地指出，上述司法解释将以危险方法危害公共安全罪具体危险犯认定为抽象危险犯，即是以安全感作为法益，明显扩张处罚范围，属于类推适用。[3]针对信赖法益本身，正如劳东燕教授在受贿罪中信赖法益的研究中指出的："所谓国民的信赖，本身就是一个相当空泛的概念；而信赖利益有无受到侵害，也完全取决于解释者主观性的解读"[4]。信赖是前在于风险的精神化法益，但"刑法不可能成为减少公众恐慌的手段"[5]。

其五，信息专有权与处分权说存在处罚漏洞。有学者认为本罪中非法获取行为侵犯信息收集主体的信息专有权，出售和提供行为侵犯信息收集主体的信息处分权。[6]该说认为法益主体是"信息流动的第一个主体"（即信息收集主体），信息主体则被间接保护。信息专有权由"窃取"的同类解释规则

---

[1] 参见皮勇、王肃之：《大数据环境下侵犯个人信息犯罪的法益和危害行为问题》，载《海南大学学报（人文社会科学版）》2017年第5期。

[2] 参见江海洋：《侵犯公民个人信息罪中超个人法益之提倡》，载《交大法学》2018年第3期。

[3] 参见张明楷：《高空抛物案的刑法学分析》，载《法学评论》2020年第3期。

[4] 劳东燕：《受贿犯罪两大法益学说之检讨》，载《比较法研究》2019年第5期。

[5] 张明楷：《"风险社会"若干刑法理论问题反思》，载《法商研究》2011年第5期。

[6] 参见敬力嘉：《信息网络犯罪规制的预防转向与限度》，社会科学文献出版社2019年版，第114-115页。

推导得出,"窃取"是违反他人意志,以非法占有为目的的转移占有行为,信息专有权是信息收集主体对个人信息的占有。但该说存在处罚漏洞,首先,该说下,只有转移占有行为构成本罪,侵占、故意毁坏、非法修改个人信息等均不能构成本罪,但是《刑法》第 253 条之一第 2 款"将在履行职责或者提供服务过程中获得的公民个人信息,出售或者提供给他人"的行为完全可能被归纳为职务侵占。其次,在该说下直接从信息主体获取信息反而无法构成本罪。如甲跟踪 50 个人,获取 50 条行踪轨迹信息。这一场合由于没有信息收集主体作为中介,在该说下该行为反而无法被处罚。最后,该说之所以认为保护信息收集主体的专有权与处分权可以间接保护个人,其前提是信息收集主体与个人的利益相一致。但多数情况下信息收集主体同时也是侵权主体,如著名的棱镜门事件、facebook 与剑桥数据分析公司窃取用户点赞信息以定向投放选举广告事件等。此外,竞争法上,广泛地保护信息收集主体的信息专有权,有可能造成这些企业的信息垄断,导致市场集中化,降低市场效率。[1]

二、问题聚焦:个人信息的公共属性

上述各法益观点从论证方法到具体论证上都有不同程度的问题。而且,上述法益争论中,双方均选择性忽视对方的论证,未能形成具有针对性的讨论。例如个人法益论指出公法益无主体自决而易扩张处罚范围,超个人法益论指出个人信息兼具公共交流属性、不完全属于个人,双方均未对此作出有效回应。这是由于个人法益论未充分注意个人信息的公共属性,超个人法益论未关注个人信息的个体属性也未充分论证个人信息的公共属性与确定本罪法益之间的逻辑关系。换言之,问题根源是法益争论背后的个人信息的个体属性与公共属性的二元对立。

此外,以上二说均存在片面性的原因还在于刑法学未能从民法、隐私法的讨论中吸取理论资源,二者都未关注个人信息的民法论证,而仅从刑法系

---

[1] 参见 [奥] 维克托·迈尔-舍恩伯格、[德] 托马斯·拉姆什:《数据资本时代》,李晓霞、周涛译,中信出版社 2018 年版,第 163 页。

统内部无法推导出本罪法益。个人信息的个体属性符合占有主义观念与公众直觉,因而较容易理解,问题症结在于如何理解民法语境下个人信息的公共属性。因此本专题将从民法中个人信息公共属性的证成、表现与民法保护模式的转型出发全面讨论个人信息公共属性的民法内涵。

(一) 个人信息公共属性的证成与表现

1. 公共属性的证成:个人信息的特殊性

民法语境下,从欧洲的信息自决权、美国的信息隐私权均由消极的防御性权利变为兼具积极的控制性权利的演变史已能看到个人信息愈加脱离个人而介入社会生活。无论是欧洲的人格尊严传统,还是美国的政治制度模式,均在一定程度上承认了个人信息的公共属性。德国20世纪70年代即立法承认信息自决权,但从德国宪法法院判例中发展出的4项限制〔1〕,欧盟《通用数据保护条例》(General Data Protection Regulation,GDPR)中的30余项公共利益限制,均显示了个人信息绝非个人所独占支配。正如 Winfried Veil 教授指出的,"如果信息自决受到过多的法律限制,便不能将其确定为一般原则"〔2〕。美国2018年《加州消费者隐私法案》(California Consumer Privacy Act of 2018,CCPA)对个人信息的商业利用更是采取"原则允许,有条件禁止"的立法模式。

晚近以来,民法学界的有力观点通过论证个人信息的公共属性提出个人信息的公权控制、社会控制。其证成理由是:其一,数据的再生性、分享性决定了个人信息不是私人物品。数据是信息的载体,信息运行规律须符合数据规律。数据具有再生性、分享性,"复制、删除、上传和发送为其固有功能"〔3〕。不同于传统财物所具有的稀缺性与排他性,数据的非排他性、非竞争性决定了信息非私人物品,无法为他人行为划定有效禁区。而且,大数据

---

〔1〕 参见敬力嘉:《大数据环境下侵犯公民个人信息罪法益的应然转向》,载《法学评论》2018年第2期。

〔2〕 [德] Winfried Veil:《GDPR:皇帝的新衣——论新旧数据保护法的结构性缺陷》,朱家豪编译,载 https://mp.weixin.qq.com/s/pLH6C4_ElzN4L4cpmDKjag,最后访问日期:2020年3月23日。作者是德国内政、建筑和社区部顾问(Referent at the Federal Ministry of the Interior, Building and Community)。他代表德国政府参加了欧盟理事会工作组 DAPIX 关于 GDPR 的谈判。

〔3〕 梅夏英:《数据的法律属性及其民法定位》,载《中国社会科学》2016年第9期。

时代下,"个人数据信息具有数量大、价值密度低、智能处理以及信息获得和其使用结果之间相关性弱等特征"[1]。这些特征也导致大数据时代的个人信息适合公权控制而非个人控制。

其二,个人信息在信息流动过程中才能产生价值。应在信息流通背景下理解个人信息的公共交流机能。首先,个人信息的识别机能是社会交流的前提,"识别个人是社会交往和运营的工具"[2]。其次,人在群体中生活,"个人信息不仅关涉个人利益,也关涉他人利益和社会利益"[3],因此隐私保护需要协作而非对抗。对个人信息采取类似物权保护的观点忽视了个人信息的公共交流功能,将对自己信息的支配上升为对他人行为的支配。根据新古典经济学的预测,私权保护模式下的社会隐私将仅达到次优水平的"公地悲剧"。而根据实验经济学的实验,实验中的人们以远高于新古典主义理论预测的速度分组合作,在这一意义下,个人信息是公共用品。[4]

其三,大数据时代的个人无力控制个人信息。个人参与数字化生活是个人信息保护被法律关注的最主要原因,大数据时代的互联网公司无时无刻不在收集个人信息,"大数据相当于数字监控"[5]。大数据时代的私人领域、用户意志被进一步压缩与弱化,它以既不可察觉也不可理解的方式无情地监控和塑造着普通市民的生活方式。[6]在大数据时代即使法律赋予个人对信息的控制权,弱势的个人也根本无力控制。一方面,现实中,面对 APP 冗长繁杂的隐私政策格式条款,信息主体根本无法作出有意义的决定,"知情同意""目的限定"成为一纸空文。另一方面,某个单一信息完全可能有助于推断出信息主体选择不透露的其他信息,甚至可能是他所不知道的关于自己的信息。

---

〔1〕 吴伟光:《大数据技术下个人数据信息私权保护论批判》,载《政治与法律》2016 年第 7 期。

〔2〕 高富平:《论个人信息保护的目的——以个人信息保护法益区分为核心》,载《法商研究》2019 年第 1 期。

〔3〕 高富平:《个人信息保护:从个人控制到社会控制》,载《法学研究》2018 年第 3 期。

〔4〕 See Joshua A. T. Fairfield, Christoph Engel, "Privacy as a Public Good", *Duke Law Journal*, Vol. 65, No. 3., 2015, pp. 385-457.

〔5〕 Anita L. Allen, "Protecting One's Own Privacy in a Big Data Economy", *Harvard Law Review Forum*, Vol. 130, 2016, pp. 71-78.

〔6〕 See Helen Nissenbaum, "Respecting Context to Protect Privacy: Why Meaning Matters", *Science & Engineering Ethics*, 2015, pp. 1-22.

而信息组合下的信息泄露问题更为严重。而且,"将信息赋予私人独占并没有现实的法律手段来彰显和维护"〔1〕。在我国,由于民事诉讼中谁主张谁举证的原则,由个人作为原告发起的涉及侵犯公民个人信息的民事诉讼案件非常少见。综上,从个人信息的数据本体属性到价值实现路径再到个体现实困境,从应然到实然再到能然,个人信息的公共属性都能够得到证成。

2. 公共属性的表现:个人信息利用利益

沿着个人信息公共属性的证成路径,个人信息公共属性的表现不是个人信息权集合而成的秩序、安全、信赖或信息收集主体的信息专有权,而是信息利用利益。这在不同层面都有体现。例如,官方话语上,近年来,大数据应用已形成全社会的共识。顶层设计中,2019年《中共中央关于坚持和完善中国特色社会主义制度 推进国家治理体系和治理能力现代化若干重大问题的决定》指出"加强数据有序共享,依法保护个人信息"。立法中,《个人信息保护法(草案)》第33条中规定"国家机关处理个人信息的活动,适用本法"。该法(草案)第13条中规定"为履行法定职责或者法定义务所必需""为应对突发公共卫生事件,或者紧急情况下为保护自然人的生命健康和财产安全所必需"等场合,国家机关可以处理个人信息。

公法定位上,个人信息是宪法言论自由的对象。〔2〕言论自由的目的是使公共事务得到充分讨论,当个人信息与公共事务产生关联时具有公共属性。例如公众人物的个人信息、非公众人物却卷入公共事务的人的个人信息等均具有公共属性。当个人信息进入公众言论自由领域,信息主体负有退避义务。刑法上也有相应的制度设计,如日本刑法就保护言论自由与保护名誉之间预先设计了精巧的平衡,即诽谤名誉类犯罪的特别违法阻却事由:社会公共利益。《日本刑法典》第230条之2第1款规定:"于可认定前条第一项(毁损名誉罪)之行为与公共利益之事实有关,且其目的系专为谋求公益者,则判断事实之真伪而有证明为真实时,不罚"〔3〕。实践应用中社会公共利益的内

---

〔1〕 梅夏英:《在分享和控制之间——数据保护的私法局限和公共秩序构建》,载《中外法学》2019年第4期。

〔2〕 参见丁晓东:《个人信息的双重属性与行为主义规制》,载《法学家》2020年第1期。

〔3〕 陈子平编译:《日本刑法典》,台湾元照出版有限公司2016年版,第161页。

容主要包括：事实的公共性（合理性）、目的的公益性和一定程度的事实真实证明等。

社会应用上，信息产业已成为当今社会发展的核心动力之一。[1]大数据时代到来，为充分享受数据红利，在社会应用、经济发展方面，信息主体也有一定退让义务。如日本2017年《次世代医疗基础法》都可在涉及社会公共利益的医疗大数据应用中默示同意可以扩张。日本学者指出那种只考虑个人信息的个体属性的观点相当于"转移了推进包括（医学和健康在内的）科学领域所需要的数据提供责任"[2]。可见，"如果是为了公共利益，如社会安全、产业发展、教育研究、新闻报道等，从利益平衡的角度出发，当事人就应当承担更高的容忍义务"[3]。综上，从官方话语到公法定位再到社会应用，从立法到司法再到执法，个人信息的公共属性都有相应表现，统和来看就是为了社会公共利益的信息合理利用利益。

个人信息上，信息主体的个人信息权的反面是他人尊重信息主体个人信息权的义务，言论自由、大数据利用等个人信息利用利益意味着信息主体应承担相应的容忍义务。因此，法益结构上，言论自由、大数据利用等限制着信息主体的个人信息权。刑法中超个人法益论忽视的，由个人信息的公共属性导出的是以言论自由与大数据利益等为内容的信息利用利益，而非个人信息权集合而成的秩序、安全、信赖、信息收集主体的信息专有权等公法益。

（二）个人信息类型化保护的局限与场景化保护的证成

1. 类型化保护的局限

个人信息具有公共属性，但其如何与刑法法益产生关联。自然的逻辑是将个人信息分类，"通过个人信息类型化路径，在刑法规范的层面为个人信息流动链条中多方主体及其权利的保护预留足够的规范空间"[4]。特别是将个

---

[1] 参见程啸：《论大数据时代的个人数据权利》，载《中国社会科学》2018年第3期。

[2] [日] 村山淳子：《医療情報の第三者提供の体系化（一）》，载《西南学院大学法学論集》2006年第3号，第1页。转引自储陈城：《大数据时代个人信息保护与利用的刑法立场转换——基于比较法视野的考察》，载《中国刑事法杂志》2019年第5期。

[3] 谢远扬：《〈民法典人格权编（草案）〉中"个人信息自决"的规范建构及其反思》，载《现代法学》2019年第6期。

[4] 敬力嘉：《大数据环境下侵犯公民个人信息罪法益的应然转向》，载《法学评论》2018年第2期。

人信息分为与公共属性相关与不相关的个人信息。但这一路径具有局限性。

其一，个人信息如何体现公共属性依赖于信息处理主体，个人信息的价值依赖处理主体赋值。不同于信用卡个人信息、商业秘密、知识产权等具有稳定的应用场景，普通个人信息高度依赖应用场景，信息权属具有适应性。[1]从特定信息中发现新信息取决于信息处理主体。不同识别主体的识别难度、识别成本不同，从特定个人信息中识别出不同其他信息的情形完全可能存在。因此，静态信息是少数、不稳定的，即使可以大致区分出公开信息侧重信息保护利益，非公开信息侧重信息安全利益。[2]但大多数个人信息是动态、弥散的，大数据应用关键即在于发现数据间相关性，通过信息组合发现新的信息，而这依赖于应用主体。[3]此外，由于信息价值由处理主体赋予，信息之间也可以相互流动转化。

其二，个人信息如何体现公共属性受环境影响。个人信息是否具有公共属性往往需要利益衡量方法，而利益衡量具有高度的文化特异性，必须制定标准来评估不同利益的相对权重。通过严格分析一个国家、社会或文化语境中的优先事项来考虑这些利益，才能在隐私框架内评估收益。[4]这在欧洲与美国对个人信息利用的总体倾向中得到印证，欧洲对个人信息利用相对保守，而美国则相对激进。再如，种族信息在多民族的美国和单一民族的日本，其信息价值明显不同，在具体案件中，是否将种族信息公开而体现公共属性在美国、日本的环境中也明显不同。

2. 场景化保护的提出

为应对上述类型化方法的局限，2004年美国纽约大学的海伦·尼森鲍姆

---

[1] 参见丁晓东：《数据到底属于谁？——从网络爬虫看平台数据权属与数据保护》，载《华东政法大学学报》2019年第5期。

[2] 参见董悦：《公民个人信息分类保护的刑法模式构建》，载《大连理工大学学报（社会科学版）》2020年第2期。

[3] 例如《大数据时代》的作者提到2009年谷歌公司先于CDC监测到甲型H1N1流感暴发，这是依据用户的特定搜索词条的使用频率与流感在时空上的传播之间的联系而发现的。参见［英］维克托·迈尔-舍恩伯格、肯尼思·库克耶：《大数据时代》，盛杨燕、周涛译，浙江人民出版社2013年版，第2-4页。

[4] See Jules Polonetsky, Omer Tene, "Privacy and Big Data: Making Ends Meet", *Stanford Law Review*, Vol. 66, 2013, pp. 25-33.

教授提出了"场景公正理论"（Contextual Integrity Theory），又称为"情境脉络完整性理论""场景化理论"等。场景公正理论认为，同一信息在不同情境下具有多种用途和价值取向，隐私内涵难以被预先确定的信息类型标准所涵盖。"个人信息保护的合理程度要置于其所处的环境中具体审视"[1]。

场景化理论下，个人信息侵害的实质不再是未经同意使用个人信息，而是不合理使用个人信息。反言之，个人信息保护的实质也不是绝对不使用个人信息进而达成对信息主体的全面、绝对保护，而是合理使用个人信息，平衡信息安全与信息利用之间的紧张关系。海伦教授认为，正是因为公私二元对立的观点导致信息安全与信息利用之间的紧张关系。他主张判断信息是否被合理使用的标准是其是否符合资讯规范。而资讯规范由信息主体、信息类型和传播原则三个要素构成。这三个要素都与具体情境相关联而不能脱离实际场景进行抽象评估，而且相互独立，因而信息价值需要综合判断。具体来说，信息主体在不同情境中遵循不同的行为准则，信息类型随情境不同而不断变化，传播原则中私密性原则、控制性原则与强制披露原则等也随情境而变化。[2]相比之下，场景理论不再执着于分类不同信息，而着眼于信息流动的整个场景，结合具体情境提炼出主体、信息、传播三个决定资讯规范的要素，并且依据具体情境独立认定，综合判断个人信息是否被合理使用。

在场景公正理论之下，经过三个要素的综合判断，在个人信息体现个人利益、未被合理使用的场景下，应当适用私法原则尊重个人信息权。在个人信息体现公共利益、被合理使用的场景下，应"采用公法框架规制个人信息的共享使用中的法律风险，有助于挖掘个人信息的社会价值或使用价值。"[3]场景化理论的功能，正如其创立者评价的，"它响应了创新的号召，承认了商业行为体的商业利益，同时为个人信息流设置了适当的限制隐私权。"[4]因为

---

[1] 范为：《大数据时代个人信息保护的路径重构》，载《环球法律评论》2016年第5期。

[2] 参见倪蕴帷：《隐私权在美国法中的理论演进与概念重构——基于情境脉络完整性理论的分析及其对中国法的启示》，载《政治与法律》2019年第10期。

[3] 刘艳红：《公共空间运用大规模监控的法理逻辑与限度——基于个人信息有序共享之视角》，载《法学论坛》2020年第2期。

[4] Helen Nissenbaum, "Respecting Context to Protect Privacy: Why Meaning Matters", *Science & Engineering Ethics*, 2015, pp.1-22.

场景公正理论将原先隐私法理论的一元模式，如压缩为信息类型上敏感信息与一般信息之分、传播原则上通知同意、目的限定、强制披露等原则，结合现实情境还原为多元模式。海伦·尼森鲍姆教授注意到，正是企业对个人信息突破"知情同意"原则的多样化应用造就了互联网的繁荣，并以此解释了个人信息上的多元属性。场景公正理论提出之后，很快即受到理论和政策上的瞩目。政策上，2012年2月美国奥巴马政府出台《隐私权法案》(Privacy Bill of Rights)中提出的保护隐私权七项原则中的第三项"尊重情境"(Respect for Context)即是源于此。正如有学者评价的，场景公正理论回归到"'公平信息实践'的初心，即实现的是信息收集者或处理者与个人之间的公平或合理的信息关系，仍然取决于相应制度是否能够在具体场景与信息关系中确立个人信息权利的合理边界。"[1]

如果从场景公正理论的角度观察前述类型化个人信息的路径，类型化个人信息是场景公正理论的具象体现，应例外地允许场景公正理论中其他变量对其反证。场景公正理论强调在个人信息上的个人的相关权益、他人的相关权益、企业的相关权益、市场的相关权益以及公共利益等必须合理协调，因此个人信息侵害的实质行为不是对个人信息自决权的侵害而是对个人信息合理使用的背离。场景化理论为数据安全与数据利用之间的紧张关系开出的药方是个人信息的合理使用，侵害的实质不是使用而是不合理使用。相比之下，当前刑法学中的个人法益论与超个人法益论均缺少对个人信息利用维度的研究。那么，如果在刑法学中考虑个人信息的合理使用利益，本罪法益就有转变为公法益的余地了吗？本专题认为答案是否定的。

三、场景公正理论下侵犯公民个人信息罪的法益与构成要件解释

大数据时代，大陆法系的域外刑法也不再坚持对个人信息的赋权强保护模式，"追求更好生活的哲学基础要求刑法在个人信息保护的立场上进行适当调整。包括德国、日本在内的域外各国，都在规则设计上保障个人信息的利

---

[1] 丁晓东：《个人信息权利的反思与重塑——论个人信息保护的适用前提与法益基础》，载《中外法学》2020年第2期。

用，限缩侵犯公民个人信息行为的刑法适用空间"[1]。但应如何限缩适用，如何将个人信息的公共属性教义学化，这必然依赖作为实质价值标准的法益。

在马克思主义法哲学中，社会物质生活条件决定了法权要求，而"法权要求又必须借助法律形式才具有普遍效力，法律形式是统治阶级对一定法权要求的确认"[2]。实定法的形成遵循"社会物质生活条件→法（法权要求）→法律"的逻辑结构。场景公正理论下，当个人信息体现公共利益、被合理使用时，个人信息的公共属性即能够导出数据共享使用的公法益，但从前法益上升为刑法法益还必须通过刑法的独立检验。

（一）本罪法益是个人法益

"大数据的争论归根结底是价值第一，数学和机器第二"。[3]个人是利益衡量的中心，不是反射、附带利益。"所谓'国家法益'和'社会法益'，充其量只是多数个人法益的集合或'化合物'，而非'固有的'法益"[4]。场景公正理论下，侵犯个人信息的实质是侵犯合理使用。但如何理解合理使用的范围，必须回归到个人法益，即在某些场合行为对个人传统法益产生不利影响。本罪法益是个人法益。

其一，个人是实体，社会是想象的共同体。个人具有第一性，社会具有第二性。当刑法将每个人的法益妥善保护，公法益自然会被妥善保护。"理论上个人信息社会价值或使用价值的发挥，都建立在肯定个人信息私益性的基础之上"[5]。个人信息具有双重属性不意味着其公共属性自动上升为法益。公共属性不应被夸大，个体属性与公共交流属性之间也并非矛盾，公共属性最终也要服务于具体的个人。如"保护个人信息能够促进言论自由所意图实现的目标"[6]，而言论自由的目标即是保护每个人自由发表意见的权利。因此，

---

[1] 储陈城：《大数据时代个人信息保护与利用的刑法立场转换——基于比较法视野的考察》，载《中国刑事法杂志》2019年第5期。

[2] 公丕祥主编：《法理学》，复旦大学出版社2008年版，第29页。

[3] See Cynthia Dwork, Deirdre K. Mulligan, "It's Not Privacy, and It's Not Fair", *Stanford Law Review Online*, Vol. 66, 2013, pp. 35-40.

[4] 郑逸哲：《刑法进阶》，作者自版2006年版，第99页。

[5] 刘艳红：《公共空间运用大规模监控的法理逻辑及限度——基于个人信息有序共享之视角》，载《法学论坛》2020年第2期。

[6] 丁晓东：《个人信息的双重属性与行为主义规制》，载《法学家》2020年第1期。

即使承认公法益,也是个人法益的附带、反射法益,国家的存在就是让人们更好地享受自己的自由。政策之法如与原则之法相冲突,前者必须服从后者,因为原则之法涉及的是人类层面的普遍道德问题,而政策之法涉及经济发展和集体福利等功利问题。[1]

其二,刑法中超个人法益论个人信息的公共属性与民法中个人信息的公共属性不同。民法强调在个人信息利用维度下个人信息具有公共属性,这在刑法中是利益衡量下的出罪事由,而非入罪事由。超个人法益论的逻辑则是,个人信息属于社会,侵犯个人信息是侵犯社会法益。其依然将个人信息作为私权客体保护,在超个人法益论中,公共属性是由个人信息权集合而成的。但民法中主张个人信息公共属性的逻辑是个人信息属于社会,目的在于放宽个人信息的大数据利用,增加数据的公共效益,着眼于主体间关系,公共属性是个人信息基于其性质、机能所固有的。

其三,个人信息权——言论自由、大数据利益与知识产权——知识产权管理秩序的法益结构不同。个人信息作为知识而非物质更类似于知识产权。但不同于侵犯著作权罪中侵犯著作权行为必然同时侵犯著作权管理秩序的连带性,反之,保护著作权也是保护著作权管理秩序。但本罪中,信息主体的前置法法益个人信息权受到对言论自由、社会应用的退让义务。此时,"他人或社会使用个人信息的正当与否不应当由个人决定,而应当由社会决定,由法律决定"[2]。问题归结于个人信息上的合理使用法益是否值得刑法保护。但类比知识产权犯罪,其法益决不包含"社会合理使用"带来的法益。个人信息的合理使用应当被解释进"违反国家有关规定"中,即"公民个人信息的保护与大数据发展和信息社会的建设并不矛盾,二者之间的平衡点就在现行法律框架"[3]。而且,刑法中也有相应的独立保护言论自由等利益的其他罪名。

其四,大数据时代下个人面对企业、政府等信息收集主体普遍、更加弱势。大数据时代下个人信息泄露、滥用的风险加剧而普通个人根本无力对抗的观点是国内外学术界的共识。近年来,我国司法实践中发生的关于普通公

---

[1] 参见劳东燕:《刑事政策与功能主义的刑法体系》,载《中国法学》2020年第1期。
[2] 高富平:《个人信息保护:从个人控制到社会控制》,载《法学研究》2018年第3期。
[3] 喻海松:《网络犯罪二十讲》,法律出版社2018年版,第210页。

民个人信息的案件中,如微梦(新浪微博)公司诉淘友(脉脉软件)公司不正当竞争案、大众点评公司诉百度公司不正当竞争案等案件,诉讼中指向的都是普通用户的个人信息,但此类案件中个人信息主体反而并未作为权利主体出现,信息收集主体相对普通公民处于绝对强势地位。此外,关于如何监督、规制信息收集的另一大主体——公权力机关的意见更少见到。在这样的现实下,如果还是一味保护信息收集主体的利益而忽视信息主体的个体法益,恐怕并不公平。综上,从形而上的个人与社会的关系,到刑法内部的当前超个人法益论者所持的个人信息的公共属性与民法中个人信息的公共属性不同、个人信息权-言论自由、大数据利益与知识产权-知识产权管理秩序法益结构不同,再到当前个人面对大数据权力的无力现实,本书主张《刑法》第253条之一侵犯公民个人信息罪的保护法益是个人法益。

(二)场景公正理论对本罪法益配置的启示

确认本罪法益是个人法益后,其具体是何种个人法益呢?首先,对公民个人信息的保护不能归入既有法益类型。刑法对其他个人信息的保护——信用卡个人信息、商业秘密、知识产权、计算机信息系统数据等均与个人信息的复杂、多元属性差异较大。个人信息上兼有人格性利益、财产性利益、安全性利益、便利性利益、公共政策目的等多元不同属性的法益,无法被划入单一的保护模式。

其次,个人信息权的具体权能上,《个人信息保护法(草案)》第四章"个人在个人信息处理活动中的权利"规定了信息决定、信息保密、信息查询、信息更正、信息封锁、信息删除、信息可携、被遗忘八项权益。其中信息决定、查询、更正、删除、可携属于积极权能,信息保密、封锁、被遗忘属于消极权能。刘艳红教授认为本罪法益是个人信息自决权,另外七项权利"建立在个人信息决定权亦即自决权的基础之上"[1]。但从其他权利可由自决权推导得出这一角度来说,信息自决权与个人信息权可能并无显著差异。而且,个人信息查询、更正、删除、可携等积极权能,信息保密、封锁、被遗忘等消极权能也理应受到刑法保护。信息自决权说需要面对的真正问题是

---

[1] 刘艳红:《民法编纂背景下侵犯公民个人信息罪的保护法益:信息自决权——以刑民一体化及〈民法总则〉第111条为视角》,载《浙江工商大学学报》2019年第6期。

在普通个人根本无力反抗大数据权力的当下，前置法律框架下采用的"知情同意"原则是否真正可行。如果对这一问题的回答是否定的，信息自决权的法益论证基础或许将不复存在。

本专题认为，本罪法益是个人信息权，其是传统法益的前置化法益。进入信息时代，大数据应用使"危险不再是隐私的泄露，而是被预知的可能性"[1]。因为个人信息被侵犯而导致侵犯传统法益的危险被放大，而使本罪具有入罪的正当性。换言之，个人信息权不是抽象、独立、先天的法益，其"应被视为其它基本权利的一项附属权利，数据处理只有在具体损害自由或构成损害自由的特别危险时，才应与基本权利相结合"[2]。具体到本罪的行为过程，应将个人信息与传统法益联系起来，只有侵犯公民个人信息行为对生命、自由、身体、财产、名誉等传统法益产生抽象危险时，才是本罪的着手。

结合场景公正理论理解本罪法益，应根据个人信息在具体情境中对信息主体传统法益的危险程度在信息类型、信息主体与传播路径三个变量下，分别配置不同的权能。比如，就信息类型来说，大致上个人敏感信息应配置全面的积极权能+消极权能，非敏感信息仅需配置消极权能，具体的情境还可以做更细致的配置。例如，网站公布了信息主体的敏感信息，如个人生物识别信息的情境中，信息主体享有删除权，要求网站删除而未删除的行为等价于网站"非法获取"公民个人信息。但一些具体情境下，网站公布信息主体的非敏感信息，信息主体不享有删除权。需要注意的是，具体权能的法益配置应在具体场景下综合判断，一定情境下的非敏感信息完全有可能转变为敏感信息而受到全面保护。再如，就信息主体来说，特殊主体需要特别被保护。相反，有的特殊主体受保护的程度可能较普通公民更低，例如明星、政府官员等，对于以挖取娱乐明星的个人信息为业的狗仔队，应严格入罪。

（三）个人法益论与场景化理论下本罪的构成要件解释

1. "情节严重"的解释方向

2017年施行的《公民个人信息解释》中"情节严重"采用四方面评价，

---

[1] [英]维克托·迈尔-舍恩伯格、肯尼思·库克耶：《大数据时代》，盛杨燕、周涛译，浙江人民出版社2013年版，第22页。

[2] [德] Winfried Veil：《GDPR：皇帝的新衣——论新旧数据保护法的结构性缺陷》，朱家豪编译，载 https://mp.weixin.qq.com/s/pLH6C4_ElzN4L4cpmDKjag，最后访问日期：2020年3月23日。

分别是：类型+数量（50条、500条、5000条）、违法所得数额（5000元）、与他人犯罪关系（行踪轨迹信息被用于犯罪、明知他人犯罪为其提供个人信息）、前科（曾因侵犯公民个人信息受过刑事处罚或者二年内受过行政处罚的）。结合场景公正理论与个人法益论，上述情节要素不应抽象理解，而应放在具体情境中解释。

其一，个人信息的不同类型、不同数量是表征行为对公民传统法益危险程度的不同。一般情形下，按对公民传统法益威胁的严重程度，行踪轨迹信息、通信内容、征信信息、财产信息>住宿信息、通信记录、健康生理信息、交易信息>其他信息。但在场景公正理论下，这只是考虑了信息类型一个要素，还应在具体情境下考虑信息主体与传播原则要素，进行综合判断，并且允许具体情境下的反证。此外，关于个人信息数量的认定，由于信息价值依赖于处理主体，信息数量应由行为人的需要来认定。

其二，违法所得数额不影响法益侵害。个人法益论下，被告人违法所得数额不表征法益侵害程度，不能排除侵犯公民个人信息类型严重、数量众多而违法所得数额少的情形。而且实践中由于个人信息数量众多难以查清真伪并进行剔除，往往会使用违法所得数额这一情节入罪，这存在较大的人权保障风险。违法所得数额不应成为入罪的决定性因素。事实上，早在20世纪我国学者就提出"刑法思维的基点是犯罪行为对社会的危害，而不是行为人从犯罪行为中获得的利益。"[1]

其三，前科维度不影响法益侵害。情节要素中应区分责任情节与预防情节，预防刑是确定责任刑的点之下才需要考虑的影响特殊预防必要性大小的情节要素。"曾因侵犯公民个人信息受过刑事处罚或者二年内受过行政处罚"是预防情节而非责任情节，将其纳入作为构成要件的"情节严重"明显是将不法与量刑责任混同，本不应在定罪阶段被考虑。只有当行为符合构成要件该当性、违法性与有责性而构成犯罪后，才应在量刑阶段考虑量刑的责任。

---

[1] 储槐植、梁根林：《贪污罪论要——兼论〈刑法〉第394条之适用》，载《中国法学》1998年第4期。

2. 疑难案件的正确处理

侵犯公民在网络上公开的信息可以适用场景公正理论出罪。关于侵犯公民网络上公开的个人信息，司法实践中一般认为其该当本罪公民个人信息，因而一般采入罪的观点。例如，裁判文书中的经典表述："互联网上出现的公民个人信息，无论是被动公开，还是主动公开，同样受法律保护。"〔1〕"个人信息依法受法律保护，即便公民个人自愿公示于众，他人也不得擅自出售、出租"〔2〕。但是，2020年《信息安全技术 个人信息安全规范》中9.5项规定的"共享、转让、公开披露个人信息时事先征得授权同意的例外"中第（f）项规定："个人信息主体自行向社会公众公开的个人信息"。实践中也有可以被视为适用场景公正理论出罪的案例："本案中常州企业负责人信息包含企业名称、经营范围及负责人姓名、电话、手机号码，上述信息由企业出于经营需要，自行在互联网进行了公布，而并非他人泄露，故不存在不希望为一般人知晓的情形，且公诉机关亦未提供证据证明上述信息系企业负责人本人不愿公开的信息。常州企业负责人的信息不属于公民个人信息"〔3〕。本案中，法院对网络公开信息并未一刀切地认定为该当本罪公民个人信息，而是在信息主体、信息类型、传播原则方面结合具体情境做具体理解。信息主体是企业负责人，信息类型是经营所需信息，传播原则是信息主体自愿披露。综合判断下，得出其行为不具有对被害人传统法益的危险进而出罪。这一判决体现的思路正是场景公正理论下网络公开信息的出罪路径。

"私家侦探"类案件应当考虑行为人是否有权利知晓被害人的个人信息，对其进行类型化分析，不宜一概入罪。我国司法实践中有不少行为人指派私家侦探跟踪调查配偶、债权人等而构成侵犯公民个人信息罪的案件。本专题认为，在"私家侦探"类案件中，虽然私家侦探采取跟踪、拍摄等方法获取了达到入罪数量的公民个人信息，但考虑到雇佣私家侦探进行侦探行为的人往往是被害人的配偶、债权人等相关权利主体，所获取的信息类型主要是行踪轨迹、见面对象等对被害人传统法益无特别危险的个人信息，实践中应当

---

〔1〕 上海市第一中级人民法院（2018）沪01刑终1184号刑事裁定书。
〔2〕 河南省夏邑县人民法院（2018）豫1426刑初324号刑事判决书。
〔3〕 江苏省无锡市锡山区人民法院（2015）锡法刑初字第00179号刑事判决书。

综合考虑，此类案件有出罪余地。细言之，应当考虑在特定情境中行为人是否有权利知晓相应信息、个人信息被散播的可能性等而作具体判断，不应一概作入罪处理。

关于罪数问题，侵犯公民个人信息罪与下游犯罪不宜一概以包括的一罪论。可以预见的是，侵犯公民个人信息行为作为下游犯罪的预备行为，往往会被作为吸收犯（附随犯）或牵连犯，放在包括的一罪中理解。例如，甲强制乙跟着甲走，即甲非法拘禁乙的场合，如果达到侵犯公民个人信息罪的入罪数量，甲自然同时构成侵犯公民个人信息罪，这种情形往往会被作为包括的一罪理解产生了一些问题。但是，置于包括的一罪中理解，其中，牵连犯背后的问题是如何理解"常态性关联"，而且停留在经验层面的论证无法证成有"常态性关联"就应当以一罪处罚。例如，受贿行为与下游犯罪行为具有常态性、类型性关联，但是也应数罪并罚，"国家工作人员在受贿以后，挪用公款给他人使用，该为他人谋利益的行为同时构成挪用公款罪"[1]。而且，《刑法》设立第253条之一侵犯公民个人信息罪恰恰说明个人信息权作为独立法益的重要性。因此，包括的一罪中对牵连犯的正确理解应当是回到罪数论的目的——对犯罪行为充分而不重复的评价。只有当一个罪名足以评价两个行为不法时，才是牵连犯。

总之，在当前学界对侵犯公民个人信息罪法益的讨论中，个人法益论忽视个人信息的公共属性，超个人法益论疏漏个人信息的个体属性，问题归结于对个人信息的双重属性尤其是公共属性的理解。由个人信息的公共属性引申出的超个人法益不是由个体的个人信息权集合而成的秩序、安全、信赖或信息收集主体的信息专有权，而是限制个人信息权的信息利用利益，其并非本罪法益。本罪法益是个人法益的个人信息权，是大数据时代为预防风险将传统法益前置保护的法益。个人信息权具有多种权能，具体权能的法益配置应采用场景公正理论，在特定情境下完整考虑信息主体、信息类型和传播原则三个变量并综合判断。在以采取信息类型为中心的立法背景下，应允许不同具体情境中的法益反证。在宏观上，场景工作理论也能够求得信息安全与

---

[1] 陈兴良：《贪污贿赂犯罪司法解释：刑法教义学的阐释》，载《法学》2016年第5期。

信息利用之间的平衡，其将倾向于信息主体的通知同意标准弱化为独立判断的合理使用标准，为信息利用留下足够空间。但即使承认场景化的合理性，也不应广泛承认刑法中本罪的法益是公法益。大数据时代，个人更加弱势，刑法更应保护个人信息对抗大数据滥用的权益。

财产刑论：没收财产刑的由来、发展与归宿

没收财产刑并非当代中国所独具，而是有一个产生、发展、完善的过程，考察这些发展的过程，并非企求从故纸堆中发现真理，而是要从中总结出没收财产刑发展的一些基本规律，以指导未来对没收财产刑改革的进一步思考。

一、没收财产刑的由来

（一）中国古代没收财产刑之源起

没收财产在中国古代叫"籍没"、"籍"或者"没官"等，至于没收财产刑产生的时间没有定论。据笔者推测，没收财产刑的产生大约是在东周时期，这一时期奴隶制逐渐衰落并解体，封建制逐渐形成，没收财产刑此时已经具备了一定的社会基础，而没收财产刑在法律中有明文记载是出现在魏国时期李悝制定的《法经》。

没收财产刑的产生晚于罚金刑，它是在私有制发展的基础上，随着社会物质条件的丰富产生的。没收财产刑究竟源起于何时，学界没有一致的看法。有学者认为，"没收财产的刑罚在我国古代叫籍没，亦称籍刑、没官等。一般认为起源于奴隶制时期的周朝。"[1]有学者认为，"我国古代最早出现的没收财产是刚进入封建时代的战国时期。"[2]还有学者认为，"没收财产刑源起于何时，难以准确定论。从现有资料来看，一般地说，在中外奴隶制时期尚无

---

[1] 樊凤林主编：《刑罚通论》，中国政法大学出版社1994年版，第232页。
[2] 吴宗宪等：《非监禁刑研究》，中国人民公安大学出版社2003年版，第510页。

此刑。"[1]主要理由是，在奴隶制时期，犯罪人主要是奴隶，这些奴隶的人身隶属于奴隶主，本无自己的财产，因此，没收财产刑根本没有适用的空间。到了封建制时期，由于农民多少拥有了自己的生产资料，没收财产刑作为一种刑罚措施才有得以实施的可能。但也有学者提出，在奴隶制社会，由于商品经济的产生和发展，已存在较为发达的商品交换，随着财产私有制的确立，财产刑作为一种刑罚制度在一定范围内有所适用。例如，夏朝有"罚金"和"罪疑从罚"的赎刑（《路史后纪》），周朝以前，虽有"货罚"，但还不是普遍适用的刑罚制度，直到周穆王修定《吕刑》，"货罚"得到广泛适用，遂成后世"征赃"、"赎罪"和"罚金"等剥夺犯罪人财物的财产刑的起源。[2]《尚书·吕刑》记载："狱货非宝，惟府辜功，报以庶尤。永畏惟罚，非天不中，惟人在命。天罚不极，庶民罔有令政在于天下。"意思是说犯人的财物，并不珍贵，要破坏罪犯因犯罪所得的利益，货罚超过犯罪所得利益时，犯人将永远害怕货罚。并非以前不用货罚处罚犯罪，而是货罚不适用统治阶级，在以前的简册中，并无处庶人以货罚的明文。由此可见：广泛运用货罚惩罚犯罪，创始于周穆王。[3]当时的货罚指的是用征赃、赎罪、罚金等征收财物的办法惩罚犯罪。也有学者认为，"我国奴隶制周穆王时期创造的货罚，可以说是没收财产刑制度的起源。"[4]

西周是中国奴隶制社会的鼎盛时期，周武王灭商后，建立了以血缘关系为基础的分封制，农业、手工业、畜牧业以及商品经济在这一时期有了一定发展，商业空前发达，有了专门从事贸易活动的商人。不仅如此，西周时期的奴隶随着生产的发展和分封制的需要，地位有所提高，在满足奴隶主剥削的前提下，可以拥有一定的生产资料，奴隶不再是一无所有的奴隶。在这种背景下，不无适用财产刑的可能。《周礼·秋官司寇》中有记载，"掌受士之金罚、货罚，入于司兵。"有学者考证认为，"金罚"并非现代的罚金刑，而

---

[1] 邱兴隆、许章润：《刑罚学》，中国政法大学出版社1999年版，第217页。
[2] 参见周密、王新建：《从刑法发展史上论商品经济与财产刑的关系》，载《政法论坛》1991年第6期。
[3] 参见蔡枢衡：《中国刑法史》，中国法制出版社2005年版，第78页。
[4] 高铭暄主编：《刑法学原理》（第三卷），中国人民大学出版社2005年版，第167页。

只是赎刑。[1]但没有对"货罚"的含义作进一步考证。从现有材料看来,"货罚"是没收财产刑的雏形仅是一种推测,但确实可以从"货罚"中隐约可见没收财产刑的原始形态,当时的"货罚"含义颇丰,既包括赎刑、罚金,也将对犯罪所得的没收杂糅到一块,至于是否还包含了我们现代意义上的一般没收,不能得出确切的结论,但可以肯定的是,即使有,也是在一种模糊、混沌状态中而远未作为一种刑罚方法发挥多大作用。

一般认为,没收财产在法律中有明文规定,是出现在战国时魏国的《法经》,战国时期魏国文候拜李悝为相,李悝于公元前407年制定《法经》。《法经》共六篇,早已失传,但从其他典籍中可见部分内容。没收财产在《法经》中称之为"籍","籍"为没收的意思。适用"籍"的犯罪有三种。第一种,"杀人者诛,籍家及其妻氏";第二种,"盗符者诛,籍其家";第三种,"议国法令者诛,籍其家氏及其妻氏"。可见,没收财产在当时是作为重大犯罪的附加刑使用的,除了抄家外,犯罪人甚至犯罪人的亲属也要被罚奴隶。[2]

可以看到,没收财产刑最初并不是独立的没收"财产",而是与连坐制度紧密联系在一起的。"籍",不仅是没收财产,还包括将犯罪人的妻、子以及其他家人、奴仆等收为官府奴隶。这一内容几乎贯穿了封建时期没收财产刑立法的始终。

(二) 中国古代没收财产刑之记载

此后,没收财产刑在历朝历代的刑律中几乎都有所规定。

秦朝的法律中没收财产刑被称为"籍没",也称为"收""收录",被处籍没的犯罪人,不仅要没收其财产,犯罪人或其家属也没为官奴婢。秦朝的法律在封建王朝中以残酷严苛而著称,但相比奴隶制社会的刑罚,还是有巨大的进步。秦律的刑种繁多,据不完全统计有80余种,以死刑和劳役刑为主,肉刑为辅。财产刑在刑罚体系中不占重要地位,实际使用的财产刑有9种,籍没为其中之一。秦律中《史记·秦始皇本纪》载始皇十三年诏:"自今以来,操国事不道如嫪毐、不韦者籍其门"。《索隐》记载:"谓籍没其一门皆为徒隶"。秦朝的没收财产,主要是作为严重犯罪的附加刑,以彰显刑罚的

---

[1] 参见张晋藩等:《中国刑法史新论》,人民法院出版社1992年版,第520页。
[2] 参见马登民、徐安住:《财产刑研究》,中国检察出版社2004年版,第78页。

严厉性,并且为了发展农业,达到重农抑商的政治目的,在某些情况下对于一些轻微犯罪也可独立适用没收财产。

汉律中的没收财产刑称为"没官"。汉律还出现了特别没收,这是没收财产刑发展史上的一个突出变化。汉律规定,伤杀人所用兵器,没入县官;骑乘车马,行驰道中,已论者,没入车马。[1]此后,虽然在三国时期的法律中未有没收财产刑的明文记载,但在南北朝时期的《北齐律》《梁律》中均有没官的规定。《北齐律》中规定,"受纳货贿……悉以没官。"《梁律》中规定,"犯谋反、降、叛、大逆已上皆斩。……妻、子女、妾,同补奚官为奴婢,赀财没官。"

隋律在吸收前朝法律的基础上,对没收财产刑的称谓不再单一,称之为"没官"、"籍没"或"没"。隋律是以笞、杖、流、徒、死为主体的五刑格局,没收财产刑虽然不在五刑之列,但由于可以作为任何主刑的附加刑,因而得到了广泛的适用。据史料《隋志》记载,"唯大逆谋反叛者,父子兄弟皆斩,家口没官。"《隋书·文帝纪》记载,"十二月戊子,敕盗边粮一升已上皆斩,并籍没其家。"

唐律是将没官刑规定得较为细致的刑律。根据没收的对象不同,唐律中的没官,被细分为一般财产的没官和特定财产的没官。唐朝在充分吸收历代立法经验的基础上,制定的唐律为我国封建社会最为完备、最为发达的刑律,而唐律中规定的一般财产的没官和特定财产的没官已具备现代刑法中一般没收与特别没收的含义。可见,将没收分为一般没收和特别没收这种分类模式在唐代已经初现模型。一般没收,即一般财产的没官,在唐律中也称为薄敛之物没官,即将谋反、谋大逆正犯的所有财产予以没官。其是作为谋反、谋大逆的附加刑而适用的。《唐律疏议·盗贼》中规定:"诸谋反及大逆者,皆斩。父子年十六以上皆绞,十五以下及母女、妻妾、祖孙、兄弟、姊妹若部曲、资财、田宅并没官。"特定财产的没官,指的是彼此俱罪之赃及犯禁物的没官。彼此俱罪就是现代意义上的必要共犯,无论授财方还是受财方都构成犯罪,其赃物即以没官。犯禁物是指兵器、禁书、室印之类,对犯禁物亦予

---

[1] 参见马登民、徐安住:《财产刑研究》,中国检察出版社2004年版,第79页。

以没官。另外，唐律中还对盗赃的没官有特别规定。例如，根据唐律的规定，盗人所盗物的倍赃，亦予没官。也就是说，在一般情况下，盗赃是应按盗一尺赔二尺的标准，追赃还主。但是，在特殊情况下，是倍赃没官。例如，甲盗窃乙的财物，丙又从甲手中将乙的财物盗走，案发后，甲、丙被捕，甲应倍赃还乙，丙应倍赃还甲，但在该种情况下，财物所有人乙从甲处已得倍赃，不应再得丙的倍赃，否则有不当得利之嫌，因他人犯罪而获收益。甲本是盗，对财物没有所有权，亦不应得丙的倍赃，所以，这时丙的倍赃应没官。[1]

宋朝是以特别刑法的方式在五刑之外增加了没收财产刑，并且是"重典治盗贼"刑事政策的产物。在内容上，宋朝基本沿袭《唐律疏议》，没官之刑没有大的变化。关于没收财产的明文规定并未现于《宋刑统》中，而是出现在宋神宗熙宁四年（1071年）制定的《盗贼重法》中。据《宋史·刑法志》载："凡劫盗罪当死者，籍其家赀以赏告人，妻子编置千里；遇赦若灾伤减等者，配远恶地。罪当徒、流者，配岭表；流罪会降者，配三千里，籍其家赀之半为赏，妻子递降等有差。应编配者，虽会赦，不移不释。凡囊橐之家，劫盗死罪，情重者斩，余皆配远恶地，籍其家赀之半为赏。盗罪当徒、流者，配五百里，籍其家赀三之一为赏。"[2]北宋中期，"盗贼"四起，社会治安混乱，宋仁宗于常法之外首立《窝藏重法》，严惩贼盗犯罪的窝藏之家，以达到清除贼盗犯罪的社会基础的目的。宋英宗继位后继承了以重法治盗贼的思想，又另外制定了重法，既强调法律的追溯力，又株连犯人家属和籍没其家产。宋神宗熙宁四年（1071年）颁行《盗贼重法》，又称《重法地法》，进一步扩大重法的适用，使得此非常之刑实际上基本替代了《宋刑统》中的"贼盗律"。

值得一提的是，在与北宋同时代的辽国，刑法中的"籍没"是作为正式刑名确立下来的。这是在中国古代刑罚史上唯一一次将没收财产刑与其他刑种相提并论，同等规定的法律。据《辽史·刑法志》记载："然其制刑之凡有四：曰死，曰流，曰徒，曰杖。死刑有绞、斩、凌迟之属，又有籍没之法。"

元朝法律不仅将没收财产刑适用于危害社稷之重罪，而且也将其广泛运

---

[1] 参见陈兴良主编：《刑种通论》，中国人民大学出版社2007年版，第303-304页。
[2] 节选自《宋史·志第一百五十二·刑法一》。

用于对经济犯罪的惩罚中。元朝以后，随着商品经济的缓慢发展，经济领域的犯罪逐渐增多，因此对这一领域犯罪的立法频繁，惩罚力度加大，没收财产刑的适用也得到推广。例如元朝的盐法规定，凡贩卖私盐者，杖七十，徒二年，财产一半没官，并于没物内一半付告人充赏。茶法规定，凡贩卖私茶者，杖七十，茶一半没官，一半付告人充赏。铁法规定，凡私贩铁者，比照私贩盐者减一等，杖六十，铁没官，其中一半折价付告人充赏。不仅如此，元律对诸如私贩丝绸、金银铜钱、粮食、武器等均规定了没收财产的处罚措施。

在明朝法律中没收财产刑有广泛的适用，被称为"入官"或者"籍没"。明朝处于封建社会后期，腐朽的封建统治阶级和农民的斗争激烈，朱元璋基于"重典"治国、"刑乱国用重典"的思想，在参照《唐律疏议》的基础上，制定了《大明律》。《大明律》与《唐律疏议》相比，有所加重，是封建时代一部具有代表性的重刑法典。在这部重刑法典中，没收财产刑规定广泛。例如《明律·贼盗》中规定："凡谋反及大逆，但共谋者，不分首从，皆凌迟处死。祖父、父、子、孙、兄弟及同居之人，不分异姓，及伯叔父、兄弟之子，不限籍之同异，年十六以上，不论笃疾、废疾，皆斩。其十五以下及母女、妻妾、姊妹、若子之妻妾，给付功臣之家为奴。财产入官。"《明律·户律》中规定："凡客商匿税不纳课程者，笞五十。物货、酒醋一半入官，于入官物内以十分为率，三分付告人充赏。"；"凡泛海客商舶船到岸，即将物货尽实赴官呈报，若停塌沿港土商、牙行及铺户之家，不即报官者，杖一百，虽已报官而不尽实者，罪亦如之。物货并入官。"《大明律·吏律》中规定"凡奸邪进谗言左使杀人者，斩。若犯罪该处死，其大臣小官巧言谏免、暗邀人心者，亦斩。若在朝官员交结朋党，紊乱朝政者，皆斩，妻子为奴，财产入官。"[1]；"凡诸衙门官吏及士庶人等，若有上言宰执大臣美政才德者，即是奸党。务要鞫问，穷究来历明白，犯人处斩，妻子为奴，财产入官。"[2]在制定明律的同时，朱元璋于洪武十八年（1385年）还亲自指导编纂了一部严刑惩治吏民的特别刑法——《明大诰》。《明大诰》中对于没收财产刑也有所规定，例如"将自己田地移丘换段、诡寄他人及洒派等项，事发到官，全家抄没。"并且，

---

[1] 节选自《大明律·吏律·奸党》。
[2] 节选自《大明律·吏律·上言大臣德政》。

明朝随着农业、手工业和商品货币关系发展的需要,加强了经济方面立法。专门制定了"钞法",对"盐法""茶法"做了进一步详细的规定,增定了《市廛》《田宅》《钱债》《邮驿》《营造》等法律条款,其中也不乏没收财产刑的规定,例如明律规定,"贩卖私盐、私茶者,杖一百,徒三年财产没官。"对"占田过限""欺隐田粮"者的惩治是"其田入官,所隐税粮,依数征纳"。

清朝入关后第一部成文法典《大清律集解附例》,后于乾隆五年(1740),更名为《大清律例》,是中国封建社会最后一部法典。《大清律例》从体例结构到内容上基本因袭了《大明律》,没收财产刑仍然不仅作为谋反、谋叛、谋大逆等重罪的附加刑适用,对于经济领域犯罪的适用也非常广泛,与明律相比变化不大。

综上所述,没收财产刑在中国萌芽于西周、成型于东周、完善于唐代。在封建时期,没收财产刑的主要特点为如下三个方面:(1)没收财产刑与连坐紧密联系。犯罪人一人犯罪,不仅被"抄家",而且全家都被籍为官奴。家长犯罪,家人都被视为财产被籍没,连坐之意,极为明显。(2)没收财产刑最初主要适用于政治犯罪,尤其是谋反、谋叛、谋逆、谋大逆等犯罪。所以,没收财产刑最初的锋芒指向的还不是一般的平民百姓,而主要是达官显贵,皇帝以"籍没全家"来威慑任何试图谋反的政治官员和军事官僚。后来,随小自然经济、商品经济的逐渐发展,没收财产刑才逐渐适用于一些贪利性犯罪。(3)尽管没收财产刑在中国古代出现很早,但中国古代的刑罚体系在报复主义、威吓主义的刑罚思想指导下,是以死刑、肉刑为中心的,没收财产刑作为财产刑之一处于辅助的、次要的地位。并且,在奴隶社会和封建社会,商品经济虽然不断发展,但速度极为缓慢、力量非常微弱,与自然经济无法抗衡。受此影响,有关财产刑的法律规定实际上比较零散,随着历朝历代的改革,尽管适用有所增多,但是适用范围仍十分有限。

二、没收财产刑的发展

(一) 中国近代的没收财产刑

1. 清末变法时期的没收财产刑

随着鸦片战争的爆发,资本主义列强入侵后,在把中国变为半殖民地半封建社会的同时，封建主义在制度和观念上都受到极大冲击。这种政治局面和社会经济的变革使得清政府为了维护自己的统治，开始积极著法修律，于1911年颁布了《大清新刑律》。《大清新刑律》是中国历史上第一部近代刑法典。在沈家本的主持下，由日本法学家冈田朝太郎等人帮助起草，这部刑律仿效吸收了欧洲各国和日本的刑法，采用资本主义的刑法体例和刑罚制度。在刑法体例方面，分总则、分则两编。在刑罚制度方面分主刑、从刑两种，主刑包括死刑、无期徒刑、有期徒刑、拘役、罚金；从刑包括褫夺公权和没收。该法典在中国刑法发展史上，第一次将财产刑（罚金）与生命刑、自由刑一起并列为主刑。而作为从刑的没收，与中国传统法典中的"籍没""没官"在内容和含义上也有所不同。没收之物仅包括：违禁私造、私有之物；供犯罪所用及预备之物；因犯罪所得之物。同时规定，没收之物，以犯人以外无有权利者为限。显然，主要以日、德刑法为蓝本的《大清新刑律》中的没收已全然不是惩罚意义上的没收财产刑，而属于现代意义上的特别没收，尽管它以"刑罚"之名，列为从刑之一，却具有保安处分的性质。清政府倒台后，北洋军阀、国民党统治时期的法律基本沿袭了《大清新刑律》的内容，没有大的变化，仍然只规定了"没收"即特别没收。1935年《中华民国刑法》对没收规定的更为完备，但仍限于特别没收，其中规定：违禁物"不问属于犯人与否，没收之。"供犯罪所用或供犯罪预备之物，"以属于犯人者为限，得没收之"；"免除其刑者，乃得专科没收"；"没收于裁判时并宣告之，但违禁物得单独宣告之。"值得注意的是，虽然《中华民国刑法》沿袭《大清新刑律》未规定一般没收，但在国民党统治时期的特别刑法中仍有没收财产之规定。《戡乱时期检肃匪谍条例》中规定的"匪谍之财产得依惩治叛乱条例没收之"；《修正惩治汉奸条例》中对通谋敌国者等"没收其全部财产，但应酌留家属必需之生活费"，等等。

2. 新民主主义革命时期的没收财产刑

中国共产党由于深受苏俄立法的影响，在其领导下的苏维埃政权在自己创制的刑事法律中始终留有没收财产刑的规定。在第一次国内革命战争时期，中国共产党就把没收地主的土地分配给农民作为主要的政治主张和革命手段，农民运动中制定的惩治土豪劣绅的条例中，多有没收财产的规定，例如《湖北省惩治土豪劣绅暂行条例》中将没收财产作为附加刑，根据土豪劣绅的罪行轻重，除判处主刑外，分别没收其财产的全部或一部分。

第二次国内革命战争时期，随着红色政权的建立和扩大，各根据地制定的刑事法律中基本上都规定有没收财产这种刑罚方法。如 1933 年签发的《关于惩治贪污浪费行为》的第 26 号训令中规定，对贪污者没收其本人家产之全部或一部，并追回其贪没之公款。1934 年《中华苏维埃共和国人民委员会训令》(中字第三号)中规定，对从事反革命活动的地主、商人和资本家的财产应全部没收。1934 年颁布的《中华苏维埃共和国惩治反革命条例》第 39 条也规定：凡犯本条例各罪之一者，除按照该条文规定科刑外，得没收其本人财产的全部或一部。

抗日战争时期，民族矛盾加剧，国内形势发生变化，人民政权将斗争的主要矛头指向汉奸和反革命分子，没收财产刑的适用对象也由地主转为汉奸分子。如 1939 年《陕甘宁边区抗战时期惩治汉奸条例》规定，犯汉奸罪，判处有期徒刑或死刑，并处没收全部财产或处罚金。1940 年《晋西北没收汉奸财产单行条例》规定，没收汉奸财产，包括动产和不动产，"惟随身日用品，不在没收之列。" 1943 年《晋冀鲁豫边区汉奸财产没收处理暂行办法》中规定：凡经司法机关判处死刑及没收财产之汉奸犯，其财产处理办法规定如下：(1) 汉奸全家附逆或其本人无家属者，其全部财产没收；(2) 汉奸本人尚有父母未行继承者，没收其本人全部自置财产；(3) 汉奸已行继承者，没收其财产大部，酌情留一部与其无辜配偶或子女；(4) 汉奸与其兄妹等同财伙居者，按股均分，没收其应得部分；(5) 汉奸所持之债权，如系贫苦人民，本息停付，契约作废。如系富有者，应由政府代行债权，向债务人追还。另外，在《山东省处理汉奸财产条例》《陕甘宁边区破坏金融法令惩罚条例》《陕甘宁边区禁烟禁毒条例》《陕甘宁边区抗战时期惩治盗匪条例》等解放区颁布的刑事法令中，都有没收财产刑的规定。抗战胜利后，国内形势再次发生变化，国内主要矛盾由民族矛盾转为阶级矛盾，中国共产党再次将革命的重心转为土地问题，1946 年中共中央发布的《关于清算减租及土地问题的指示》后，大规模地没收地主土地的运动又开始了。与此同时，解放区制定的刑事法律中关于没收财产的内容有所发展，规定的更为细致。例如，1946 年《辽西区行政公署关于没收财产问题之决定》中规定，没收财产包括不动产（土地及其定着物为不动产）和动产（不动产以外之物）。没收的范围，以被告人本人应继份或其自置财产为限。家属共同财产或其他共有人应得份，不得没收。被告配偶因婚姻或继承所得之财物，无论动产或不动产，不得没收，但其配偶参与犯罪，为共同正犯或为从犯时，不在此限。科以没收之处分者，非经裁判确立后，不得执行没收。没收之执行机关，属于县级以上政府或法院。没收财产中，原有契约、借贷、典押等，执行机关应负责清理之，不得侵害第三人的权利。没收之财物，一律缴归国库，不经批准擅自留用者，以盗取公物及侵占公物论处。对于没收财产之权利有异议时，应在一定期间内发布公告，促使关系人声报权利。如有声报者，应待调查后处理之，如限期过后无人声报者，即得执行没收。[1]该规定不仅就没收的对象、范围，还对没收与家属、继承的关系、没收的执行机关、没收财产的民事债务问题和没收财物的管理执行都做了较为详细的规定，是中国近代关于没收财产表述的最为完备的规定。

（二）中国现代的没收财产刑

1. 1979年刑法规定的没收财产刑

新中国成立后，中国选择走社会主义道路，在废除了国民政府"六法全书"的基础上，只能借鉴苏联法律。在借鉴苏联立法经验和参照解放区立法的基础上制定法律。苏联刑法和革命战争时期根据地法令中一直都有没收财产刑，并且没收财产刑在我国法律规定中也被保留下来，其运用也得到重视。如1951年的《中华人民共和国惩治反革命条例》第17条规定："犯本条例之罪者，得剥夺其政治权利，并得没收其财产之全部或一部。"1952年《中华人民共和国惩治贪污条例》第3条第4款规定："犯贪污罪……，其罪行特别严重者，并得没收其财产之一部或全部。"新中国成立后数次刑法草案中均将没收财产作为附加刑加以规定。例如1950年7月25日中央法制委员会拟定的《中华人民共和国刑法大纲（草案）》规定的刑罚有11种，其中包括没收，没收的范围是：构成犯罪之物；因犯罪所得之物或利益；供犯罪所用之物；

---

[1] 参见马登民、徐安住：《财产刑研究》，中国检察出版社2004年版，第83页。

不属前三种的犯人所有的财产全部或一部。1979年7月1日，新中国颁布了第一部刑法典，该法典正式确认了没收财产的附加刑地位，相比之下，该法典对没收财产刑的规定比以往更明确、更具体并相对全面，具有如下特点：

(1) 明确了没收财产刑的概念及没收财产的范围。1979年《刑法》第55条规定："没收财产是没收犯罪分子个人所有财产的一部或者全部。在判处没收财产的时候，不得没收属于犯罪分子家属所有或者应有的财产。"此前对于没收财产的概念一直未有清晰的规定，对于没收财产范围的规定也是比较广泛、不统一，1979年《刑法》将其明确。

(2) 对没收财产与没收进行了区分。1979年《刑法》不仅规定了没收财产，也对没收作了专条规定。1979年《刑法》第60条规定："犯罪分子违法所得的一切财物，应当予以追缴或者责令退赔；违禁品和供犯罪所用的本人财物，应当予以没收。"此前对于没收财产的对象不是很明晰，有的规定既包括犯罪分子个人所有的财产，也包括违禁品、违法所得和供犯罪所用的财物，1979年《刑法》明晰了没收财产是刑罚，没收是非刑罚措施。没收财产刑的对象是犯罪分子个人所有财产的一部或全部，没收的对象是违法所得、违禁品和供犯罪所用的本人财物。这是近代以后第一次在法典中区分了没收财产和没收，使没收财产刑作为附加刑之一趋于规范，使得在历史上含混的没收财产的含义随着1979年《刑法》第55条没收财产和第60条没收的规定而有了现代意义上清晰的界定。

(3) 规定了没收财产刑的适用方式。共四种：(1) 并处、单处罚金或者没收财产。例如1979年《刑法》第117条规定："违反金融、外汇、金银、工商管理法规，投机倒把，情节严重的，处三年以下有期徒刑或者拘役，可以并处、单处罚金或者没收财产。"(2) 并处罚金或者没收财产。例如1979年《刑法》第122条第1款规定："伪造国家货币或者贩运伪造的国家货币的，处三年以上七年以下有期徒刑，可以并处罚金或者没收财产。"(3) 可以并处没收财产。例如1979年《刑法》第116条规定："违反海关法规，进行走私，情节严重的，除按照海关法规没收走私物品并且可以罚款外，处三年以下有期徒刑或者拘役，可以并处没收财产。"(4) 必须并处没收财产。例如1979年《刑法》第155条第1款和第2款规定："国家工作人员利用职务上的便利，贪污公共财物的，处五年以下有期徒刑或者拘役；数额巨大、情节严重的，处五年以上有期徒刑；情节特别严重的，处无期徒刑或者死刑。犯前款罪的，并处没收财产，或者判令退赔。"1979年《刑法》在没收财产刑与自由刑的搭配上，较为随意一些，并未刻意彰显没收财产刑的重刑色彩，判处三年以下自由刑，可以并处没收财产刑的搭配在1979年《刑法》中共有三处，有违将没收财产刑配置于长期自由刑的惯例。

（4）对于没收财产刑的适用主要集中于反革命罪、严重的经济犯罪和财产犯罪。在刑法分则中，规定适用没收财产的条文共24条，反革命犯罪占13个条文、破坏社会主义经济秩序罪占5个条文，侵犯财产罪占3个条文，妨害社会管理秩序罪占3个条文。

1979年《刑法》中关于没收财产的规定，是在借鉴苏联立法经验和总结我国没收财产刑的立法和司法实践经验基础上制定的，具有一定的进步意义。

1979年《刑法》颁布实施后，随着改革开放的不断深入，我国社会经济发生了重大的变化。为了适应不断变化的社会、政治和经济形势，及时、有效地打击各领域呈上升趋势的犯罪和出现的新的犯罪，没收财产刑的适用进一步扩大。全国人大常委会陆续以决定补充规定条例的形式颁布了23个单行刑事法律，其中规定有没收财产刑的条文将近40条，将严重侵犯公民人身权利的犯罪、严重妨害社会管理秩序的犯罪、渎职犯罪中的严重个罪也规定了没收财产刑，如《全国人民代表大会常务委员会关于严惩拐卖、绑架妇女、儿童的犯罪分子的决定》（1991年9月）第1条规定："拐卖妇女、儿童的，处五年以上十年以下有期徒刑，并处一万元以下罚金；有下列情形之一的，处十年以上有期徒刑或者无期徒刑，并处一万元以下罚金或者没收财产；情节特别严重的，处死刑，并处没收财产"。并且在《全国人民代表大会常务委员会关于惩治走私、制作、贩卖、传播淫秽物品的犯罪分子的决定》（1990年12月，已修正）《全国人民代表大会常务委员会关于禁毒的决定》（1990年12月，已失效）中增加了"必须并处罚金或者没收财产"这一选科制适用形式。同时，在特别刑法《全国人民代表大会常务委员会关于惩治走私罪的补充规定》（1988年1月，已失效）、《全国人民代表大会常务委员会关于惩治贪污罪贿赂罪的补充规定》（1988年1月，已失效）、《全国人民代表大会常务委员会关于惩治破坏金融秩序犯罪的决定》（1995 年 6 月）中也删除了走私罪、贪污罪、伪造货币罪等罪名中较轻情节也可判处没收财产的规定，似乎有体现没收财产刑的重刑特征之意。

2. 1997 年刑法规定的没收财产刑

从 1979 年到 1997 年，改革开放带来了经济的巨大腾飞，也随之滋生了新的社会问题和新型犯罪，尤其是经济类犯罪。1979 年刑法典和陆续颁布的单行刑法仍然不能适应社会发展的需要，在这种社会形势下，1997 年刑法典应运而生。1997 年 3 月 14 日，第八届全国人民代表大会第五次会议通过了修订的《中华人民共和国刑法》。1997 年刑法典是在 1979 年刑法典和全国人大常委会制定的单行刑法的基础上产生的，对没收财产刑的规定更加缜密。涉及没收财产刑的变化主要有：

（1）对没收财产刑的范围限制更加严格。1997 年《刑法》在第 59 条第 1 款没收财产刑的概念后增加规定了："没收全部财产的，应当对犯罪分子个人及其扶养的家属保留必需的生活费用"，凸显了新刑法中没收财产刑的人性化特点。

（2）对以没收的财产偿还债务的规定更加明确可行。1979 年《刑法》第 56 条规定："查封财产以前犯罪分子所负的正当债务，需要以没收的财产偿还的，经债权人请求，由人民法院裁定。"虽然对以没收财产偿还债务的问题也作了规定，但"由人民法院裁定"的规定不够明确，到底是否偿还债务、什么情况下以没收的财产偿还债务模糊不清，缺乏可操作性。新刑法对此进行了修改，1997 年《刑法》第 60 条规定："没收财产以前犯罪分子所负的正当债务，需要以没收的财产偿还的，经债权人请求，应当偿还。"由"人民法院裁定"改为"应当偿还"。这一修订，有利于避免国家机关利用权力"与民争利"，保护了债权人的利益不会因债务人犯罪而受影响。

（3）确立了民事赔偿优先原则。1997 年《刑法》第 36 条第 2 款规定，"承担民事赔偿责任的犯罪分子，同时被判处罚金，其财产不足以全部支付的，或者被判处没收财产的，应当先承担对被害人的民事赔偿责任。"这一规定，明确了当财产刑与民事赔偿责任同时存在时，优先保障被害人的利益，让被害人先受到赔偿，而后的剩余财产才可作为刑罚执行。

（4）在刑法分则中，扩大对没收财产刑的适用。1979年《刑法》有24个条文适用没收财产刑，而1997年《刑法》共有60个条文、72个罪名适用没收财产刑，占分则罪名总数的16.3%。主要分布在：第一章"危害国家安全罪"12个罪名全部可以并处没收财产；第二章"危害公共安全罪"中有一个罪名即资助恐怖活动罪可适用没收财产刑；第三章"破坏社会主义市场经济秩序罪"中39个罪名含有没收财产刑的规定；第四章"侵犯公民人身权利、民主权利罪"中涉及没收财产刑的罪名是2个：绑架罪和拐卖妇女、儿童罪；第五章"侵犯财产罪"中一共12个罪名，其中含有没收财产刑规定的是5个；第六章"妨害社会管理秩序罪"中含有没收财产刑的罪名共10个；第八章"贪污贿赂罪"含有没收财产刑的罪名是3个。可见，尽管新刑法对于没收财产刑的适用仍然集中在危害国家安全罪、经济犯罪和财产犯罪，但相对于旧刑法，新刑法对于没收财产刑的适用范围大大拓宽。

（5）在适用方式上，新刑法分则中排除了单科适用没收财产刑的可能。在适用方式上，新刑法仍然规定的适用方式是：（1）可以并处没收财产。例如1997年《刑法》第113条最后一款规定：犯本章（危害国家安全罪）之罪的，可以并处没收财产；（2）并处罚金或者没收财产。例如1997年《刑法》第152条第1款关于走私淫秽物品罪的规定：情节严重的，处十年以上有期徒刑或者无期徒刑，并处罚金或者没收财产。（3）并处没收财产。例如1997年《刑法》第383条第1款第1项对贪污罪的处罚：个人贪污数额在十万元以上的，处十年以上有期徒刑或者无期徒刑，可以并处没收财产；情节特别严重的，处死刑，并处没收财产。但是，1997年《刑法》取消了单科没收财产刑的适用方式，这可能是因为没收财产刑被立法者认为是较重的附加刑，因而不宜适用于轻罪。

三、没收财产刑的归宿

虽然没收财产刑在历史上发挥过积极作用，但是到了现代，没收财产刑的作用有限甚至已经消失。特别没收可以解决对犯罪人违法所得的追缴，罚金可以解决对犯罪人合法财产的罚没，在已经有罚金刑和特别没收制度的情况下，完全没有必要将没收财产刑作为刑种之一予以保留。笔者建议应当以刑法修正案的形式尽早废止没收财产刑。

(一) 对没收财产刑的价值反思

对于没收财产的存废之争由来已久，存或者废结论本身并不是研究的目的，只是我们在对没收财产刑进行价值思考和衡量的必然结果，笔者将从没收财产刑的"重刑效应""必要性""刑罚效益""异化作用"等角度来进行探讨。

1. 对没收财产刑"重刑效应"之反思

(1) 对犯罪人来说没收财产刑是否为重刑？

没收财产刑一直被认为是惩治严重犯罪的辅助措施，多在判处生命刑或者长期自由刑的同时附加适用。无论是从刑法理论上还是从刑罚体系的规定上，以及无论是从个罪的刑罚配置还是从法官选择的适用理由上，没收财产刑被适用的根本原因在于——它是重刑，这是它被适用的前提。即对于某些严重犯罪，当对罪犯判处死刑和长期自由刑同时附加罚金仍不足以体现对罪犯的否定性评价时，附加适用更重的刑罚——没收财产。

确实，从中国古代的"籍没""没官"开始，没收财产刑一直作为严重犯罪的附加刑。当时的没收财产刑除了抄家外，"籍没其一门，皆为徒隶"，犯罪人及犯罪人的亲属也要被罚为奴隶，足见其严厉性。但是这个严厉性主要体现在"株连无辜"。从上述特定的历史时期我们不难看出，没收财产刑作为重刑发挥作用的前提是它能够被执行，并且执行得很彻底，执行彻底的代价是往往不考虑犯罪人及其家属的利益。没收财产的重刑效应来自中国古代、历史传统上对于犯罪人财产野蛮的、彻底的剥夺，在越不重视人权，法制越不健全和信息、财产流转越不发达的时代，没收财产刑的重刑效应越能得到发挥。而对于改革开放以后的中国来说，人权观念增加、法制逐步健全、金融体系日益发达，恐怕个人所有财产再不会像过去"财产全部存在家，一抄便知有没有"，我国在 1997 年修订《刑法》时，在第 59 条没收财产刑的概念后增加规定了："没收全部财产的，应当对犯罪分子个人及其扶养的家属保留必需的生活费用"，凸显了新刑法中没收财产刑的人性化特点。这是刑法更加人性化、文明化的转变，而"文明的"没收财产刑也步入了"困境"，在当今这样一个讲究人权和法制的时代，没收财产刑对如何实现它的"重刑效应"开始显得无能为力，犯罪人不再会把财产存放在家里，而发达的金融业也增加了法院对犯罪人财产调查的难度。家属不再有被株连的恐惧，在争取自己权益的同时，往往转移犯罪人的财产以使得自己的利益达到最大化。而健全的法制不仅对家属的权益作出保护，对债权人的权利也作出保护，"没收财产以前犯罪分子所负的正当债务，需要以没收的财产偿还的，经债权人请求，应当偿还。"各种各样的限制，使得没收财产刑与过去动辄抄家、没收的传统已发生质的变化，没收财产刑的重刑效应已经被"束之高阁"，实际上已经不存在了。对于一个犯罪人来说，判处主刑同时附加罚金还是没收财产，并没有什么差别，没收财产早已不能给犯罪人带来一无所有的恐惧和威慑力。没收财产刑的重罪效应早已"名不副实"，也正因为如此，没收财产刑才未像死刑的废除一样引起广泛的讨论和人们的关注。

（2）没收财产刑是否重于罚金刑？

没收财产一直被认为是较罚金刑严厉的财产刑，也因为"严厉程度不亚于死刑"而遭到批判。但罚金刑是否一定较没收财产刑轻？不见得。在我国刑法分则规定适用罚金刑的条文中，有近2/3的条文采用了无限额罚金制，这个无限额是否以个人的财产为限？如果不以个人财产为限，没收财产刑重于罚金刑缺乏说服力。例如：犯罪人的个人全部财产价值5万元，那么判处罚金10万元与判处没收个人全部财产，哪一个更重？显然是前者。并且罚金刑还存在一个随时追缴的可能性，而没收财产仅以判决时犯罪人所有的财产为限。根据我国《最高人民法院关于适用财产刑若干问题的规定》第3条第2款："一人犯数罪依法同时并处罚金和没收财产的，应当合并执行；但并处没收全部财产的，只执行没收财产刑。"采取的是吸收原则，言下之意，似乎罚金必在个人全部财产价值内，而实际操作上并不以此为限，并且依据中国刑法罚金没有全部缴纳的，法院可随时追缴。因此在实务上可能出现这样的倒挂：犯A罪被判处罚金5万元，犯B罪被判处没收个人全部财产，决定执行没收全部财产。而实际上犯罪人无财产可供执行或者隐匿财产，没收财产空判结案，并无随时追缴的可能。这种吸收方式并不是重吸收轻，反而是轻代替重，没收财产刑与罚金刑在我国目前的法律规定和实务操作中，并不必然比罚金重，但操作起来要难得多，也基本上得不到犯罪人的配合。

诚然，没收财产刑可能和罚金同样面临空判的结果。但不同的是，根据我国《刑法》第 53 条的规定，对于不能全部缴纳罚金的，人民法院在任何时候发现被执行人有可以执行的财产，应当随时追缴。即使当犯罪人出狱之后，罚金仍可追缴，这对犯罪人来说有无形的压力，因为一直跑不了，反而敦促犯罪人在判决后缴纳罚金。而没收财产刑以犯罪人个人所有的财产为限，至于个人所有财产的时间没有明确指出，但可以肯定的是，如果执行时无财产，没收财产刑也就不再执行，永远终结。恐怕没有哪个犯罪人的家属在判决后老老实实地坐在家里把犯罪人的个人财产拿出来等着执行，早在执行前或者判决前就转移了财产，没收财产刑本身由于调查和分割的原因执行困难，而对于没收财产刑执行不了的局面，法律又毫无补救和反击之力，当事人对财产的处置和转移当然是何乐而不为。这样的刑罚存在于法典之中，不仅不能体现刑罚的严厉性，反而大大削弱了刑罚的严厉性。

可见，没收财产刑事实上的重罪效应已经不存在了，只是在重刑传统下留给我们的错觉，有重刑之"名"，无重刑之"实"，留在法典中，似乎有点"虚张声势"的味道。

2. 对没收财产刑"必要性"之反思

没收财产刑和罚金刑均属于以剥夺犯罪人一定的财产为惩罚形式的附加刑，二者有无区分的必要？没收财产刑能否为罚金刑所取代、是否具有必要性和不可替代性？笔者认为，在已有罚金规定的情况下，没收财产刑实无存在的必要。

罚金刑和没收财产刑的发展路径恰好相反，没收财产刑经历了一个由兴到衰的过程，而罚金刑却经历了一个由衰到兴的过程。在中华人民共和国成立后相当长的时期，罚金刑一直处于无足轻重的地位。1979 年《刑法》虽然对罚金作了较为系统的规定，但由于当时观念保守，甚至将西方国家罚金刑适用率高与资本主义性质相联系，其适用范围非常有限，在 1979 年《刑法》中，规定罚金刑的只有 20 个条文，仅占全部刑法分则条文的 19.42%。改革开放后，随着市场经济的发展，社会观念发生重大变化，对罚金刑的性质有了新的认识。1997 年修订后的《刑法》对罚金刑的适用范围全面扩大，不仅适用的主体由自然人扩展到单位，适用的条文和罪名也大大增加，在刑法分则的 350 个条文中，其中有 139 个条文规定了罚金刑，比例接近 40%，甚至超过了一些发达国家罚金刑的适用比例。进入20世纪以后，伴随着商品经济在全球范围内的广泛认可，经济全球化迅速发展，随之而来的是文化观念的更新，人权至上、刑法谦抑性和刑罚轻缓化的刑罚理念普遍确立，罚金刑在刑罚体系中的地位日益上升，制度理念也日益理性和成熟，具体制度设计追求更加细致、科学、合理、具有可操作性，由于罚金刑合乎社会经济发展的方向，与进步的刑罚理念相契合，因而获得了更加旺盛的生命力和更持久的发展力。尽管在我国目前的刑罚体系中，罚金刑和没收财产刑同为附加刑，但没收财产刑的地位和受重视程度较罚金刑明显偏低，一是由于没收财产刑的严厉性特点不符合现代刑罚理念，不受欢迎。二是由于没收财产刑的适用率太低且实用效果差，不被重视。在2003年~2007年北京市的适用率平均为2.22%，可以适用没收财产刑的罪名是72个，每年实际适用的约为15个，5年间有52个罪名从未涉及，而实际适用的罪名分为三类：其一是罪行严重，法律规定必须并处没收财产。例如绑架致使被绑架人死亡或者杀害被绑架人的，必须处死刑，并处没收财产。其二是犯罪达到了法律规定的严重程度，必须判处最重的主刑和最重的附加刑才能实现罪刑相适应。因此法官在选择最严厉主刑的同时，根据我国的刑罚体系，也选择了最重的附加刑——没收财产刑，以体现法律对犯罪行为的彻底否定性评价。其三是法律规定"可以并处没收财产"是唯一的附加刑，因此法官欲在经济上打击犯罪分子，别无他选，只能适用没收财产刑。例如，贪污罪、受贿罪、职务侵占罪和非国家工作人员受贿罪等。从上述三类适用没收财产刑的案件看，法官对没收财产刑的适用具有"被动性"，而在罚金和没收财产刑选科制的情况下，数据表明，超过98%的案件都选择了罚金刑，也就是说在刑罚效果上，罚金不仅可以取代没收财产刑，而且更受欢迎。

与没收财产刑相比，罚金刑具有以下优点：

（1）执行灵活。第一，罚金刑有分期缴纳制度，具有可分性。当犯罪人暂时无法一次性足额缴纳罚金时，可以在保障基本生活资料的前提下分期缴纳。相对于不可分的没收财产刑，这种分期缴纳的罚金刑更具有可实现性和人性化。尤其在罪轻的情况下，可促使未被剥夺自由的犯罪人，在保障基本生活的情况下，以合法的劳动收入实现刑罚。第二，罚金刑有延期缴纳、暂缓缴纳与随时追缴制度。对于延期缴纳和暂缓缴纳，我国刑法尚未规定，但在国外已经得到了广泛的应用，我国亦应增设。对于暂时无缴纳罚金能力但日后可予以执行的犯罪人，如因身体健康情况或者暂时的经济困难等，可适用上述制度。对日后具备缴纳能力并可预期缴纳时间的，可申请适用延期缴纳；对日后具备缴纳能力但缴纳时间不确定的，可申请适用暂缓缴纳，但执行机关应在其具有缴纳能力的情况下，进行随时追缴。随时追缴制度，我国《刑法》第53条第1款已有规定："对于不能全部缴纳罚金的，人民法院在任何时候发现被执行人有可以执行的财产，应当随时追缴。"这样的规定让犯罪人知道"罚金不可逃，早晚都要清"，可避免犯罪人意图通过怠于缴纳罚金而逃避罚金刑的执行，保障了刑罚的权威性和执行力。第三，罚金刑有减免制度。我国《刑法》第53条第2款规定："由于遭遇不能抗拒的灾祸缴纳确实有困难的，经人民法院裁定，可以延期缴纳、酌情减少或者免除。"罚金是通过剥夺犯罪人的合法财产对其进行惩罚，但如果不是犯罪人刻意隐瞒财产，有意不执行，而是因为不可抗拒的事由丧失了财产，甚至丧失了劳动能力，在这种情况下如果还坚持执行罚金刑，非但无法执行，也不能实现罚金刑的立法目的和刑罚价值，并且与人道主义背道而驰。因此，在具备法定原因时，可以酌情减少或免除罚金，使得刑罚的执行更符合刑罚个别化的精神。

（2）罚金刑可针对单位实施，适用范围广泛。我国1979年《刑法》没有规定单位犯罪，随着经济的发展法人犯罪日益增多，1997年修订后的《刑法》对单位犯罪持全面肯定态度，在全部400多个罪名中，规定单位犯罪的超过总数的1/4。而罚金刑是对单位犯罪唯一适用的刑罚方法，没收财产刑的适用对象仅为自然人不包括单位，但在经济犯罪中，单位犯罪不在少数，因此罚金刑更具有适用的普遍性和实用性。

（3）罚金数额确定，易与主刑的执行相配合，有利于犯罪人改造。例如，将缴纳罚金作为减刑、假释的参考条件之一，可增强罪犯及其家属履行财产刑的积极性和自觉性；或者对表现突出的犯罪人在无法减免主刑时，例如不符合减刑的时间间隔条件，可考虑减免罚金刑，以增强罪犯改造的积极性。没收财产刑则无法实现此功能。个人全部财产没有确定的金额，如果家属当时隐瞒了犯罪人的财产，在主刑执行期间拿出多少物品算是交出了犯罪人的全部财产无法确定，并且没收财产刑以执行没收时犯罪人所有的财产为限，之后，在犯罪人主刑执行期间也谈不上减免的问题，因此罚金刑作为财产刑的功能大大强于没收财产刑。

当然罚金刑并非没有缺点，比起生命刑、自由刑、资格刑，罚金刑最大的缺陷是由于财富的不平等性而产生适用上的不公平，并且罚金刑一样存在执行难的问题。但笔者认为，这些缺点可以通过科学考量罚金刑的数额、完善罚金刑的执行制度来解决，例如规定罚金刑延期缴纳、暂缓缴纳制度、增设罚金选科制度、增设罚金的缓刑制度等。

3. 对没收财产刑"刑罚效益"之反思

对利益的无限追求，是人类的一种本能需要。然而，资源的稀缺性告诉我们不能靠无止境地扩大投入来获取利益，即使利益可能更大。必须力争投入最小的成本以获得最大的收益，由"粗放型"向"集约型"转变，是经济的发展轨迹，刑罚的利用亦是如此。高投入的重刑思想，已渐渐被人们所背弃，越来越多的学者开始关注刑罚的效益。"刑罚是有限的，犯罪是无限的，以有限的刑罚对付无限的犯罪，是社会的一种无奈的选择。因此，宽容和节俭用刑是社会的最明智的选择。"[1]"如果刑罚是无效果的，可替代的，太昂贵的，则不应施用。"[2]需要说明的是，刑罚的效益不等同于刑罚的效果，刑罚的效益是指在惩治和预防犯罪过程中，用尽可能少的投入取得尽可能多的社会效益和经济效益。刑罚的效益既包含有效也包括有益，而刑罚的效果指的是一种实然状态，并不强调刑罚投入与产出之间的比例，只要结果符合要求，无论花费多大代价都是有效果的。[3]可以说效果是效益的一个必要要素，没有效果的刑罚，必然是没有效益的，但没有效益的刑罚不一定是没有效果的。没收财产刑作为一种刑罚方法，目的是惩罚和预防犯罪，通过对罪犯的惩罚，产生威慑效应，从而达到预防犯罪、减少犯罪的目的。刑罚威慑效应的产生需要投入一定的刑罚资源，如侦查、拘捕、审判以及定罪判刑后的执

---

[1] 邱兴隆：《刑罚理性导论：刑罚的正当性原论》，中国政法大学出版社1998年版，第3页。

[2] 陈兴良：《刑法哲学》，中国政法大学出版社2000年版，第8—9页。

[3] 参见尤金亮：《论刑罚的效益》，载邱兴隆主编：《比较刑法（第1卷·死刑专号）》，中国检察出版社2001年版，第143页。

行都需要投入一定的费用，这些费用便构成了刑罚的成本。有学者将刑罚成本分为三个部分，一是刑罚确定成本，指在刑罚确定以前，为确定刑罚而在侦查、拘捕、诉讼、审判阶段所支出的费用；二是刑罚执行成本，指在定罪判刑确定刑罚以后，在刑罚的执行过程中所支出的费用；三是刑罚其他成本，如刑罚创制费用等其他确保刑罚实现的各种费用。从刑罚目的角度出发，刑罚确定成本的投入主要是为了追求刑罚的确定性（罪犯犯罪后被逮捕定罪处罚的可能性）和刑罚的及时性（罪犯犯罪后即被处罚的快慢）；刑罚执行成本的支出主要为实现刑罚的严厉性，刑罚的威慑效应主要是通过由刑罚的确定性、及时性和刑罚的严厉性构成的预期刑罚来实现的。国家要获取最大的刑罚威慑效应，最大限度地实现刑罚目的，只需把刑罚确定性、及时性和严厉性提高到最理想的程度，但由于现实中刑罚资源的有限性和稀缺性，决定了国家不可能盲目无限度地追加刑罚确定成本和刑罚执行成本以达到刑罚目的的理想状态。[1] 在实践中，我们力争以最少的投入取得最大的社会效益和经济效益，即刑罚效益的最大化。重刑不一定有效益，没收财产刑尤为如此，首先没收财产刑作为刑罚的确定性较为模糊，必须投入更多的刑罚成本对犯罪人的财产进行详细调查才能确定财产的范围。而为了实现刑罚的严厉性，执行没收财产刑的投入更为可观，从析产、分割到拍卖，一系列的投入可能远远大于收益。刑罚的严厉性必须限定在为实现其价值目标所绝对必需的程度。在并非必需的情况，即在没收财产刑能为罚金刑所取代的情况下判处没收财产刑，实际上只是增加了实务部门的两难选择：是为了维护刑罚的权威性、严厉性而忽略刑罚的效益，还是从刑罚的效益的考虑出发，而不得不有损刑罚的权威性、严厉性。从实践中没收财产刑的低执行率看，实务部门似乎是选择了后者，由于没收财产刑的高成本，刑罚效益低甚至为零，实务部门多不会投入成本调查财产而草草终结执行。列宁曾指出："惩罚的预防作用不完全决定于惩罚的残酷性，而是决定于惩罚的不可避免性"。因此，从刑罚资源的合理配置角度考虑，没收财产刑由于刑罚成本投入过大且无必要性，与刑罚效益最大化的价值理念相悖，也正因为如此，没收财产刑的适用在实

---

[1] 参见纪素华：《从经济分析视角论我国罚金刑制度的完善》，载《人民检察》2002 年第 5 期。

践中受到法官们的"冷落"。

4. 没收财产刑"异化作用"之反思

没收财产刑的"异化作用"表现为没收财产刑与特别没收的混用，在实务中，在不能证明财产违法性时，无法适用特别没收，因此通过适用一般没收来回避对财产违法性的证明问题，没收财产刑被异化为将随案财物不予返还的简便途径，变为不能证明财产来源的违法性时对犯罪人财产的剥夺。笔者称之为没收财产刑的"异化作用"。

广义上的没收包括一般没收与特别没收，一般没收指的是没收财产刑，即对犯罪分子个人合法所有财产的剥夺。特别没收指的是对与犯罪相关联物品的没收，也被称为"刑事没收"或者"没收"。我国刑法兼顾一般没收和特别没收，一般没收规定在《刑法》第59条，后者规定在《刑法》第64条。二者区别明显：（1）地位不同。一般没收作为刑种之一规定在我国刑罚体系的附加刑中，而特别没收仅作为一种强制措施规定在《刑法》第64条。（2）对象不同，一般没收针对的是犯罪分子个人所有的合法财产，而特别没收针对的是与犯罪相关联的物品，根据我国刑法的规定包括违法所得、供犯罪所用的本人财物及违禁品，有学者将这些物品称之为"犯罪关联物"。犯罪关联物属于"当然"的没收，无需考虑罪犯触犯的法条有没有没收财产刑的法律后果为前提，并且该没收不属于刑罚的范畴，不必考虑作为罪犯赎罪的依据。而一般没收是刑罚方法，其适用必须以罪犯触犯的法条包含有没收财产刑的法律后果为前提，且作为对罪犯的处罚。[1]（3）正当性根据不同。一般没收的财物属于罪犯的合法财产，是犯罪关联物之外的财物，对这些财产的一般没收以"报应"或"预防"犯罪行为作为正当性根据。剥夺犯罪人合法财产权益，作为对犯罪人所犯罪行的惩罚，具有"赎罪"意义。另外，也具有剥夺罪人犯罪的经济能力预防犯罪的作用。而对犯罪关联物实施的特别没收，其正当性根据是依法"取缔不法状态"，因为这种财物是犯罪人本不该拥有的财物。对其没收，本身不构成对犯罪分子合法权益的剥夺，因此基本不具有报应（惩罚）的性质。犯罪分子不论因此被没收、追缴多少数量的财产，都

---

[1] 参见阮齐林：《刑法学》，中国政法大学出版社2008年版，第300页。

不具有赎罪的意义，不妨碍使用其他方法惩罚已然的罪行。因此，不论以该理由没收、追缴多少数量的财产，都不构成过量的惩罚或苛刻刑罚。[1]（4）适用依据不同。一般没收作为附加刑之一，对其适用必须以犯罪人触犯了刑法分则条文法律明文规定有没收财产刑的罪行为限，没有明文规定的，不得适用。而特别没收仅是根据《刑法》第64条的规定适用，不以分则有规定为适用前提。

一般没收与特别没收在理论上泾渭分明，但在实务操作上经常混同使用。特别没收的适用尽管不依赖于分则的具体规定与有罪判决，但必须证明财产的非法性或者称之为"与犯罪的关联性"，而一般没收由于针对的是犯罪人的合法财产，没有财产非法性证明的需要。因此实务中为了省却举证证明财产非法性的麻烦，直接适用一般没收，判处没收犯罪分子个人全部财产而将犯罪所得和犯罪人的合法财产及无法证明是犯罪关联物的财产不作区分一并处理，出现一般没收和特别没收的混同适用。这种看似"简单""巧妙"的处理实际上诟病诸多：第一，异化了刑罚的目的和功能。刑罚作为惩罚犯罪的有效手段在于通过剥夺犯罪分子的合法权益使犯罪分子感受痛苦，借以实现刑罚的剥夺、评价、威慑功能，并达到报应已然犯罪和预防未然犯罪的目的。而为了避免特别没收举证的麻烦而适用一般没收，使得一般没收演变为简化刑事强制措施执行的手段。没收财产刑的正当性依据本是"报应"或"预防"犯罪行为，而"变质"后的没收财产刑的适用依据是对犯罪人财产没收最大化变通处理的需要，因此更多的司法者对于没收财产刑尤其是全部没收的适用格外青睐，其适用正当性已荡然无存。第二，为侵犯犯罪人的合法财产权留下隐患。在不能证明财产的违法性时为追求最大化地没收犯罪人的财产，判处一般没收，使本没有必要判处犯罪人没收财产的案件，为了执行特别没收而判处一般没收，从而为违法实施特别没收找到"合法路径"，实质是侵犯了公民个人的合法财产权。第三，影响特别没收制度的发展和完善。由于没收财产刑不符合现代刑罚轻缓化理论，并受到施刑不公、执行不利、易株连无辜等诸多指责，除我国、越南、蒙古等少数国家刑法典外，多数国家

---

[1] 参见阮齐林：《刑法学》，中国政法大学出版社2008年版，第300-301页。

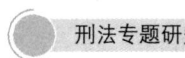

已先后废除了没收财产刑,而把精力投入罚金刑和没收制度的改革发展中。从1988年出台的《联合国禁止非法贩运麻醉药品和精神药物公约》到2003年出台的《联合国反腐败公约》,近二十年间出台了一系列国际公约,对缔约国的没收立法、合作义务提出具体要求,日益加强对没收措施的立法完善。从各国关于特别没收的详细规定到国际公约对特别没收的日益重视,可以看出我国特别没收理论发展的滞后性和消极性。这一缺憾无疑与一般没收和特别没收的混用从而回避了特别没收制度的粗糙性和不完善性息息相关。然而,混用毕竟不能长久,混用既严重阻碍了特别没收制度的发展,也异化了没收财产刑的本质,成为特别没收违法实施的"挡箭牌",使本应退出刑罚舞台的没收财产刑甚至因为这一"挡箭牌"功能而让一些人产生"留之有用"的惋惜和错觉。在没收财产刑废除之后,特别没收的缺点将暴露无遗,而这也因此加快特别没收的发展和完善。制度缺点的隐藏并不等于它不存在,而制度缺点的暴露并不等于它将继续存在,特别没收制度的发展和完善已经到了迫切需要正视的时代,仅靠《刑法》第64条这一简略的规定,不足以承受特别没收的全部使命,也无法实现世界范围内蓬勃发展的没收制度的国际合作。

(二) 没收财产刑的必然归宿

1. 没收财产刑废除的时机已经成熟

我国目前正处于经济发展转型期,随着2020年《民法典》的颁布,私权观念更加深入人心,经济的发展也要求公民的财产权得到切实的保护和尊重。没收财产刑的广泛适用,动辄没收犯罪分子合法劳动积累的财产,与我国公民私权观念的发展背道而驰。公民的私权观念不发达,对于财产没有安全感,自然也没有创造财富的积极性,这将直接影响经济的发展。并且,动辄没收也将影响我国的国际形象,外商到内地投资将顾虑重重,不利于外资的引入。一旦有所闪失,例如因生产的商品不合格而被定罪,要面临全部财产被没收的风险。我们可以从西方国家废除没收财产刑的轨迹中得到启发。

资本主义国家废除没收财产刑的主要理由之一就是没收财产刑与资本主义私有财产神圣不可侵犯原则相冲突。为什么西方国家可以忍受刑罚对犯罪人自由或生命的剥夺,而对于财产的剥夺却大为计较,不能容忍呢?如果要了解一个国家的法律,必须先了解一个国家的历史和制定法律的背景。在资本主义国家早期,对个人所有权极端推崇,甚至到达极致的程度,我们称之为"个人主义的所有权制度"。个人主义的所有权制度其渊源可追溯到罗马法,罗马法作为"商品生产者社会的第一个世界性法律"[1],其影响不仅遍及世界,还创造了一个以保护私权为核心的民法法系,而私权的核心内容正是所有权。罗马人将所有权视为对物的绝对权利,是排斥任何限制、任何外来影响甚至国家税收的个人主权。伴随着近代资本主义生产关系的萌芽与发展,尤其是经过14世纪至16世纪新兴资产阶级所进行的文艺复兴运动和宗教改革运动的洗礼,古罗马法得以复兴,新兴资产阶级思想家挣脱宗教神学思想的束缚,提出以人为本,以人权代替神权,以国家代替教会,以民主与法制代替封建主义与宗教专制统治的新思想。他们认为,法律的目的在于保障个人的自由和财产权,希望制定一部尽可能全的法典治理国家,保护人民的财产。在他们看来,所有权是与生俱来、上天赋予所有人对财产予以绝对支配的权利,应予以特别保护。在这种大环境下,古罗马法的个人所有权观念与制度开始复兴,并一跃成为当时新兴资本主义社会的主要法律思潮并很快在立法中有所体现,例如1789年的法国《人权宣言》第17条明确规定:"所有权为不可侵犯的神圣权利,非经合法证明确为公共需要并履行正当补偿,不得加以剥夺。"1804年《法国民法典》第544条规定:"所有权是以绝对的方式享用和处分物的权利,只要不为法律法规所禁止的使用即可。"第545条规定:"除非基于公益理由并通过事先合理的补偿,任何人不得被强迫转让其财产。"法国民法典确立的个人主义所有权,由于适应新型社会经济秩序的需要,相继被世界其他各国所采用。在整个自由资本主义时期,个人主义的所有权观念始终占据着绝对的统治地位,尤其是19世纪开始后,自由财产权获得了前所未有的尊重,无论是商人抑或平民,政治家抑或法学家,都对私有财产表现出空前的热情,私人所有权得到了充分的、淋漓尽致的发展,有学者谓之为"所有权的时代"[2]在个人主义所有权观念指导下,所有权的绝对性、排他性、永久性得到确认和发挥,大大提高了人们创造财富的积极

---

[1] 恩格斯:《路德维希·费尔巴哈和德国古典哲学的终结》,载《马克思恩格斯选集》(第四卷),第248页。
[2] 肖厚国:《所有权的兴起与衰落》,山东人民出版社2003年版,第189页。

性，从而促进了社会财富的积累。[1]"所有权绝对思想，对于近代财富之形成，经济之繁荣，确属鞠躬至伟，其有仅为19世纪资本主义发展之原动力，至今仍为民主主义社会之主要经济架构。"[2]在这一时代背景下，各资本主义国家在立法时为了避免没收财产对公民的"私权"观念产生消极的影响，而相继废除了没收财产刑，实际上，并非由于没收财产刑本身违宪，只不过在词语表达上，罚金对犯罪人财产的剥夺比没收财产更宜被人们所接受，不仅生动地体现出"罚"的本质和剥夺的合理性依据，且与没收财产能起到相同的执行效果，而将与"私有财产神圣不可侵犯"显得不太搭调的没收财产刑予以弃用，以满足人们对于财产权的重视和崇尚。随着改革开放的展开和经济的发展，我国的私权观念逐渐恢复，尤其在2020年《民法典》公布之后，人们越来越清楚地意识到私权及其观念的重要性，甚至有的学者提出，"没有财产就没有人格"，财产在人们生活中发挥着越来越重要的作用，国家对财产的保护程度也决定着公民本身的安全感和幸福感。尽管与有些国家相比，我国私权观念远未达到发达的程度，但已得到了空前的发展，废除没收财产刑的时机已经成熟，并有助于私权观念的建立和经济的发展。

2. 没收财产刑废除的理论前提已经具备

从理论上看，没收财产刑已经不符合现代刑罚的基本目的。刑罚目的到底是什么，曾经在我国学界引起比较激烈的争论，到今天为止也没有得出完全统一的结论。但是大部分学者都至少赞同下列观点：教育刑论是现代刑罚目的论体系的核心。在任何追求保障人权、捍卫自由的法治社会中，单纯地将犯罪人"抛弃"的策略将不可能得到社会一般道德感的支持。犯罪人也是人，犯罪人之所以选择犯罪并非完全基于犯罪人"自身的邪恶"，而是有其复杂的犯罪原因结构。因此，现代刑罚的基本目的，就是要将犯罪人教育成守法公民，也就是所谓的"再社会化"。现代教育刑理论倡导刑罚的轻缓和宽容，认为刑罚的目的不在于单纯的报应已然犯罪，更重要的是通过教育的方式实现犯罪人的再社会化，以达到社会防卫的目的。报应刑主义一贯主张绝

---

[1] 参见姚贝：《论我国物权立法中的所有权价值定位》，黑龙江大学2005年硕士学位论文，第12-14页。

[2] 谢在全：《民法物权论》，中国政法大学出版社1999年版，第116页。

对报应、"以恶制恶"的刑罚导致诸如死刑、没收财产等严厉刑罚的适用,但是重刑不可能根治犯罪。历史表明,严苛的刑罚并未取得报应刑论者所期望的遏制犯罪的效果。贝卡利亚、边沁等早就对"重刑威吓论"提出批评,认为:"严峻的刑罚造成了这样的一种局面:罪犯所面临的恶果越大,也就越敢规避刑罚。为了摆脱对一次罪行的刑罚,人们会犯下更多的罪行。"[1]现代教育刑理论代表人物是德国学者李斯特,他认为犯罪的原因源于个人与社会两个方面,消除犯罪的个人原因是刑事政策的固有任务,而消除犯罪的社会原因是一般的社会政策的任务,最好的社会政策就是最好的刑事政策,刑罚的本质应该是教育而不是惩罚。为了获得刑罚的教育效果,应区别对待受刑人并运用各种手段以达到使受刑人回归社会不再犯罪的目的。教育刑理论的进一步发展导致社会防卫论的兴起,社会防卫论主张意志的非自由决定论,即每一个人(包括犯罪人)的意志并不是个人的自由意愿所决定的,它受多种环境因素的影响、制约,因而强调犯罪、刑罚和行刑中的社会责任。虽然"社会"是不能惩罚的,但社会必须为犯罪付出代价,对犯罪人实施教育刑理论中的相对刑而非报应刑理论的绝对刑,行刑的目的在于教育改造犯罪人,通过教育改革使犯罪人回归社会以达到防卫社会安宁的目的。到了当代,新社会防卫论取得了进一步发展,新社会防卫论代表人物马克·安赛尔认为,犯罪人有复归社会的权利,社会有使犯罪人复归社会的义务,把犯罪人教育改造为新人,使之复归社会,是真正的最高的人道主义。他反对对犯罪人科处抵偿性、报复性的刑罚,同时主张适用最终以预防为目的的报复性制裁和非惩罚性方法,以便使犯罪人能够复归社会;社会在组织犯罪人重新社会化的过程中应给犯罪人以悔过自新的机会。[2]没收财产刑作为从经济上剥夺犯罪分子个人合法财产的刑种,在功能上主要体现为剥夺、评价和威慑功能,改造功能几乎没有效果。被判处没收财产刑的犯罪分子出狱之后,由于丧失了维持基本生活的经济基础和谋生的资本,生活没有保障,短期内不能自食其力,不利于犯罪人的再社会化,甚至有个别犯罪人沦到被生活所迫、不得不再次犯罪的悲惨境遇中。古典学派的代表人物边沁对没收财产刑表达了与

---

[1] [意]贝卡利亚:《论犯罪与刑罚》,黄风译,商务印书馆2017年版,第46页。
[2] 参见梁根林:《刑罚结构论》,北京大学出版社1998年版,第199页。

贝卡利亚同样的反感:"没收是几乎在整个欧洲都残存的野蛮之刑。它适用于许多犯罪,尤其是国事罪。这样的刑罚是极其令人厌恶的,因为它只能在危险业已消失之后才适用;更大胆地说,因为它强化了理应尽可能消除的敌对情绪与复仇精神。"[1]从重刑主义向教育刑过渡是历史发展的必然趋势,也是建立社会主义民主政治体制的基本要求。社会主义民主政治的特点决定了刑罚不再是野蛮的刑罚,而是文明的刑罚、理性的刑罚,没收财产刑带有鲜明的重刑思想和重刑主义倾向,不符合现代教育刑理论,也和社会主义市场经济和社会主义民主政治的健康发展背道而驰。

总之,在现代文明社会,不论犯罪人的财产来源合法与否而将犯罪人的财产一律没收,已经不符合现代刑罚的基本目的。尽管没收财产刑在现今的重刑效应十分有限,但仍然存在滥用的危险,既然很少用,本身又没有发挥刑罚的作用,并且不符合现代教育刑思想,废除是最佳选择。

3. 没收财产刑废除的现实基础已经形成

考察一个制度的存废,就必须要考察这个制度在司法实践中的生命状况,这是最切合实际的研究方法。笔者以北京市18个区县法院及2个中级人民法院5年(2003年-2007年)的判决为样本进行统计和分析,发现没收财产刑虽然在法律规定上范围为全世界最广,《刑法》用60个条文、72个罪名规定了没收财产刑,但在实务中适用的范围十分有限,每年实际适用的罪名约为15个,5年间有52个罪名从未涉及,没收财产刑的适用率低于2%,在法律规定可以并处,或者是选择适用的情况下,有98%以上的案件,法官选择了不适用没收财产刑或者是选择适用罚金刑,适用率极低,法官对没收财产刑的适用具有"被动性",而在罚金和没收财产刑选科制的情况下,绝大多数法官选择适用罚金刑,原因在于在刑罚效果上,罚金不仅可以取代没收财产刑,而且更受欢迎。理由如下:第一,罚金刑较没收财产刑执行灵活。罚金刑有分期缴纳、减免制度和随时追缴制度,这使得罚金刑更具有可实现性、人性化和刑罚个别化的特征,而没收财产刑却不能实现。第二,罚金刑可针对单位实施,适用范围广泛。第三,罚金数额确定,易与主刑的执行相配合,有

---

[1] 参见[英]吉米·边沁:《立法理论——刑法典原理》,孙力等译,中国人民公安大学出版社1993年版,第73页。

利于犯罪人改造。可将缴纳罚金作为减刑、假释的参考条件之一,可增强罪犯及其家属履行财产刑的积极性和自觉性,而没收财产刑以执行没收时犯罪人所有的财产为限,之后,在犯罪人主刑执行期间也谈不上减免的问题,因此罚金刑作为财产刑的功能大大强于没收财产刑。

比没收财产刑的适用率更低的是没收财产刑的执行率,对于犯罪分子的违法所得,适用特别没收制度来追缴。而针对犯罪分子合法财产的没收财产刑,几乎都是判而不执,由于犯罪人及家属的不配合,对犯罪人财产调查难、分割难、查清犯罪人的正当债务难,没收财产刑的"空判"问题十分严重。而对于法官既不愿适用、又难以执行的没收财产刑,为什么还会出现在判决中呢?法官适用没收财产刑主要基于以下原因:(1)刑罚配置原因,有些犯罪没收财产刑是唯一的附加刑,例如贪污罪、受贿罪,即使在主刑较轻的情况下,也没有罚金刑做可选项,没收财产刑是唯一的附加刑,法官要么不适用附加刑,要么适用没收财产刑,为了从经济上打击具有贪利动机的贪污贿赂者,法官只能附加没收财产刑。而对于严重的贪污、贿赂者,并处没收财产是法官的必需选择,没有自由裁量权。(2)刑罚结构原因。我国的刑罚体系,根据《刑法》第33条主刑的种类从轻到重依次排列:①管制;②拘役;③有期徒刑;④无期徒刑;⑤死刑。附加刑的种类也应基于同一原则。根据《刑法》第34条附加刑的种类是①罚金;②剥夺政治权利;③没收财产。主刑由轻至重,附加刑也由轻至重,因此有些犯罪在满足法定情形时,在判处较重主刑的同时法律规定没收财产刑作为唯一的附加刑必须选择,例如绑架致使被绑架人死亡或者杀害被绑架人的,必须处死刑,并处没收财产;虚开增值税专用发票、用于骗取出口退税、抵扣税款发票骗取国家税款,数额特别巨大,情节特别严重,给国家利益造成特别重大损失的,必须处无期徒刑或者死刑,并处没收财产。(3)法官心理原因。当犯罪达到了法律规定的严重程度,法官基于我国的刑罚体系,心理上认为必须判处最重的主刑和最重的附加刑才能实现罪刑相适应,以体现法律对犯罪的社会危害性及对其行为的否定性评价或者在同等主刑的基础上,适用不同的附加刑以体现对犯罪行为否定到极致的法律评价。因此,在选择最重主刑的情况下,往往选择最重的附加刑以实现重罪重罚的协调性。

可见，没收财产刑的适用是在重刑的假设下使用，而这样的重刑，在实践中几乎不被执行，刑罚效果无从体现，仅仅在判决中姿态很高地摆在一个重刑的位置上毫无意义，一个几乎执行不了的刑罚已丧失了刑罚的惩罚性、威慑性、严厉性和预防性。长期在判决中形同虚设，不仅不能发挥刑罚的作用，而且有损刑罚的权威性和严肃性。死刑的废除路径是从限制到废除，而没收财产刑由于自身的缺陷，在实务中已经自动完成了限制，在判决中尽量少用，在执行中由于难用而几乎不用，这种虚置的状态使没收财产刑的废除具备了现实基础。

4. 没收财产刑的历史使命已经完成

从历史上看，统治者适用没收财产刑有两个基本的出发点：增加国家财政收入和剥夺犯罪人的再犯能力。在封建时期的刑法中，皇帝为何经常对谋反、谋大逆、谋叛的犯罪人动不动就"抄家灭族"？原因有二：一是增加财政收入，供皇帝奢靡。当年清朝的嘉庆皇帝在乾隆皇帝死后立刻捉拿和珅，籍没财产远超过清朝的年度财政收入；二是剥夺犯罪人的犯罪能力。没收财产刑的锋芒真正针对的大多是特权阶层、豪富阶层，没收这些试图谋反者的全部财产，将直接导致谋反者彻底丧失对最高统治者的威胁。现在有些学者仍然支持没收财产刑，本质上是认识到这个问题的，因而他们建议将没收财产刑限制适用于危害国家安全罪、恐怖主义、有组织犯罪等，而对一般公民无需适用。我们需要认识到，没收财产刑在中国新民主主义革命中发挥过重大作用。中国共产党领导的革命之所以成功，根本的原因在于取得了农民、工人的支持，"打土豪、分田地"是激发农民参与革命的根本动力。因而，现在某些学者要求保留没收财产刑，是因为念念不忘以前那一段"光辉岁月"。但实际上，我们需要认识到，没收财产刑已经完成了它的历史使命，应该退出历史舞台了！

在新民主主义革命时期，革命根据地的没收财产刑具有天然的正当性：我们没收的财产，是土豪劣绅的财产。这些人财产的积累，不排除也有个人兢兢业业、艰苦奋斗的结果，但是大部分人的财产都是源自利用其政治、经济优势地位对贫苦农民、无产阶级的掠夺。因而没收财产刑的本质是没收"剥削者"的财产以完成民生大业。但是，在构建社会主义和谐社会的新时期，我们国家的主体是社会主义劳动者、爱国主义者、社会主义建设者。我们倡导的是勤劳致富、遵纪守法，在社会主义法治的框架内，创造的财富是合法积累的财富。这个时候，如果有证据表明某人的财产是犯罪所得，只需要根据特别没收制度予以没收即可，而没有必要将其合法积累的财产予以没收。西方国家资本主义革命成功以后，之所以全面废除没收财产刑，就是因为封建时期的皇帝、贵族动不动就没收平民的财产，平民对此十分恐惧，因而在资本主义革命成功以后，首先废除没收财产刑。实际上，前文也表明，这主要是一种意识形态、一种心理策略。国家在公民犯罪以后可以判处罚金，这同样是征收犯罪人的合法财产；但平民就是反感"没收"这个词，因为"没收"即使只是规定在刑法中，也容易导致私人回忆起封建时期那恐怖的岁月。在社会主义建设时期，在我们国家正在走向社会主义强国的时期，我们每一个人都是社会主义建设者。国家需要人民积累财富，只有每一个人都积累了大量财富，国家的财富才能增多，社会主义国家的综合国力才能增强。"没收财产刑"与"罚金刑"本质上差异不大，两者具有同质性，因而没有必要全部保留。如果废除之一，没收财产刑当然是首要和必要的选择。同时，"没收"总是令那些努力积累财富的人感到有些"不放心""不踏实"，这种"不放心"虽然并没有现实根据，但却是一种实实在在的社会心理状况，我们必须正视。

因此，在新民主主义革命时期、社会主义三大改造时期，没收财产刑发挥过积极的历史作用，为建设社会主义新中国奠定了雄厚的物质基础。但是，我们已经进入社会主义建设时期，每一个人都是社会主义建设者，没收财产刑已经完成了它的历史使命，应当寿终正寝、退出历史舞台了。如果有人试图颠覆社会主义新中国、试图危害全体人民的公共福祉，我们也不必担心，我们手中还有罚金刑、特别没收制度这两件重量级武器，足以将社会主义建设的破坏者彻底摧毁。

因此，笔者建议以刑法修正案的形式尽早废除没收财产刑。这既是正视现实，对这一刑罚效果和存在必要性的彻底否定；也是展望未来，集中精力完善罚金刑和特别没收制度的必要途径。需要注意的是，我们不应把废除死刑的思维套用到没收财产刑上，尽管其理论上都是重刑，且都与刑罚现代化、轻缓化的国际趋势相悖。但不同的是没收财产刑随着时代的发展和自身的缺陷，重刑效应难以发挥，刑罚的功能也难以实现，在实务中已经自动完成了限制的过程，"少用"已经成为现实，废除的前提已经具备，我们要做的是从法律规定上"不用"，也就是完成没收财产刑的废除工作。没收财产刑与其留而不用，留而难用，不如废弃，将更多的精力投入罚金刑和特别没收的改革中去，这才是符合历史和时代潮流的明智之举，也是没收财产刑的必然归宿。

专题八

毒品犯罪：毒品概念在刑法中的再造与完善

索绪尔语言学研究认为，任何语言符号都是"所指"和"能指"的结合，是约定俗成的，约定俗成的语言类似于契约[1]，由此导致的结果是概念内涵的不稳定性。为了符合实践生活的需要，包括特定概念在内的语言符号会变换其"所指"和"能指"的结合，使其更加适合实践生活的需要。毒品的概念即面临这一问题。什么是毒品？我国《刑法》第357条第1款明确规定："本法所称的毒品，是指鸦片、海洛因、甲基苯丙胺（冰毒）、吗啡、大麻、可卡因以及国家规定管制的其他能够使人形成瘾癖的麻醉药品和精神药品。"以上规定对毒品概念进行了简单定义和列举，但这一概念定义经不起规范与生活事实的双重审视：从规范来看，上述立法定义的主谓宾结构简化后即为"毒品是麻醉药品和精神药品"，也即"毒品是药品"，这显然是一种自相矛盾的定义；从生活事实来看，显然也不能将医疗麻醉品说成是毒品，毕竟任何一个麻醉师也不会对病人说"我给你打一针毒品"。本专题拟从毒品的定义、特征入手，探讨毒品概念的再造与毒品管控制度的重构。

一、毒品的概念：认知路径与性质界定

我国毒品概念的确定主要由《刑法》、《禁毒法》、《麻醉药品和精神药品管理条例》以及《麻醉药品和精神药品品种目录》共同实现。

---

[1] 参见谢刚：《索绪尔社会语言观源考》，载《东北师大学报（哲学社会科学版）》2019年第3期。

(一) 毒品与药品的概念区分：使用的正当性原则

毒品似乎是一个约定俗成的概念，实际上从各国立法例和国际条约来看，毒品并非一个被各国所认可的广泛使用的法律概念，不少国家并不在立法上明确使用"毒品"这一概念。例如美国1970年颁布的《控制物质法》，使用的是"controlled substance"这一概念；再如诸多国际公约也并未明确使用"毒品"这一概念，而是使用"麻醉药品""精神药品"等概念，例如联合国大会通过的1961年《麻醉品单一公约》、1971年的《精神药物公约》、1988年的《联合国禁止非法贩运麻醉品和精神药品公约》中使用的都是"drugs"这一概念。在以上公约的转译过程中，国内译者有时候将"drugs"翻译为毒品，有时候将其翻译为药品，但"drug"的本意并非是指毒品。另外我国法学界在翻译时往往根据汉语习惯将"drug abuse"直接翻译为毒品滥用，当"drug"与"abuse"未连用时又将"drug"翻译为药品或者药物。不使用毒品概念的外国立法例，往往并不明确界定毒品的概念，而是采取列举的方式规定哪些麻醉药品和精神药品应受到管制，即强调其"管制性"，同时根据其药物危害性对其进行分级管理，在处理量刑时也将毒品级别作为重要考量因素。

1. 毒品的法定定义。毒品定义有法定定义与学理定义。1990年《全国人民代表大会常务委员会关于禁毒的决定》对毒品的定义是："鸦片、海洛因、吗啡、大麻、可卡因以及国务院规定管制的其他能够使人形成瘾癖的麻醉药品与精神药品。"1997年《刑法》则对毒品的定义进行了微调："鸦片、海洛因、甲基苯丙胺（冰毒）、吗啡、大麻、可卡因以及国家规定管制的其他能够使人形成瘾癖的麻醉药品和精神药品。"两者的区别除了增列甲基苯丙胺以外，主要在于"国务院规定"与"国家规定"。而根据《刑法》第96条的规定，"国家规定"是指全国人民代表大会及其常务委员会制定的法律和决定以及国务院制定的行政法规、规定的行政措施、发布的决定和命令。法定定义看起来非常明确，然而却存在疑问：毒品与药品并不存在泾渭分明的界限，例如吗啡作为麻醉剂使用时，其本质上是一种药品，尽管这种药品受到严格管制，但却并不能因此否定其药品的本质属性，迳行将吗啡规定为毒品并不恰当——显然，我们不能将给病人注射麻醉剂说成是给病人注射毒品。而且，分析毒品法定定义的语法结构，并将其简化为主谓宾式句子，为"毒品是麻醉药品与精神药品"，进一步简化则为"毒品是药品"。这种定义模式存在的问题显而易见。

有的学者认为，我国对毒品的界定与《联合国禁止非法贩运麻醉品和精神药品公约》基本一致，并认为毒品是指国际公约规定的受控制的麻醉药品与精神药品。[1]毒品分为两大类型：一类是麻醉药品，另一类是精神药品。[2]然而需要注意的是，该公约通篇并未使用"毒品"这一概念，而使用的是"麻醉药品与精神药物"，也即并未迳行将麻醉药品与精神药品规定为毒品。

2. 毒品的学理定义。学术界对毒品的定义较多，但归结起来可以做如下概括：第一类定义是直接将毒品界定为鸦片等麻醉品与精神药品，如毒品是指"鸦片、海洛因、吗啡、高根、金丹等长期吸食、注射后能使人逐渐成瘾的制品"[3]。第二类定义是专业性毒品定义，强调毒品的成瘾性，如《朗文英汉双解活用辞典》将"drug"界定为一种对人体有兴奋作用容易成瘾的物质，将"narcotic"界定为少量服用具有催眠和镇静作用、大量服用却有害并形成瘾癖的药物；第三类定义则简单强调毒品的危害性，如"毒品是以各种方式吸收进入人体并最终给人带来危害的各种非食物的自然物品或化学合成物品"[4]；第四类定义则强调法律管制性，将毒品的成瘾性与法律管制性结合起来讨论，如将毒品界定为"国家依法管制的能够使人形成瘾癖的麻醉药品与精神药品"[5]。

上述定义都有共同特征，即强调成瘾性。但是，成瘾性的物质很多，酒精、烟草等同样具有成瘾性，但完全没有学者将其称之为毒品。有的定义将成瘾性与麻醉药品、精神药品联系起来界定毒品，这就将酒精、烟草等制品排除在外，然而这一定义仍然存在障碍：吗啡等麻醉品以及目前广泛使用的

---

[1] 参见杨凯：《毒品定义探究》，载《四川省犯罪防控研究中心2015年年会"毒品违法犯罪行为惩治理论研讨会"论文集》，第1页。
[2] 参见刘莹：《刑法罪名与定罪量刑标准精解》，法律出版社2016年版，第644页。
[3] 杨春洗、马克昌等：《刑法学大辞书》，南京大学出版社1990年版，第664页。
[4] 喻晓东、李云东编：《大禁毒》，团结出版社1993年版，第1页。
[5] 蔺剑：《毒品犯罪的定罪与量刑》，人民法院出版社2000年版，第3页。

毒品戒除药物之一的美沙酮，在被作为治疗用途时，如果也将其界定为毒品，显然令人无法接受。本书认为，法律概念具有极强的法律属性与社会属性，对毒品的界定应当将毒品的自然属性与法律属性结合起来讨论。毒品与药品的本质属性不同，不能相互通用，将药品界定为毒品既容易令人产生误解，又给人概念模糊的印象。因此，区分毒品与药品，应当通过对其使用的正当性来予以界定：将麻醉药品与精神药品作为治疗手段时，鸦片、吗啡、美沙酮等都应认定为药品；不将麻醉药品与精神药品用于正当治疗手段而用于非法使用以单纯享受药物快感时，则该麻醉药品与精神药品则应认定为毒品。

（二）毒品的自然特征与社会属性

1. 毒品的自然特征。具体如下：（1）易致快感性。很少有法学文献讨论毒品的易致快感性，几乎都是直接讨论成瘾性，然而吸食者之所以成瘾，是因为其吸毒后容易获得快感。学术文献较少提及吸毒后的快感，可能是因为道德禁忌。但毒品之所以区别于酒精、烟草等制品，其根本原因就是因为吸毒后易致快感；其他农药、毒药等之所以不称为"毒品"而是"毒药"，其区别也在于此。但不吸毒的人很难准确描述吸毒的快感。正是因为吸毒后易致快感，才令吸毒者在初期吸毒后产生身体依赖与心理依赖，在身体依赖戒除后复吸的根本原因也就在于易致快感性导致的心理依赖。（2）成瘾性（依赖性）。药物滥用是成瘾性的前提。所谓药物滥用，即非基于医疗目的而间断或连续使用某种药物。由于吸毒后产生的强烈快感，吸毒者可能迅速或逐渐成瘾，即产生药物依赖。医学研究表明，药物滥用产生的特殊心理快感体验，会形成阳性强化作用，逐渐形成包括躯体依赖性和精神依赖性在内的药物成瘾，其中精神依赖性是成瘾性的核心指标。[1]毒品的成瘾与酒精烟草制品的成瘾机制不同，而且酒精烟草需要较长时间方可形成瘾癖，戒除酒精烟草的瘾癖相对于毒品也要容易得多。（3）危害性。毒品的危害性表现在两个方面，一是对吸毒者自身的危害，另一方面是对社会的危害。吸毒者吸食毒品会对自身生理机能、大脑中枢神经都产生严重危害。[2]毒品更严重的危害是对社

---

〔1〕 参见姜佐宁：《药物滥用与成瘾精神病学》，载《中华精神科杂志》1996年第4期。

〔2〕 参见曹家琪等：《药物滥用和成瘾对人体的医学后果远不止局限于脑部》，载《中国药物滥用防治杂志》2005年第6期。

会的危害，主要表现在：首先，吸毒者逐渐丧失劳动意志，思想颓废，导致其难以承担家庭责任；其次，吸毒后产生各种幻觉，进而在此幻觉支配下实施各种恶性犯罪；再次，吸毒者为了筹集毒资而易实施犯罪。毒品滥用行为和毒品犯罪之间密不可分，毒品滥用是毒品犯罪不断增多的"动力源"。[1] 毒品犯罪分子同时是吸毒人员的情况并不罕见，甚至相当一部分是因为吸毒而失去原有工作转而以进行毒品犯罪来赚取不正当利益以供生活和继续吸食毒品。[2] 由于很多吸毒者难以依靠正常劳动维持吸毒，为了筹集毒资，实施财产犯罪的也不在少数；最后，吸毒容易导致艾滋病传播，据2007年我国艾滋病评估数据显示，1985年-2006年累计报告的艾滋病病毒感染者和病人的传播途径构成中，静脉注射毒品为40.5%，居首位，但近年来有所下降。

2. 毒品的社会属性。有些观点认为，毒品的社会属性包括有益性与有害性，有益性是指医疗活动中对毒品的合理利用。[3] 笔者难以认同这种观点，因为其混淆了毒品与药品的界限。直接表述毒品的有益性，很容易产生误解，不宜采纳。毒品概念既有自然属性，又有法律属性。[4] 笔者认为，毒品的社会属性主要是违法性，也即非医疗用途性。

我国已经公布实施《麻醉药品和精神药品管理条例》、《麻醉药品品种目录》和《精神药品品种目录》。麻醉药品、精神药品并不当然是毒品，只有违反国家管制规定，非法生产、出售、购买、使用、持有非用于医疗用途的麻醉药品、精神药品才是毒品。因此，毒品还是药品，其关键区别之一在于是否违反国家管制规定，关键区别之二在于是否用于医疗用途。例如：未通过医院开具处方而为其罹患严重疾病的父亲购买吗啡用于镇痛，尽管违反了吗啡的管制规定，但由于其用途是医疗目的，不应将该吗啡认为是毒品进而认为行为人构成非法持有毒品罪。

---

[1] 参见莫洪宪、王肃之：《毒品滥用行为网络防控体系的多维建构》，载《政法论丛》2020年第1期。

[2] 参见胡江、于浩洋：《新中国70年来毒品犯罪刑事政策的变迁与完善——从"打击"走向"治理"》，载《广西社会科学》2019年第11期。

[3] 参见李世清：《毒品犯罪的刑罚问题研究》，吉林大学2007年博士学位论文。

[4] 参见靳澜涛：《毒品概念界定的立法模式比较与选择》，载《甘肃理论学刊》2017年第3期。

(三) 毒品概念的外延范围

刑法对毒品的界定有广义狭义之分：广义的毒品包含被管制的麻醉药品和精神药品及其衍生品，甚至包括部分制毒物品；狭义的毒品则仅指被管制的麻醉药品和精神药品。

我国台湾地区"毒品危害防制条例"第2条第1款规定："本条例所称毒品，指具成瘾性、滥用性、对社会危害性之麻醉药品与其制品及影响精神物质与其制品。"[1]同时，还出台了"管制药品管理条例"对麻醉药品、影响精神药品及其他药品进行行政管制。而我国大陆地区则明确将毒品限定为"麻醉药品和精神药品"，并未将衍生品认定为毒品，种植罂粟也并未作为制造毒品罪予以认定，而仅仅是非法种植毒品原植物罪，可见我国大陆地区规定的毒品范围较小，属于狭义毒品。在司法实践中存在着许多没有被纳入司法解释范围的毒品种类，司法机关在应对此种情况时经常出现"无法可依"的情况，这种情况的产生主要是因为对毒品概念的定义采取列举性规定所致，即便涉案物质被列入《麻醉药品和精神药品品种目录》，但由于司法机关未能把握毒品犯罪的真正意旨，而认为"麻醉药品与精神药品未必是毒品"从而不敢认定。

二、我国当前毒品概念的实践困惑与制度缺漏

(一) 过分强调成瘾性而忽视危害性

从《刑法》和《中华人民共和国禁毒法》的规定来看，毒品的法定特征有两个：成瘾性、管制性。法律对毒品的认定，采取了列举和概括并举的立法模式；列举的毒品有鸦片、海洛因、甲基苯丙胺（冰毒）、吗啡、大麻、可卡因；概括规定的有"其他能够使人形成瘾癖的麻醉药品和精神药品"。"能够使人形成瘾癖"是毒品的医学特征，"国家规定管制"是毒品的法学特征，两个特征必须同时并存，方能认定为毒品。因此，有的观点将烟、酒精也作为毒品，仅有医学功能而不能在法学上使用。[2]对成瘾性特征应结合其麻醉

---

[1] 许玉秀主编：《新学林分科六法·刑法》，新学林出版股份有限公司2008年版，第8-196页。

[2] 参见魏玉芝主编：《毒品学》，群众出版社1999年版，第3页。

药品、精神药品的特征予以理解,而不能只强调成瘾性特征。例如烟、酒都具有成瘾性特征,但烟、酒并非麻醉药品和精神药品,故不能认为其是毒品。

学术界普遍承认毒品的三特征说,即除上述两个特征外,还强调危害性。[1]但危害性特征并非法定特征,立法者将危害性特征纳入了成瘾性特征之中。但两者存在区别:成瘾性是毒品的危害之一,但并非毒品的全部危害。危害性包含社会危害性和个体危害性:首先,成瘾性不能完全表述毒品的个体危害性。单纯药物依赖,不一定会对身体造成严重伤害,譬如长期偏头痛患者使用去痛片可能造成药物依赖,但并未达到毒品的危害性程度。毒品对吸毒者的生理、心理都存在伤害,其不仅破坏中枢神经系统,而且对吸食者生理、心理带来全方位的深度伤害。[2]其次,毒品不仅对个体具有危害性,还对社会具有危害性。毒品的社会危害性是主观见之于客观的范畴,既属于事实判断,又属于价值判断。譬如美国部分州大麻合法化、加拿大大麻合法化曾引起中国公众激烈讨论,但事实上葡萄牙早在2001年就成为首个通过立法公开实施毒品使用去刑法化的欧盟国家。[3]葡萄牙的改革有其自身对毒品问题的认识和毒品犯罪刑事政策的理解,且改革取得了一定效果。我国是否可以借鉴?这实际上是对毒品社会危害性认识的一个价值判断问题。从构成要件要素分类的角度来看,毒品似乎是一个记述构成要件要素,但事实上在制定毒品目录的过程中,肯定存在规范评价的问题。例如酒精依赖、烟草依赖,既可能产生生理依赖,也可能产生心理依赖,但却并未被纳入法定毒品种类之列。依照上述论证可知毒品并不是一个不言自明的物品,有其自身规范评价的过程。

我国毒品的法定概念即强调毒品属于"易形成瘾癖"的麻醉药品和精神药品,该概念着重于毒品的成瘾性,这种对成瘾性的强调或许与我国"鸦片战争"时期深受毒品蔓延之祸留下的历史记忆有关。毒品的成瘾性固然是毒

---

[1] 参见段秋关:《毒品的定义及构成要素》,载《西北大学学报(哲学社会科学版)》1999年第1期。

[2] 参见郑涵予等:《42例新型毒品滥用者的临床分析及认知功能损害的研究》,载《中国药物依赖性杂志》2012年第4期。

[3] 参见贾文华:《葡萄牙治理毒品危害的去刑法化改革:绩效与借鉴》,载《犯罪研究》2014年第4期。

品的危害之一，然而绝非毒品的全部危害。这种以偏概全的概念定义方式导致我国刑法定罪量刑缺乏科学性，引起了一系列问题。

(二) 缺乏毒品分级制度

毒品的分级依据应当是其危害性。我国澳门特别行政区《禁止不法生产、贩卖和吸食麻醉药品及精神药物》法案规定，根据药物潜在的致命力、滥用后出现的症状的强烈程度、戒断所带来的危险性及对产生依赖的程度而分为两级。同时，针对不同级别的毒品规定不同的法定刑幅度。[1]再如我国台湾地区"毒品危害防制条例"规定，毒品依其成瘾性、滥用性及对社会危害性分为四级，并分别规定了差异较大的法定刑。[2]且近年来台湾学术界提出将作为二级毒品管制的大麻降低为三级毒品，其实质即在于降低法定刑。[3]

我们对麻醉药品和精神药品的管制，仅有分类制度而无分级制度，而其他大多数国家或地区都存在分级制度，并根据分级制度确定法定刑幅度。正因为仅重视毒品的成瘾性特征而忽视了毒品的危害性特征，致使缺乏分级制度而仅有分类制度——既然毒品都易成瘾，则毒品显然没有危害性差异，进而没有必要设定分级制度。从广义上说，毒品的分级也是一种分类，但一般认为，毒品的分类不同于分级。毒品的分类往往并不是根据毒品的危害性进行划分，而毒品的分级则是根据毒品的危害性进行划分。毒品的分类更多具有学术研究的价值，毒品的分级则直接影响刑法上的定罪量刑。

当然，虽然并没有明确对毒品进行分级，但刑法规定法定刑在十五年以上的量刑标准，鸦片是1000克以上，海洛因与甲基苯丙胺则是50克以上，这透露出有粗略分级的倾向：从毒品案件立案追诉标准可以看出毒品的分级概貌，例如2012年印发的《最高人民检察院公安部关于公安机关管辖的刑事案件立案追诉标准的规定（三）》规定了非法持有毒品罪的立案标准，而这种立案标准的设置实际上表明的正是一种分级倾向。当然，我国刑法并没有

---

〔1〕 参见方泉：《澳门特别行政区法律丛书：澳门特别刑法概论》，社会科学文献出版社2014年版，第92-97页。

〔2〕 参见许玉秀主编：《新学林分科六法·刑法》，新学林出版股份有限公司2008年版，第8-196页。

〔3〕 参见郭中隆、朱元珊：《毒品分级处遇之社会观察与政策建议——以大麻分级为例》，载《刑事政策与犯罪防治研究专刊》2017年第13期。

规定严格的分级制度。严格的分级制度，不仅应当根据毒品的种类立案，还应当根据毒品的种类量刑，但我国目前至少已经有初步的分级制度。从《非法药物折算表》中也可以窥见毒品分级的概貌。《全国法院毒品犯罪审判工作座谈会纪要》（以下简称《武汉会议纪要》）规定：走私、贩卖、运输、制造、非法持有两种以上毒品的，可以将不同种类的毒品分别折算为海洛因的数量，以折算后累加的毒品总量作为量刑的根据。对于刑法、司法解释或者其他规范性文件明确规定了定罪量刑数量标准的毒品，应当按照该毒品与海洛因定罪量刑数量标准的比例进行折算后累加。对于刑法、司法解释及其他规范性文件没有规定定罪量刑数量标准，但《非法药物折算表》规定了与海洛因的折算比例的毒品，可以按照《非法药物折算表》折算为海洛因后进行累加。从《非法药物折算表》可以看出毒品的更为具体的分级。但令人蹊跷的是，《非法药物折算表》并非新生事物，而是国家药品监督管理局在 2004 年颁布的。我国毒品犯罪的立法及以往的司法解释，更多受到严打刑事政策的影响，而没有考虑到毒品的实质社会危害性。司法实践完全不参照该表，而是依据司法解释，没有司法解释的，更多则凭内部文件。无论如何，《武汉会议纪要》向毒品认定明确化、规范化方向迈进了一大步，令毒品犯罪的定罪量刑更多依据毒品本身的社会危害性来确定。

缺乏毒品分级制度带来的最大问题，是量刑上的整体偏重甚至畸重。不同毒品对人体健康伤害的致命性、易成瘾性、不易戒断性等危害性程度存在巨大差异，因而仅有入罪标准的差异而无量刑标准的差异，导致走私、制造、贩卖、运输危害性程度相差极大的不同毒品犯罪量刑趋同，一方面违反罪刑相当原则，另一方面也导致在判处十年以上有期徒刑的罪犯中毒品犯罪占据过高比例，由此产生的社会效果并不理想。

（三）毒品不以纯度折算

正因为我国刑法中的毒品仅强调成瘾性而不强调危害性，使得我国刑法明确规定毒品犯罪不以纯度折算，采用的反而是一种违反罪刑相当原则的不理性的立法方式——相同质量的毒品纯度不同，其危害性当然不同。

1. 毒品纯度的学术考察

1979 年《刑法》第 171 条规定的制造、贩卖、运输毒品罪并无现行《刑法》"毒品不以纯度折算"的规定，1990年《全国人民代表大会常务委员会关于禁毒的决定》（已失效，本专题简称《决定》）也无类似规定。但也许正是由于没有关于纯度折算的明确规定，刑法理论界一般都认为该《决定》中关于毒品数量的规定需要定性与定量分析。[1]最高人民法院1994年对上述《决定》作出司法解释，对毒品的纯度作了规定，对毒品犯罪案件中查获的毒品，应当鉴定，并作出鉴定结论。海洛因的含量在25%以上的，可视为《决定》和本解释所指的海洛因；含量不够25%的，应当折合成含量为25%的海洛因计算。对毒品的鉴定结论有疑义的，应当补充鉴定或重新鉴定。"最高人民法院的司法解释采取了折中的立场，既要求对毒品的纯度进行鉴定，同时又不以100%纯度的毒品为定罪量刑的依据，而是以25%纯度的海洛因为标准毒品计算单位。

1997年《刑法》则走得更远，直接在《刑法》第357条作出规定，"毒品的数量……，不以纯度折算"。笔者查阅相关资料和文献，并未找到该规定的直接立法理由，根据笔者与禁毒部门的调研访谈得知，大略是因为毒品鉴定需要一定的技术条件，而毒品案件数量大、涉案人数多，如果每个案件都做纯度鉴定，会降低禁毒的效果。但由于司法实践中出现了一批毒品数量大但纯度较低的案件，最高人民法院通过司法解释对刑事立法作出了一定的限缩解释，2000年《全国法院审理毒品犯罪案件工作座谈会纪要》规定："根据刑法的规定，对于毒品的数量不以纯度折算。但对于查获的毒品有证据证明大量掺假，经鉴定查明毒品含量极少，确有大量掺假成分的，在处刑时应酌情考虑。特别是掺假之后毒品的数量才达到判处死刑的标准的，对被告人可不判处死刑立即执行。为掩护运输而将毒品融入其他物品中，不应将其他物品计入毒品的数量。" 2008年《全国部分法院审理毒品犯罪案件工作座谈会纪要》继承该规定，明确有两类毒品案件需要做纯度鉴定：（1）可能判处被告人死刑的毒品犯罪案件；（2）涉案毒品可能大量掺假或者系成分复杂的新类型毒品。"相对于《刑法》第357条第2款'不以纯度折算'的刚性立法，两份会议纪要在死刑立即执行案件中将杂质部分排除出毒品计量的做法无

---

[1] 参见赵秉志、吴振兴主编：《刑法学通论》，高等教育出版社1993年版，第737页。

疑是一种突破性的重大进步。"[1]2015 年《武汉会议纪要》沿袭了该规定，虽然对关于不同种类毒品计算数量时的折算问题进行了规定，但多数情形下法官在计算毒品数量及量刑时，仍然是将不同种类的毒品作为量刑情节考虑，而非优先考虑折算方法。[2]总体来说，毒品纯度仅影响量刑，但不影响量刑幅度，更不影响定罪。

域外刑法关于毒品是否以纯度折算有不同的立法例。美国的毒品犯罪就通常不以纯度折算。"除非特别规定，表中所列管制药品的重量是指含有可察觉管制药品的任何混合物或药品的全部重量。如果混合物或药品包含不止一种的管制药品，则按照导致较高犯罪等级的管制药品计算全部混合物或该药品的重量。"[3]而英国的毒品犯罪则以纯度折算，与此相同的还有德国。按照德国《麻醉品法》的规定，实施涉及"非少量"毒品的行为，会被判处最低 1 到 5 年，最高 15 年的有期徒刑。这里的量不是总的重量，而是根据其中的有效成分来确定。比如 1 公斤大麻中的有效成分是 10%，含有 100 克四氢大麻酚，则犯罪数量按照 100 克四氢大麻酚来计算。毒品的有效成分含量通常通过化学实验室对保全的毒品进行鉴定确定。如果案件中没有保全的毒品，则通过估算的方式确定。

2. 对毒品不以纯度折算的观点批驳

1997 年《刑法》生效以后，一些学者从不同角度论证了毒品不以纯度折算的合理性，笔者在此做一一分析：

第一，世界各国的毒品犯罪都不以纯度折算，对毒品纯度折算花费时间，拖延办案周期，不利于迅速有效打击毒品犯罪。[4]这种观点代表了实务界的观点，实际上也是立法的旨趣，但在笔者看来，这种观点非常偏颇：（1）毒品不以纯度折算，并非世界各国立法通例，上文已经有介绍，在此不做过多

---

[1] 梅传强、伍晋：《毒品犯罪死刑控制的教义学展开——基于 122 份二审死刑判决书的实证研究》，载《现代法学》2019 年第 5 期。

[2] 参见张汝铮、郝银钟：《论毒品数量计算在司法实践中的重构》，载《法律适用》2019 年第 13 期。

[3] 美国量刑委员会编：《美国量刑指南——美国法官的刑事审判手册》，逢锦温等译，法律出版社 2006 年版，第 125 页。

[4] 参见刘家琛主编：《新刑法条文释义》（下），人民法院出版社 2004 年版，第 910 页。

分析。（2）打击犯罪迅速及时当然必要，但不能为了打击犯罪、节约时间、节约财政经费而对被告人作出不均衡的量刑。如果说在20世纪末、21世纪初这种理由还有其实际存在价值，那么发展到今天则已经完全站不住脚。（3）美国等国家的毒品犯罪不以纯度折算，但由于美国毒品犯罪的量刑远比中国毒品犯罪的量刑低，因此其负面效应并不明显，而中国毒品犯罪是典型的重罪，不以纯度折算对被告人的量刑影响较大。

第二，毒品以纯度折算会放纵毒品犯罪分子，特别是对那些涉案毒品数量大而纯度低的犯罪分子会造成重罪轻判，不利于遏制毒品犯罪。[1]这种观点的问题在于，单纯将毒品的数量作为重罪、轻罪的标准。毒品犯罪的法益是公众健康，真正危害公众健康的并不是毒品的总量，而是毒品中的有害成分。不同纯度的毒品，即使数量相同，其危害性也不同。严打毒品犯罪是我国既有的刑事政策，但严打必须讲究罪刑均衡，严守法治底线。严打应当是精准严打，粗放式严打容易引起犯罪人的逆反心理，也违背社会公平常识。

第三，低纯度的毒品和高纯度的毒品社会危害性没有差异，并且由于低纯度的毒品价格低，反而易于成交，成交量大，对贫困者特别是青少年具有较大的吸引力，是毒品广泛扩散蔓延的重要根源。[2]这种观点有一定合理性，但同样值得商榷：（1）不同纯度的毒品危害性并不相同。吸食含量20%的1克海洛因，其对身体的危害与吸食含量90%的1克海洛因在医学上必然不同。（2）低纯度毒品的价格相对较低，容易吸引贫困者吸食，这种观点看起来有道理，但实则不然。因为即使吸毒者购买高纯度毒品的价格较高，但吸食者完全可以在购买后自行稀释后吸食。毒品扩散的根源在于社会心理与个体心理不良，而非毒品交易价格。

第四，犯罪分子并不以毒品含量作为交易单位，将毒品以纯度折算的观点，过分强调了毒品本身对人体健康的危害性，而忽视了在刑法理论上毒品犯罪的危害性和犯罪分子在犯罪活动中的主观恶性及人身危险性，不符合主客观相一致的原则。[3]本书认为，这种观点似是而非，值得商榷：（1）毒品

---

[1] 参见张辛陶：《毒品犯罪的认定与案例分析》，人民法院出版社2000年版，第132页。
[2] 参见魏春明：《毒品纯度与量刑问题研究》，郑州大学2004年硕士学位论文。
[3] 参见赵天红：《毒品数量与量刑的关系》，载《检察日报》2000年06月29日，第3版。

犯罪的法益是公众健康而不是犯罪分子的主观恶性与人身危险性,学术研究从法益出发是妥当的研究立场,不存在"过分强调"之说;(2)主观恶性与人身危险性是量刑的酌定情节,而不是主要定罪量刑情节,加之毒品犯罪分子的目的是牟利而不是毒品传播。

三、毒品概念在刑法中的再造与制度完善

(一) 对毒品特征妥当认识的基础上,再造毒品概念

我国传统的毒品概念重视成瘾性,而忽视危害性,带来了如下问题:首先,在面对欧洲、北美部分毒品去刑法化刑事政策的冲击下,难以提供有力的学术应对而只能以"中国国情"相回应,这不利于我国的学术自信,亦没有以社会危害性为理由展开政策辩论。其次,由于忽视毒品危害性特征进而缺乏对不同毒品危害性不同的研究,从而没有建立毒品分级制度,固守刑法的对毒品种类不加区分给予相同法定刑的传统。这种传统不能通过对不同毒品由于危害性程度不同而灵活开展不同的禁毒斗争方式,仅以不同级别毒品数量而量刑的做法在毒品犯罪涉毒数量显著上升的背景下已经难以应对毒品犯罪。再次,由于仅重视毒品成瘾性而忽视毒品危害性,"不以纯度折算"这样畸形的定罪量刑标准长期保持,不仅违反罪刑相当原则,而且毒品犯罪分子片面追求高纯度毒品,反而使得毒品的社会危害性进一步加大。最后,未对毒品与药品进行有效区分,导致司法实践中出现了对一些虽然没有正规处方而基于治疗目的(如癌症晚期患者镇痛)的特殊案例予以定罪量刑,没有取得法律效果与社会效果的统一。

综上,本书认为,对毒品可以作如下定义:违反国家麻醉药品和精神药品管制规定,非法生产、销售、购买、使用、持有非用于医疗用途的能够使人形成瘾癖并具有危害性的麻醉药品、精神药品及其制品。

(二) 以毒品的危害性为基础,建立毒品分级制度

严格意义上的毒品分级制度,应当根据毒品的级别设置不同的法定刑,否则就谈不上是毒品分级而更宜叫作毒品分类。

1. 构建毒品分级制度应当基于一个前提,即是否对每种毒品的成瘾依赖性以及对身体的危害性进行过充分的医学研究。没有进行充分医学研究前提

下的毒品分级，缺乏科学性。2004年国家药品监督管理局制定的《非法药物折算表》以海洛因为基本计算单位，将非法药物区分为如下种类：阿片类，包括药物依赖性很强且医疗上不准许使用的品种、药物依赖性强但医疗上广泛使用的品种、药物依赖性相对较弱且医疗上广泛使用的品种等三小类；苯丙胺类（含致幻剂），包含精神依赖性很强且医疗上不准使用的品种、精神依赖性强尚有医疗用途的品种、精神依赖性相对较弱且有医疗用途的品种三小类；可卡因类、大麻类、其他兴奋剂；镇静类安眠药等。本书认为，《非法药物折算表》为我国毒品分级制度提供了医学基础，在《武汉会议纪要》之前司法实践未大量援用，可能是基于我国刑事政策决策层尚未考虑构建毒品分级制度。

2. 构建毒品分级制度，可以考虑将持有、吸食部分软性毒品除罪化。无论反对者对美国等国大麻合法化政策的批评有多么严厉，但有个事实却无可争议，即不同的麻醉药品、精神药品的危害性完全不同甚至差异很大。以《非法药物折算表》载明的药品为例，有些药物的危害性相当大，例如1克埃托啡相当于100克海洛因，而1克阿片、度冷丁却仅相当于0.05克海洛因；常见的毒品类药品如1克大麻仅相当于0.001克海洛因。《非法药物折算表》代表的是医学界对毒品危害性的认知，刑事政策虽然要求严打毒品犯罪，但也必须充分考虑宽严相济的刑事政策与不同药物的危害性。因此，如果用于个人吸食而持有毒品，应该有入罪的下限。本书认为，非法持有毒品罪宜以1克标准单位的海洛因为入罪下限，而将非法持有不到1克标准单位的海洛因的行为纳入《治安管理处罚法》《禁毒法》的范畴，不作为刑事犯罪处理。

3. 构建毒品分级制度，可以考虑将部分软性毒品排除出死刑圈。如上所述，不同毒品的危害性大不相同，也不能简单地以倍数衡量该毒品的危害性。《武汉会议纪要》指出，涉案毒品为氯胺酮（俗称"K粉"）的，结合毒品数量、犯罪性质、情节及危害后果等因素，对符合死刑适用条件的被告人可以依法判处死刑。综合考虑氯胺酮的致瘾癖性、滥用范围和危害性等因素，其死刑数量标准一般可以按照海洛因的10倍掌握。本书认为，这种规定并不妥当，10倍于海洛因的K粉并不等于就是标准单位海洛因的危害，实践中吸食K粉的吸毒者也并不会直接服食10倍于海洛因的剂量。本书认为，应当将

1克毒品相当于0.1克标准单位海洛因以下的毒品排除出死刑圈,这样既能做到严打毒品犯罪,又不至于导致死刑适用过多,也符合罪刑相当原则。

(三) 以毒品的危害性为基础,建立毒品纯度量刑制度

本书认为,毒品应当以纯度折算。理由在于:

1. 符合毒品犯罪的法益。毒品犯罪的法益主要有如下观点:(1) 国家对毒品的管理制度。[1]这种观点比较宽泛,需要论证国家为什么要对毒品进行管理。"法益是指根据宪法的基本原则,由法所保护的,客观上可能受到侵害或者威胁的人的生活利益。"[2]国家的毒品管理制度,其实质是为了保护某种特定利益,而不是抽象的国家利益或者公共利益。(2) 毒品的不可泛滥性。罗克辛指出:"贩卖毒品的可罚的正当化根据在于,如果不处罚贩卖毒品的行为,就不可能控制毒品的泛滥,而且毒品对于无答责能力的服用者特别是未成年人会产生严重危险。"[3]罗克辛指出毒品的不可泛滥性是贩卖毒品罪的法益,但为什么毒品不可泛滥? 归根结底还是因为"对于无答责能力的服用者特别是未成年人会产生严重危险",也就是说贩卖毒品罪的法益应当是作为社会法益的公众健康。[4]既然贩卖毒品罪的法益是公众健康,重罪与轻罪的界分就是以对法益侵犯的严重程度为标准,而不同纯度的毒品对公众健康的侵犯程度并不相同。以毒品的纯度为折算标准,符合法益保护原则。

2. 符合罪刑相当原则。有观点认为,"相同数量的毒品如果纯度不同或相差很大而仍处以相同刑罚,则易导致量刑的不协调,不符合罪责刑相适应的原则"[5],笔者对此深以为然。罪刑相当原则要求犯罪的社会危害性与刑罚的轻重符合比例原则、相称原则,不同纯度毒品的社会危害性显然不同。例如甲贩卖含量仅5%的海洛因50克,按照现行《刑法》规定,其法定最低刑为十五年有期徒刑;而乙贩卖含量为90%的海洛因45克,其法定刑幅度则为七年以上十五年以下有期徒刑。甲贩卖的毒品其有效危害成分仅2.5克,

---

[1] 参见高铭暄、马克昌主编:《刑法学》,北京大学出版社、高等教育出版社2019年版,第594页。

[2] 张明楷:《法益初论》,中国政法大学出版社2003年版,第167页。

[3] 转引自张明楷:《刑法学》,法律出版社2021年版,第1505页。

[4] 参见张明楷:《代购毒品行为的刑法学分析》,载《华东政法大学学报》2020年第1期。

[5] 薛剑祥:《毒品犯罪法律适用若干问题探讨》,载《法律适用》2004年第2期。

而乙贩卖毒品的有效成分则为 40.5 克，乙行为的社会危害性显著高于甲，但甲的量刑却显著重于乙，这明显违反罪刑相当原则。更为严重的问题在于，毒品不以纯度折算不仅会影响量刑，还会影响定罪。非法持有毒品罪中非法持有海洛因的入罪数量是 10 克，如果甲购买含量为 10% 的海洛因 10 克吸食，则甲构成非法持有毒品罪；如果乙购买含量为 90% 的海洛因 9 克吸食，即使乙后来每次吸食时将海洛因按照 1∶10 的比例稀释，乙仍然不构成非法持有毒品罪。但是很明显，将甲入罪而将乙出罪显著违反比例原则，难以获得公众的社会认同，也难以令犯罪人认罪悔罪。毒品不以纯度折算，会产生严重的实质不公正，缺乏正当性。[1]

3. 公安机关的毒品鉴定技术能够支持。在 20 世纪 90 年代刑事司法中的时代，最高人民法院的司法解释都要求对毒品做含量鉴定，显然那时的技术就可以支持毒品鉴定，而发展到今天，毒品含量鉴定技术就更不是问题，其耗时并不长、所需资金并不多。因此，如果要求毒品以纯度折算，不会有影响禁毒工作，更不会有给打击毒品犯罪带来拖延时间、耗费财政资金等问题。

4. 毒品以纯度折算的具体操作。有文章对毒品是否以纯度折算的不同观点进行了分析，然后提出了毒品纯度极低、较低、高纯度的不同处理建议。[2] 该文在不对现行刑法进行修改的前提下，不失为一种有见地的处理建议，但本书认为现行刑法已经到了可以修改的成熟时机。毒品的数量应以查证属实的走私、贩卖、运输、制造、非法持有毒品的纯度折算已经具有可供操作的理论基础和技术支撑，予以法律确认具有现实需要。

据此，本书认为，《刑法》第 357 条第 2 款应当将"毒品的数量以查证属实的走私、贩卖、运输、制造、非法持有毒品的数量计算，不以纯度折算"修改为"毒品的数量以查证属实的走私、贩卖、运输、制造、非法持有毒品的纯度折算"。这样，结合《非法药物折算表》加纯度鉴定，更能实现毒品犯罪的罪刑相当原则。

---

[1] 参见刘冬娴等：《毒品纯度对毒品犯罪定罪量刑的影响研究》，载《湖南警察学院学报》2016 年第 4 期。

[2] 参见刘一亮等：《毒品犯罪中的毒品纯度价值之提倡》，载《中国检察官》2014 年第 24 期。

野生动物犯罪：危害珍贵、濒危野生动物罪之确立与完善

2021年2月26日，最高人民法院、最高人民检察院联合公布了《最高人民法院、最高人民检察院关于执行〈中华人民共和国刑法〉确定罪名的补充规定（七）》（以下简称《罪名补充规定（七）》），该补充规定于2021年3月1日起与《刑法修正案（十一）》同步施行。《罪名补充规定（七）》除了对《刑法修正案（十一）》的新增条文明确了罪名，另外对原有10个罪名作了调整或者取消，危害珍贵、濒危野生动物罪即是在取消了原罪名"非法猎捕、杀害珍贵、濒危野生动物罪"和"非法收购、运输、出售珍贵、濒危野生动物、珍贵、濒危野生动物制品罪"后，将两个罪名合二为一，合并修改为"危害珍贵、濒危野生动物罪"。自此，危害珍贵、濒危野生动物罪作为新罪名得以确立。

一、危害珍贵、濒危野生动物罪的立法变迁

（一）1979年–1997年单行刑法阶段

1979年《刑法》并未专门设置保护珍贵、濒危野生动物的罪刑规范，但鉴于实践中对珍贵、濒危野生动物的保护形势日益严峻，1987年《最高人民法院关于依法严惩猎杀大熊猫、倒卖走私大熊猫皮的犯罪活动的通知》明确规定了对于猎杀大熊猫并出卖大熊猫皮的行为以犯罪论处。1988年施行的《全国人民代表大会常务委员会关于惩治捕杀国家重点保护的珍贵、濒危野生动物犯罪的补充规定》将非法捕杀国家重点保护的珍贵、濒危野生动物的行

为规定为犯罪，处七年以下有期徒刑或者拘役，可以并处或者单处罚金；非法出售倒卖、走私国家重点保护的珍贵、濒危野生动物行为，按投机倒把罪、走私罪处刑，这可谓以单行刑法的方式形成了危害珍贵、濒危野生动物罪的雏形。

（二）1997 年-2021 年《刑法》阶段

自 1997 年《刑法》开始，《刑法》中明确规定了非法猎捕、杀害珍贵、濒危野生动物罪和非法收购、运输、出售珍贵、濒危野生动物、珍贵、濒危野生动物制品罪两个罪名，此二罪同规定于《刑法》第 341 条[1]中，两罪并用模式一直沿用到 2021 年。

（三）2021 年《刑法修正案（十一）》公布之后

2021 年 3 月 1 日正式实施的《罪名补充规定（七）》将非法猎捕、杀害珍贵、濒危野生动物罪和非法收购、运输、出售珍贵、濒危野生动物、珍贵、濒危野生动物制品罪两个罪名进行整合，由两个选择罪名合并为一个概括罪名即危害珍贵、濒危野生动物罪[2]，自此危害珍贵、濒危野生动物罪正式得以确立。

二、确立危害珍贵、濒危野生动物罪的意义

对于《刑法》第 341 条第 1 款原规定"非法猎捕、杀害珍贵、濒危野生动物罪"和"非法收购、运输、出售珍贵、濒危野生动物、珍贵、濒危野生动物制品罪"，是否需要整合概括，是否具有修改的必要性，存在不同的观点，[3]但基于司法实践的效果和司法实践中存在的问题，最终对罪名进行了

---

[1]《刑法》（1997 修订）第 341 条第 1 款【非法猎捕、杀害珍贵、濒危野生动物罪】【非法收购、运输、出售珍贵、濒危野生动物、珍贵、濒危野生动物制品罪】非法猎捕、杀害国家重点保护的珍贵、濒危野生动物的，或者非法收购、运输、出售国家重点保护的珍贵、濒危野生动物及其制品的，处五年以下有期徒刑或者拘役，并处罚金；情节严重的，处五年以上十年以下有期徒刑，并处罚金；情节特别严重的，处十年以上有期徒刑，并处罚金或者没收财产。

[2]《刑法》（2020 年修正）第 341 条第 1 款：【危害珍贵、濒危野生动物罪】非法猎捕、杀害国家重点保护的珍贵、濒危野生动物的，或者非法收购、运输、出售国家重点保护的珍贵、濒危野生动物及其制品的，处五年以下有期徒刑或者拘役，并处罚金；情节严重的，处五年以上十年以下有期徒刑，并处罚金；情节特别严重的，处十年以上有期徒刑，并处罚金或者没收财产。

[3] 参见李静、姜金良：《〈关于执行刑法确定罪名的补充规定（七）〉的理解与适用》，载《人民司法》2021 年第 10 期。

合并修改，确立了危害珍贵、濒危野生动物罪，主要意义如下：

（一）将原罪名化繁为简，提升了本罪的公众认识度和司法适用的便捷度

原罪名"非法猎捕、杀害珍贵、濒危野生动物罪"和"非法收购、运输、出售珍贵、濒危野生动物、珍贵、濒危野生动物制品罪"在过去的司法实践中，一直因为罪名繁冗复杂而广为诟病。确立罪名的原则不仅要考虑到犯罪的基本性质和核心要件，也要在不影响公众理解的情况下适度概括，避免过于繁冗、复杂。将原两罪适度概括合并一罪，使得新罪名"危害珍贵、濒危野生动物罪"与原罪名相比简洁明了，不仅能充分涵盖原罪名中的各类行为模式和保护对象，而且使得本罪的保护法益更加突显，对于提升本罪的公众认识度、增强司法适用的便捷度都具有积极的意义。

（二）破解了司法实践中对原罪名是否需要"数罪并罚"的争论和困惑

在司法实践中，由于非法猎捕、杀害珍贵、濒危野生动物的行为，通常会伴随后续的非法运输、出售珍贵、濒危野生动物、珍贵、濒危野生动物制品的行为，原两罪名所描述的行为常构成上下游犯罪关系，这就引发了"非法猎捕、杀害珍贵、濒危野生动物罪"和"非法收购、运输、出售珍贵、濒危野生动物、珍贵、濒危野生动物制品罪"是否需要数罪并罚的争论。一种观点认为此种情况下会认定二者构成吸收犯或牵连犯，无须数罪并罚。[1]但是也有观点认为后行为并非前行为的盖然性接续，例如杀害珍贵野生动物后不必然意味着能够出售，且为加大对此类犯罪的惩罚力度，应当将此种情况进行数罪并罚。[2]在过去的司法实践中不同法官对于不同学说的采纳导致了类似案件的处理不同，不利于贯彻落实"同案同判"。故确立危害珍贵、濒危野生动物罪后，将原两个罪名归于一个罪名，对于是否数罪并罚的问题也就迎刃而解，不仅平息了争论，消除了数罪并罚的可能性，也让日后该类案件在司法实践中的处理得到统一，代之以量刑上的差异来实现加大保护珍贵、濒危野生动物的目的。

---

[1] 参见广西壮族自治区贺州市八步区人民法院（2016）桂1102刑初1233号刑事判决书。参见吴利华：《论破坏国家重点保护野生动物资源的犯罪》，载《林业经济问题》2001年第5期。参见周治华：《非法捕杀野生动物并出售的罪数认定》，载《人民司法（案例）》2018第8期。

[2] 参见贵州省黔南布依族苗族自治州中级人民法院（2019）黔27刑终275号刑事判决书。

（三）避免了非法收购、运输、出售"野生动物尸体"在罪名选择上的难题

在之前原二罪并立的情况下，非法收购、运输、出售珍贵、濒危野生动物、珍贵、濒危野生动物制品罪具有两个行为对象，即"珍贵、濒危野生动物"和"珍贵、濒危野生动物制品"，其行为对象上的不同使得法院在审判非法收购、运输、出售野生动物尸体案件中需要对野生动物尸体的属性进行甄别。有学者认为，"野生动物"之含义不仅指活体，还应包括死体，进而将野生动物尸体解释为野生动物。[1]亦有学者认为，野生动物尸体的一部分通常被理解为野生动物制品，举轻以明重，完整的野生动物尸体理应被涵摄于"野生动物尸体"外延之中，故野生动物仅指活体。[2]这一理论争议对于刑罚并无实质影响，但却造成罪名选择上的困惑和司法实践中认定上的分歧。因此确立了危害珍贵濒危野生动物罪后，避免了非法收购、运输、出售"野生动物尸体"在罪名选择上的难题。对于"野生动物尸体"到底是野生动物还是野生动物制品，无论观点如何，在罪名上都得到了统一。

三、危害珍贵、濒危野生动物罪的完善

新罪名危害珍贵、濒危野生动物罪对罪名形式的修改并不能解决原罪名在适用中的所有问题和疑难之处，新罪名确立后对于"珍贵、濒危野生动物"的认定、行为人主观"明知"的认定仍然需要进行进一步探讨和完善。

（一）完善"珍贵、濒危野生动物"的认定

对于"珍贵、濒危野生动物"的范围界定，在实践中争议颇多，尤其对于经过人工驯养的动物是否属于野生动物，因为深圳鹦鹉案[3]而引发了社会的关注和更广泛的讨论。该案的争点在于经过人工驯养的小太阳鹦鹉变异种是否属于《刑法》第341所指"珍贵、濒危野生动物"。从文义角度分析，首

---

[1] 参见陈立烽、曾昭辉：《擅卖珍贵动物死体可获刑》，载《人民政坛》2017年第7期。参见杨纯正：《论我国水生珍贵濒危野生动物保护法律的完善》，载《新西部（理论版）》2016年第6期。参见彭文华：《破坏野生动物资源犯罪疑难问题研究》，载《法商研究》2015年第3期。

[2] 参见周玉玲、高蕴嶙：《非法买卖珍贵、濒危野生动物尸体构成何罪》，载《人民法院报》2018年1月25日，第7版。

[3] 王某等非法收购、运输、出售珍贵、濒危野生动物、珍贵、濒危野生动物制品案，广东省深圳市中级人民法院（2017）粤03刑终1098号刑事判决书。

专题九 野生动物犯罪：危害珍贵、濒危野生动物罪之确立与完善

先需明确"珍贵"、"濒危"和"野生动物"三个词语的外延。根据《中华人民共和国刑法释义》，"珍贵"指具有较高的科学研究、经济利用或观赏价值；"濒危"指除珍贵和稀有之外，种群数量处于急剧下降的趋势，面临灭绝的危险。[1]"野生动物"的定义，在学界得到普遍认可的是陆承平教授的观点即"凡生存在天然自由状态下，或来源于天然自由状态，虽然已经短期驯养，但还没有产生进化变异的各种动物。"[2]根据上述定义，《最高人民法院关于审理破坏野生动物资源刑事案件具体应用法律若干问题的解释》第1条将"珍贵、濒危野生动物"定义为"列入国家重点保护野生动物名录的国家一、二级保护野生动物、列入《濒危野生动植物种国际贸易公约》附录一、附录二的野生动物以及驯养繁殖的上述物种"。故根据我国现行司法解释，王某案中人工养殖的小太阳鹦鹉属于"珍贵、濒危野生动物"。由司法解释和典型案例均可知，在实然层面人工驯养的动物毋庸置疑属于《刑法》第341条规定的野生动物，但从应然的层面上，仍有对于这一定性科学与否的探讨空间和价值。司法实践中本罪相关部分案例的审判结果与民众朴素正义观的偏差，是对于"珍贵、濒危野生动物"之界定进行完善的重要动力，也是其必要性之体现。

本书认为，将人工驯养的动物不加以区分全部归入野生动物的范畴，并不妥当，理由如下：

第一，超越了本罪的法益保护目的，与刑法谦抑性相抵触。刑法的解释应当具有合目的性。《刑法》第341条保护的法益为对珍贵、濒危野生动物资源的保护秩序，其目的是为维系野生动物物种的多样性及其各自数量的相对充裕。对于数量较大且稳定的物种即丧失运用刑罚进行保护的必要性。在部分案件中，涉案野生动物经过我国人工驯养产业的繁育已经达到一定规模，行为人的行为不具备法益侵害性，故而不宜不加区分地运用刑罚进行惩处，否则将违背刑法的谦抑性本质。现代社会刑法的终极目标是赋予国家中公民合理的安全感[3]，如果仅为保护不具有现实灭绝危险的人工驯养动物而剥夺

---

[1] 参见郎胜：《中华人民共和国刑法释义》，法律出版社2015年版，第586-597页。
[2] 陆承平主编：《动物保护概论》，高等教育出版社2009年版，第202页。
[3] 参见郑延谱：《论有限刑法的有所作为——和谐语境下刑法使命与局限性之协调》，载《政治与法律》2010年第2期。

人的自由，是在处理人类重要权利与"非紧缺"野生动物资源时的利益失衡。

第二，有悖于"野生动物"的文义解释。野生动物，顾名思义指在野外生存的动物。《现代汉语词典》将"野生"解释为"生物在自然环境里生长而不是由人饲养或栽培"。[1] 根据《现代汉语词典》的解释，"野生"与"人工驯养"是互斥关系。如果将多代驯养的动物全部归为野生动物，势必会对野生动物进行目的性扩张，目的性扩张结论与文义所不相容，亦与罪刑法定原则相违背，陷被告人于不利境地。

第三，对公众的违法性认识要求过高。"珍贵、濒危野生动物"是规范性构成要件要素，其判断标准应当与公众的普遍认知一致。现将人工驯养的动物一概纳入"珍贵、濒危野生动物"的范畴，难免与社会一般人的观念脱节。在公众对《国家重点保护野生动物名录》、《人工繁育国家重点保护陆生野生动物名录》和《濒危野生动植物种国际贸易公约》附录一、附录二颇为生僻的前提下，其判断是否为"野生动物"的朴素标准即为是否在野外生存，如果此标准高于刑法确定的入罪门槛，会导致被告人具有缺乏违法性认识的可能性。从公众对于王某案审判结果的反应即可知悉，司法解释对"珍贵、濒危野生动物"采用的解释论有陷入重刑主义的倾向，而非尽量贴合公众的法律认知水平。

刑法现阶段对于将人工驯养的野生物种纳入"野生动物"通行的缓和措施是将其作为酌定从宽情节，但是这并不能从根本上改善认定标准不恰当的问题。因此，应在司法实践中对于此问题予以认定上的统一，充分践行"生态学人类中心法益观"，对"人工驯养的野生动物物种"与"野生动物"的区分设定依据，例如对于人工驯养繁殖技术的成熟度高、人工驯养繁殖种群已发生进化变异的野生动物可排除出刑法意义上的"野生动物"。人工繁殖技术成熟的野生动物物种，物种数量可通过人工繁殖处于基本可控的状态，故而已不具有刑法保护的必要性。而科学家在对野生动物进行定义时，普遍赞同"未发生进化变异的人工繁殖动物仍属于野生动物"的观点。[2] 将是否发生

---

[1] 参见中国社会科学院语言研究所词典编辑室编：《现代汉语词典》，商务印书馆2017年版，第1096页。

[2] 参见马建章等编著：《野生动物管理学》，东北林业大学出版社2004年版，第14页。参见陆承平主编：《动物保护概论》，高等教育出版社2009年版，第202页。

进化变异作为区分人工养殖的野生动物种群与野生动物的标准也具有科学上和法律上的合理性，可进一步对"人工驯养的野生动物物种"与"野生动物"区分依据作进一步的探讨和研究。

(二) 优化对行为人"明知"的推定过程

危害珍贵、濒危野生动物罪是故意犯罪，这就意味着只有行为人明知自己的行为会对珍贵、濒危野生动物资源造成危害，且希望或放任危害结果发生时，其罪过才是故意，否则将不符合入罪的主观要件。但因明知是主观方面的内容，如若没有行为人的供述则控方的证明难度很大。如何判定行为人是否是"明知故犯"，确是司法实践中的难题，可通过以下方法优化对行为人"明知"的推定过程，对行为人是否明知作出准确判断：

1. 将行为人"明知"与否的参考事实做类型化梳理

在危害珍贵、濒危野生动物罪认定过程中，行为人常以认识错误作为辩护理由阻却故意的成立进而出罪，主张行为人不知涉案动物属于刑法所关注的"珍贵、濒危野生动物"，从而排除刑事责任的承担。基于此，本书拟对辅助判断行为人主观"明知"存在与否的事实要素进行归纳总结，以期使此类案件在缺乏被告人对于"明知"供述的情况下，实现"故意"认定的相对合理化。

(1) 行为人明确知道涉案动物是国家禁止买卖的动物即构成"明知"

此处的"明知"宜采纳概括明知而非具体明知，亦即行为人并非只有明知涉案动物属于《国家重点保护野生动物名录》以及《濒危野生动植物种国际贸易公约》附录一、附录二所列动物才能说明行为人具备明知，否则会将本罪名架空，使得只有相关专家才能构成该罪。实际上，只要行为人明知涉案动物是为法律所保护的，就说明其能认识到该种动物的珍贵、濒危性及其自身行为的社会危害性，法官即应推定为行为人明知涉案动物属于"珍贵、濒危野生动物"。例如，在深圳鹦鹉案中，法官即指出"这种圈子里常有买卖违法性言论，而王某曾明确供认其知道涉案鹦鹉是国家禁止买卖的动物，买卖它们需要办理许可证，因怕麻烦而没办，承认自己是基于侥幸心理而犯罪"。[1] 由此可知，法官通过行为人对涉案动物"受法律保护"的明知而推

---

[1] 广东省深圳市中级人民法院 (2017) 粤03刑终1098号刑事判决书。

定对于涉案动物"珍贵、濒危"属性的明知。

(2) 对于涉案动物领域十分了解可推定其"明知"

在部分案件中,行为人一方坚称其不知涉案动物的种类,更谈不上明知其属于"珍贵、濒危野生动物"。针对此类情况,可诉诸《刑事诉讼法》寻找破解路径,《刑事诉讼法》第55条第1款规定:"对一切案件的判处都要重证据,重调查研究,不轻信口供",并特别指明,"没有被告人供述,证据确实、充分的,可以认定被告人有罪和处以刑罚。"因此法院并非只能根据其供述来作出不具备"明知"的认定,可以结合现有证据对于行为人是否具有"明知"进行合理推定。当有证据证明行为人涉足涉案动物相关领域时间较长或者在供述时对于涉案动物的相关信息表述详实,则可推断其具有相关知识储备,应推定行为人对于涉案动物的珍贵、濒危属性具备明知。例如,在大学生掏鸟案中,辩护人提出被告人闫某某并不明知猎捕的隼为国家二级保护动物。但根据本案证据可知,被告人闫某某是"河南鹰猎兴趣交流群"的一员,具有凤头鹰倒卖经历,且此次在网上兜售时特意标注的信息为"阿穆尔隼",应当推定其对于涉案动物具有较为深入的了解,应当推定其对于阿穆尔隼的珍贵、濒危属性具有明知。正是遵循此认定路径,二审法院作出终审判决时认为:闫某某以及王某某在公安审问阶段对其主观上明知的事实[1]曾有过稳定供述,且该供述能够与闫某某本人在百度贴吧上发布的关于买卖鹰隼的相关信息[2],故而不能阻却闫某某的故意。

(3) 对于涉案动物的种类、属性均不知且缺乏知悉途径的不宜推定为"明知"

鉴于在绝大多数情况下行为人对于涉案动物的珍贵、濒危属性均有明知,故而法院在审理此类案件之时倾向于推定行为人具备"故意"。但对于行为人"明知"的推定仍应以事实为依据,秉持着对"入罪"的谨慎态度,不应因"明知"存在于绝大多数情况中而推广至全部,否则会产生以偏概全之谬误。当根据现有证据指明行为人确不知涉案动物的种类、属性且缺乏知悉途径之时,法官或检察官应敢于排除行为人的"明知",阻却危害珍贵、濒危野生动

---

[1] 此处的明知是对于涉案动物种类的明知,而非对涉案动物属于珍贵、濒危野生动物的明知。
[2] 参见河南省新乡市中级人民法院(2015)新中刑一终字第128号刑事判决书。

物罪的成立。危害珍贵、濒危野生动物属于法定犯，其定性所依据的《国家重点保护野生动物名录》以及《濒危野生动植物种国际贸易公约》附录一、附录二。对于社会一般人而言均较为生僻，加之我国动物资源丰富、种类庞杂，法律不应苛责所有的行为人均有较高的动物识别能力并强加给行为人较重的法律知悉义务。只有当行为人对于涉案动物领域较为了解或实施相关行为时间较长时，方能在行为人未承认自身具有"明知"的情况下作出对其不利的推定。

2. 增强裁判文书对于"明知"推定的说理严密性

目前部分判决书的说理部分对于"明知"的认定仅停留于形式层面，对于推定过程与依据均不在判决书中加以说明，更有甚者对于行为人罪过的证成毫无提及。这种现象导致了法官对于罪过认定这一疑难环节论证的回避，不当扩张了"明知"的可推定范围，引发群众对于刑事裁判任意性存在与否的揣度。以辛某某非法猎捕、杀害珍贵、濒危野生动物罪一审刑事判决书[1]为例，此判决书中仅说明客观上被告人到野外捕捉的12只野生青蛙和12只"长腰拐"属于《国家重点保护野生动物名录》中的物种，但对于行为人的"故意"并未提及更无论证。暂且不论此案中被告人对于24只青蛙的珍贵、濒危属性是否具有明知，单从裁判文书的外观而言确有客观归罪之嫌。且审视该案案情，本案辛某某为当地农民，以牟利为目的抓捕数量较少的青蛙至市场进行贩卖，其极有可能受文化水平与法治认识所限而不能认识到野生青蛙和"长腰拐"的通用名，可能不具有认识到其珍贵、濒危属性的可能性，故而法院未加论证即默认其具有"明知"，明显缺乏信服力，未在裁判文书说理环节对于合理怀疑进行排除。

危害珍贵、濒危野生动物罪之确立，是立法的进步，也是司法实践经验的总结，不仅能解决实践中存在的一些问题，也能提升本罪的公众认识度和司法适用便捷度。随着该罪名的确立，已经解决的问题将成为历史，学界将对尚未解决的问题作进一步探讨和研究，对珍贵、濒危野生动物的刑法保护将更加完善。

---

[1] 参见广西壮族自治区桂平市人民法院（2019）桂0881刑初38号刑事判决书。

> 专题十

信息网络犯罪：帮助信息网络犯罪活动罪的不法判断与处罚范围

  刑法中罪刑法定主义的思想基础之一是尊重人权主义，尊重人权主义的关键词是国民对自己行为的预测可能性[1]，罪刑法定主义要求明确划分对于国民来说容许与禁止的行为的界限，落实到具体犯罪中即是罪刑法定主义要求明确保障国民对于具体犯罪处罚范围的事先、大致的认知（当然不可能是精准无误的认知）。罪刑法定主义的这一要求在此前的时代基本能够经由法益理论的不法评价与指导解释机能实现，即国民看到具体犯罪的构成要件表述结合体系位置等能够较为清晰地推断出其保护法益与法益侵害形式，获知其处罚范围，用以指导自己的行为。但是，晚近以来，随着风险社会、网络时代的到来，越来越多与法益关联稀薄的罪名开始出现，法益理论的机能正在被弱化。与之相对应的，国民经由法益理论的不法评价与指导解释机能明确获知一个新兴罪名的不法判断与处罚范围的方法的实际功效也正在减弱。因此，寻找法益理论之外的指导国民行为准则的结构性工具就成为当务之急，这个问题意识就是罪刑法定主义除了借由法益理论之外的另一种结构化理解的可能。本专题以《刑法》第287条之二帮助信息网络犯罪活动罪为例，探索从刑法教义学出发对于帮助信息网络犯罪活动罪的不法判断与处罚范围的新思路，这也就是一种罪刑法定主义的结构化理解。

---

  [1] 参见张明楷：《刑法学》（上），法律出版社2021年版，第56页。

专题十 信息网络犯罪：帮助信息网络犯罪活动罪的不法判断与处罚范围

一、问题的提起

2015 年《刑法修正案（九）》新增《刑法》第 287 条之二"帮助信息网络犯罪活动罪"，宏观上，本罪承载保护创新活力与打击违法犯罪的双重职责。从司法实践来看，由于 2019 年 10 月 21 日公布《最高人民法院、最高人民检察院关于办理非法利用信息网络、帮助信息网络犯罪活动等刑事案件适用法律若干问题的解释》（以下简称《帮助信息网络犯罪活动罪解释》），明确了本罪"情节严重"的具体标准，从 2020 年起本罪的适用数量得到极大幅度提升。观察本罪的适用情况，发现司法实践在适用本罪中存在两个明显问题。

首先是虚置《刑法》第 287 条之二第 3 款，间接造成同案不同判。案例 1：刘某明知他人利用信息网络实施犯罪，仍按照买家要求在网上购买源代码、域名、服务器后搭建虚假贷款 APP，并以每个几千至一万余元不等的价格出售给买家，共计获利 20 余万元。法院认为，被告人构成帮助信息网络犯罪活动罪，判处有期徒刑九个月，并处罚金 3 万元。[1]案例 2：刘某帮助陈某开发某虚假农产品买卖平台，陈某通过打电话、QQ 聊天吸引被害人进入平台后，在后台控制涨跌，以小额投资获利为诱饵，在被害人大额投资后反向操作，造成亏损获利。二审法院认为，根据《刑法》第 287 条之二第 3 款"同时构成其他犯罪的，依照处罚较重的规定定罪处罚"，刘某为陈某实施诈骗提供网络技术支持，共计获利 20 余万元，以诈骗罪共犯论处，判处有期徒刑五年。[2]上述两个几乎完全相同的案例，却因为罪名认定不同，导致最终量刑结果差距巨大。这一问题可以归结于司法实践普遍虚置第 287 条之二第 3 款。[3] 刑法第 287 条之二第 3 款"同时构成其他犯罪"暗含法院应当确认被帮助者所犯罪名，然后"依照处罚较重的规定定罪处罚"。然而司法解释实际将"应

---

[1] 参见贵州省六盘水钟山区人民法院（2020）黔 0201 刑初 277 号刑事判决书。
[2] 参见新疆生产建设兵团第（农）六师中级人民法院（2016）兵 06 刑终 22 号刑事裁定书。
[3] 在最高人民法院汇编的典型案例中，"帮助开办银行卡行为"（侯博元、刘昱祈等帮助信息网络犯罪活动案）和"帮助支付结算行为"（赵瑞帮助信息网络犯罪活动罪案）的判决论证中也没有出现关于第 287 条之二第 3 款的论述。参见《最高人民法院典型案例汇编（2019）》，人民出版社 2020 年版，第 228-230 页。

当确认"改为了"可以确认",《帮助信息网络犯罪活动罪解释》第 13 条规定:"被帮助对象实施的犯罪行为可以确认。"由于实践中不同法院对于"可以确认"的具体把握尺度不同,帮助信息网络犯罪活动罪案例中同案不同判现象较为严重。

其次是加速口袋化。与虚置第 287 条之二第 3 款可能造成的轻纵犯罪相对应,实践中还出现一种本罪的司法扩张,即加速口袋化问题。帮助信息网络犯罪活动具有"主观明知认定模糊、客观帮助行为定义不清以及入罪门槛较低"的"口袋化"基因。[1]案例 3:被告人曾某某、陈某某在海南省东方市八所镇福久村陈某某家中开设"黑网吧",对上网人员不进行任何登记,无人在场管理、不使用任何视频监控管理设备、网吧客户机均采用"无盘工作"方式,逃避监管,规避调查,且提供上网方式明显异常。2019 年 9 月 27 日被害人刘某被他人在曾某某、陈某某所开的"黑网吧"内使用 QQ 号×××登录实施诈骗人民币 32 997.24 元。[2]有学者指出,本案中的"网吧管理者既无法益保护义务,也无危险源监督义务,提供的上网服务,属于典型的中性业务行为。"[3]实践中很多本应判决无罪的案件,最终往往被套以本罪"主观明知+客观帮助"的简单定式而被轻易入罪。本案绝非个例,帮助信息网络犯罪活动罪正在加速口袋化,成为网络时代新的口袋罪。

虚置《刑法》第 287 条之二第 3 款与加速口袋化都指向机械套用《刑法》第 287 条之二的法条文字来认定帮助信息网络犯罪活动罪的不当现象。刑法分则个罪的处罚范围是围绕其实质不法确定的,出现上述问题,根源是本罪的实质不法内涵界定不清、不法判断模糊。反过来说,只有厘清本罪的不法本质与不法判断结构,才能明确本罪的处罚范围。传统上,刑法以法益理论作为个罪不法判断的工具,然而,当前帮助信息网络犯罪活动罪不法判断的研究中并未依赖法益甄别不法,相反研究现状的特征恰是法益缺位。本罪不法判断中忽视法益的原因是什么,舍弃法益后又有哪几种不法判断路径,它

---

[1] 参见刘艳红:《帮助信息网络犯罪活动罪的司法扩张趋势与实质限缩》,载《中国法律评论》2023 年第 3 期。
[2] 参见山西省山阴县人民法院(2020)晋 0621 刑初 50 号刑事判决书。
[3] 陈洪兵:《帮助信息网络犯罪活动罪的"口袋化"纠偏》,载《湖南大学学报(社会科学版)》2022 年第 2 期。

们能否承担起本罪不法判断的任务,究竟应当采用何种不法判断工具才能准确认定本罪的处罚范围。以上就是本书的问题意识。

二、现有不法判断理论存在的疑问

(一) 法益理论缺位的原因

相比分则其他罪名,帮助信息网络犯罪活动罪的构成要件解释常求诸规范属性而非法益。本罪的解释结论基本出自规范属性,例如,帮助犯正犯化下,教唆本罪行为成立教唆犯。量刑规则下,教唆本罪行为成立帮助犯。再如,罪量位于不法阶层,帮助犯正犯化下,成立本罪不需要下游正犯达到罪量。量刑规则坚持本罪行为是下游正犯的帮助犯,根据限制从属性,必然要求下游犯罪达到罪量。法益如何甄别不法集中体现于结果无价值的主线逻辑,本罪中法益甄别不法的失效,源于本罪立法特征与法益不法判断逻辑的不符。

其一,本罪法益确定困难、集体法益解释力先天不足。首先,网络犯罪的特征导致传统法益确定方法在本罪中无从展开。例如,其强调行为对利益的危害,本罪帮助行为距法益侵害较远,利益受损不明显。其强调下位行为归纳,本罪罪状并未深入描述构成要件,无法得出有益的法益结论。其次,从体系位置看,本罪法益应是集体法益,但集体法益解释机能不彰,相比个人法益入罪风险更大。本罪实体法益的缺失冲击法益不法判断的逻辑,逻辑起点即法益侵害客观可视性即被动摇。

其二,本罪实行行为指向的法益多元。不同于传统口袋罪,本罪中不仅"帮助"行为过于宽泛,其实行行为指向的法益也具有多元性。传统口袋罪如非法经营罪、以危险方法危害公共安全罪的实行行为也过于宽泛,但其法益指向相对单一。若认为本罪中帮助行为从属正犯行为,帮助行为侵犯的法益取决于正犯,正犯指向的法益多元,对本罪法益可能无法解读,或只能解释为行为规范类型的法益。若认为帮助行为即是正犯行为,可将法益理解为公共秩序类法益如"网络技术不被非法滥用的",但如前所述,集体法益本身的解释机能不彰。

其三,本罪的不法判断资料依赖主观不法。网络时代的任何网络帮助行为都可能被用于犯罪,单纯从外观上客观判断不法趋于失效,不法判断资料依赖主观。有学者提出本罪"归责依据在于网络服务提供者对所传输涉罪信息的特殊认知"[1]，进而极力限制主观不法、明知的内容。但即使如此，且不说依然将最终判断交付主观，不可忽视的是本罪法益依据体系位置是公共秩序法益，主观不法与集体法益结合，处罚范围进一步扩张。

（二）中立帮助行为理论的疑问

多数研究将本罪的不法归责导向中立帮助行为理论，但其作为归责依据本身即值得斟酌。中立帮助行为是客观上促进他人犯罪同时有正常业务、日常活动一面的行为。中立帮助行为研究均致力于限缩可罚性，区分可罚与不可罚的中立帮助行为。根据陈洪兵教授的总结，中立帮助行为的限缩路径可分为主观说与客观说。主观说下，只有帮助者明知正犯实施犯罪行为而提供帮助，才具备可罚性。"只大体上估计对方将可能实施犯罪，日常生活行为不宜认定为帮助犯"[2]。客观说从客观处寻找限制可罚性的依据，主要有行为的社会意义、考虑假定的替代原因、对潜在帮助者的行为自由与被害人的利益保护之间进行权衡、通过法益衡量否定帮助行为性。[3]本罪研究中新近发展出两条辨别可罚与不可罚的中立帮助行为的进路，一是张明楷教授主张的"情节严重说"，"情节严重的中立的帮助行为，才成立犯罪"[4]。二是刘艳红教授提出的"犯罪意思联络说"，"只有'明知且促进型'则才具有可罚性，而'明知非促进型'则不具有可罚性。"[5]上述各种进路都存在不同程度的疑问。

其一，传统中立帮助行为理论无法解释一些问题。Jakobs 的"溯及禁止论"下，如果帮助行为本身具有独立社会意义，禁止将正犯结果回溯至前在帮助行为。但单纯以社会意义否定帮助犯将导致中立帮助行为都不能处罚。[6]中立帮助行为本就定义为外观上无害，甚至属于履行民事义务的范畴，

---

[1] 王莹：《网络信息犯罪归责模式研究》，载《中外法学》2018 年第 5 期。
[2] 张明楷：《刑法学》（上），法律出版社 2021 年版，第 570 页。
[3] 参见陈洪兵：《论中立帮助行为的处罚边界》，载《中国法学》2017 年第 1 期。
[4] 张明楷：《论帮助信息网络犯罪活动罪》，载《政治与法律》2016 年第 2 期。
[5] 刘艳红：《网络犯罪帮助行为正犯化之批判》，载《法商研究》2016 年第 3 期。
[6] 在"杀人犯讨债跑路案"中，周光权教授指出，仅以一方面看民事法律行为合法即动用法秩序统一性原理将其出罪化，会导致所有的中立帮助行为都不可罚。参见周光权：《客观归责论与实务上的规范判断》，载《国家检察官学院学报》2020 年第 1 期。

行为有多个面向并不鲜见,不能以民事合法否定刑事归责。Frish、岛田聪一郎、黎宏教授的"假定的替代原因考虑说"着眼正犯是否容易从第三人处得到同样帮助。其违背帮助行为考虑贡献而不考虑阻碍原则,即认定帮助犯不适用条件。Hefendehl 的"利益衡量说"权衡潜在帮助者的行为自由与被害人的法益保护。[1]但利益权衡如何实际操作未有合理说明。陈洪兵教授"否定中立行为的相当因果关系"路径,主张采形式标准,只要符合相关法律、法规、行业规范要求,就应尊重公民的交往自由。但问题正是如何具体判断"符合相关法律、法规、行业规范要求"。如出租车司机明知乘客乘车去杀人而欣然应允并送往目的地,究竟是否违背"相关法律、法规、行业规范"本身恐怕即需进一步解释。

其二,新近的中立帮助行为理论无法解释一些疑问。"情节严重说"要求考虑帮助行为的促进作用。然而,现实中存在中立帮助行为对正犯的促进作用很大却不可罚的情形。例如,在日本的"汽油事件"中,"对于根据地方税法规定的不缴纳汽油交易税罪,从实施该罪的特别征收义务人处购买汽油的买主,即使可以推定其明知卖家不缴纳汽油交易税的意图",也不成立帮助犯。[2]此种情形可谓没有帮助行为就没有正犯,然而却不处罚。可见,"情节严重"只是可罚性区分的背书,无法成为可罚性边界的标识。"犯罪意思联络说"以促进犯罪意思的有无区分可罚与不可罚的中立帮助行为,但促进犯罪的意思不太可能在客观上促进法益侵害,这一进路恐怕会落入"心情刑法"的批评。

其三,中立帮助行为客观说在本罪不法判断依赖主观不法的现状下无用武之地,主观说则会进入"特别认知"的讨论域。首先,本罪行为方式普遍无法从外观辨别,这本就是中立帮助行为概念的应有之义,再以客观判断,有循环论证之嫌。其次,中立帮助行为的主观说实质等同于下述客观归责中的"特别认知"。"以行为人对于他人犯罪是否具有认识来界定中立帮助行为与帮助犯之间的区别"[3],实质即强调通过考虑行为人主观的信息优势来判

---

[1] 参见陈洪兵:《论中立帮助行为的处罚边界》,载《中国法学》2017年第1期。

[2] 参见[日]龟井源太郎:《Winny 事件日本最高法院裁决与"中立行为"论》,钱日彤译,载《法治社会》2021年第1期。

[3] 欧阳本祺、王倩:《〈刑法修正案(九)〉新增网络犯罪的法律适用》,载《江苏行政学院学报》2016年第4期。

断客观行为性质。"不可能不考虑行为人的认识内容对一项危险是否存在作出评价"[1]。具有特别认知的客观行为才该当构成要件,"行为人的特别认知可以决定行为的不法"[2]。有学者认为特别认知"企图在有责性阶段找到出罪通道",由违法客观责任主观的定式,认为这属于"客观不够主观补"。这可能误解了特别认知的体系地位,特别认知位于客观归责中的创造风险阶段,在构成要件行为中判断,因而才被认为是在客观中考虑主观的客观归责论的背之芒刺。

(三) 客观归责理论的疑问

本罪中以客观归责理论限制处罚范围的意义有限。客观归责理论的一般原理"结合具体的帮助行为形态和功能,首先判断帮助行为是否创设了法所不允许的风险,然后再进一步判断帮助行为是否实现了这种法所不允许的风险"[3]。然而,该路径下论者得出的结论,如单纯提供物理入网服务的移动、电信等与法益侵害并无值得刑法评价的意义关联。再如,若帮助信息网络犯罪活动罪的正犯不属于合法提供网络服务者,专门为他人实施犯罪提供帮助,对其应认定帮助行为引起了法所不允许的危险。[4]该结论与前述中立帮助行为的结论并无明显差别,对划定可罚与不可罚的边界助益有限。

除了客观归责一般原理,该路径下还有一种着眼主观不法的特别认知路径。王莹副教授指出本罪的不法重点是主观不法,根据特别认知原理,"正常提供网络存储、网络接入等服务,在一般情形下并未创立法所不容许的风险,但是如果其认识到某信息涉嫌犯罪却仍提供服务,则属于具有特殊认知的情形,可以对其进行归责。"[5]因为不法判断依赖主观不法,需限制"特别认知"。明知应是具体的认识且限制对明知的推定。认识内容上,除事实因素,还应认识规范性构成要件要素。然而,"特别认知"下,本罪实质成为注意

---

[1] [德] Luis Greco:《客观归责领域的主观面:论特殊认知"问题"》,陈晰译,载赵秉志等主编:《当代德国刑事法研究》(第3卷),法律出版社2019年版,第9页。

[2] 许玉秀:《当代刑法思潮》,中国民主法制出版社2005年版,第478页。

[3] 王华伟:《网络语境中帮助行为正犯化的批判解读》,载《法学评论》2019年第4期。

[4] 参见谭堃:《论网络共犯的结果归责——以〈刑法〉第287条之二为中心》,载《中国法律评论》2020年第2期。

[5] 王莹:《网络信息犯罪归责模式研究》,载《中外法学》2018年第5期。

规定。因为，按照客观归责这一一般归责原理，特别认知并非只在本罪中发挥作用而是一般地发挥作用。换言之，即使不规定本罪，就本罪描述的行为也应按照客观归责、特别认知解决，这可能间接支持了规范属性中将本罪解释为共犯方向的量刑规则说。但论者的论证逻辑正是基于主张抛弃共犯框架。

虽然论者着重指出是将帮助行为本身作为归责对象，本罪是正犯行为，由于"帮助"语义的部分事实从属性，将本罪作为一个立法上例外的构成要件。"287条之二解决的是这种帮助行为本身的责任问题，并不关心与他人犯罪的因果联系。只要其主观上存在对他人犯罪行为的明知与客观上提供了网络服务行为，即可构成本条之罪。"[1]上述本书质疑是基于共同犯罪。但论者的"事实从属性"与"立法上正犯的例外规定"的矛盾如何协调是首要问题。刘涛博士也认识到上述矛盾，认为其解决路径是改造特别认知的内容，通过将最高人民法院、最高人民检察院2017年5月8日公布的《关于办理侵犯公民个人信息刑事案件适用法律若干问题的解释》第5条第3项"情节严重"之"知道或者应当知道他人利用公民个人信息实施犯罪，向其出售或者提供的"没有要求类型和数量，得出司法解释"更为关注帮助者对直接侵犯公民个人信息实行人行为的特殊认知。这种特殊认知在司法解释上并没有严格遵循共犯不法归责原则，而是以行为人所处的社会领域及其对相关违法犯罪活动所起到的功能性影响来界定不法归责的范围"[2]。这一路径注意到网络帮助行为的功能性特点，对传统特别认知进行更靠近危险的功能性改造。但其论证逻辑中，《公民个人信息解释》规定的是实行行为而非帮助行为，而且将特别认知的内容改造为身份、身份的社会意义这样极低的认知程度后，处罚范围急剧扩张。

（四）不作为犯理论的缺陷

不作为犯理论转换重心却也回避了问题。阎二鹏教授认为事前提供网络技术支持服务的行为不是本罪设定的行为类型，事后仍继续提供网络技术支

---

[1] 王莹：《网络信息犯罪归责模式研究》，载《中外法学》2018年第5期。

[2] 刘涛：《网络帮助行为刑法不法归责模式——以功能主义为视角》，载《政治与法律》2020年第3期。

持的行为才是本罪的构成要件行为。前者"在既有之共犯论之下成立帮助犯抑或共同正犯等犯罪参与类型并无任何异议,无需分则进行重复规定"[1],后者才是不法归责的重点,本罪是不作为犯。

如前所述,中立帮助行为主观说路径会进入"特别认知"的讨论域。诚如 Jakobs 对 Roxin 的批评,"要求拥有特殊认知的行为人使用该认知以避免法益侵害,而又不存在行为人获取该认知的义务,自相矛盾"[2]。Jakobs 的行为归责理论即在原则上不考虑特别认知,除非能够确认特别认知具有义务来源。因而这一路径最终也导向追问作为义务的不作为犯路径。不作为犯的核心是作为义务,不作为犯路径绕回到了立法论上本罪的核心问题,即为何赋予国民作为义务。按照上述观点,应得出本罪是真正不作为犯。但在论证作为义务来源时,论者依然回到"现实困难→规范回应"的路径,回避了正当性问题。如果按不纯正不作为犯理解,相比中立帮助行为,不纯正不作为犯的理论争议更加复杂。作为义务来源经历实质化运动后并未结出太多硕果,至今的通说仍然是 Kaufmann 于 1959 年经归纳提出的区分保护保证人与监督保证人的功能二分说。在不纯正不作为犯的理解下,如何合理界定保证人地位存在论证障碍。要言之,这一路径反将问题的解决方向更为抽象化,引入更加复杂的境地。而且,该路径也违背了作为优先于不作为评价的基本原则。

(五) 累积犯理论的疑问

累积犯模式存在难以回答的问题。有学者提出以累积犯理解本罪。"与累积犯同理,正是由于存在多频次、大批量的网络帮助行为,才造成下游犯罪的猖獗,这也赋予了网络帮助行为的独立可罚性。"[3]

问题有二,其一是累积犯的边界何在。理论上,累积犯将犯罪门槛下降至甚至没有法益侵害的行为,大为前置化处罚。例如,按照累积犯模式,帮助卖淫、吸食毒品等违法而不犯罪的行为累积后也具有法益侵害性。而违法

---

[1] 阎二鹏:《帮助信息网络犯罪活动罪:不作为视角下的教义学证成》,载《社会科学战线》2018年第6期。类似立场参见马永强:《网络服务提供者的熔断义务与归责——以帮助信息网络犯罪活动罪为重心的展开》,载《中国刑警学院学报》2020年第1期。

[2] [德] Luis Greco:《客观归责领域的主观面:论特殊认知"问题"》,陈晰译,载赵秉志等主编:《当代德国刑事法研究》(第3卷),法律出版社2019年版,第16页。

[3] 郭玮:《累积犯视域下网络账号恶意注册行为的规制》,载《法学杂志》2020年第1期。

行为类型众多，处罚范围实际上无比扩大。其二，不累积的帮助行为无法处理。累积犯模式强调，"可用共同犯罪中的帮助犯解决的犯罪行为并非本罪立法的关注点，而真正值得关注的是那些社会危害性积微成著的帮助行为。"〔1〕但是，按此逻辑，一次帮助信息网络犯罪活动即案发的行为，却反而不能用本罪加以规制，这未免不合适。

（六）最小从属性理论的问题

最小从属性路径因小失大。限制从属性与最小从属性的对立在于共犯违法是否以正犯违法为前提，前者肯定，后者否定。主张最小从属性的学者认为，限制从属性下，网络犯罪中的帮助犯归责面临困境。理论上，被帮助者罪量不足无法归责帮助犯。实践中，帮助者被追诉但正犯众多反而未到案查清事实。若共犯无需从属正犯的违法，即使正犯罪量不足、未到案，只要查明正犯该当构成要件，共犯依然成立。由此，"共犯对正犯依存条件的减格为网络共犯异化变形带来的刑事归责困境提供了合理的解围之途"〔2〕。王昭武教授则从更一般的理论层面指出：坚持限制从属性的代价是要么对这种帮助行为束手无策，甚至主张不可罚；要么采取"共犯正犯化"，放弃从属性，更大程度扩大处罚范围。最小从属性既能坚持共犯从属性，还能解决网络共犯异化带来的限制从属性的归责困境。〔3〕进而主张"新混合惹起说—行为共同说—最小从属性说"。新混合惹起说的"新"体现在"只要求犯罪结果对共犯而言具有违法性，无需对正犯也具有违法性"，但正犯行为必须是实行行为。

通说对最小从属性的经典批评是，A 教唆 B 杀 C 的场合，B 恰好正当防卫杀死 C，按最小从属性，A 从属于 B 的实行行为，A 成立故意杀人罪教唆犯，B 无罪，出现"无正犯的共犯"现象。相反，限制从属性能得出 A、B 均出罪的结论。但王昭武教授对最小从属性做出辩护："违法性判断是一种实质的、非类型性的、具体的价值判断，必须依赖于在特定场景下对具体行为人的行为作出价值上的评价。……只有正犯存在紧迫性而其他共犯不存在紧

---

〔1〕 江溯：《帮助信息网络犯罪活动罪的解释方向》，载《中国刑事法杂志》2020 年第 5 期。

〔2〕 王霖：《网络犯罪参与行为刑事责任模式的教义学塑造——共犯归责模式的回归》，载《政治与法律》2016 年第 9 期。

〔3〕 参见王昭武：《共犯最小从属性说之再提倡——兼论帮助信息网络犯罪活动罪的性质》，载《政法论坛》2021 年第 2 期。

迫性的场合，就有即便正犯的行为阻却违法，而其他共犯的行为仍然违法的可能"〔1〕。

仅因为最小从属性能够看似解决部分问题就主张在网络犯罪甚至在一般犯罪中以其代替通说，恐怕因小失大。其一，正犯众多可能反而未到案无法查清事实等不能支撑最小从属性。帮助犯的成立以正犯着手为前提（共犯的实行从属性），并不一定要查清正犯具体是谁、是否到案、是否查明所有犯罪事实等问题，只要查明确有正犯着手实行犯罪且无违法阻却事由即可。因此，正犯未到案等情形并非支撑最小从属性的论证理由。

其二，教唆正当防卫案件中，教唆犯没有处罚必要性。首先，因为没有惹起法益侵害结果，结果无价值论不会认为教唆正当防卫中教唆犯有处罚必要性。行为无价值论强调发挥事前行为规范的作用，可能会支持该论调。即遵从王昭武教授的逻辑，在教唆正当防卫案中，从正当防卫的角度看，行为无价值下，A无防卫意思，A无正当防卫，A成立教唆犯。但是，这种从共犯角度单独判断违法性的方法本身存在问题，共犯的违法性不应脱离正犯单独判断。例如，同样场合下，按照结果无价值论，A具有积极加害的意思，阻却紧迫性，按此逻辑，也不成立正当防卫，成立教唆犯，但这一论证与结果价值论从事后客观判断是否具有法益侵害事实作为逻辑起点的判断方法根本不符。可见，只要进行单独判断，共犯都可能成立，这无疑扩张了处罚范围。

其三，《帮助信息网络犯罪活动罪解释》第13条规定了，被帮助的正犯人未达到刑事责任年龄也不影响本罪成立，"被帮助对象实施的犯罪行为可以确认，但尚未到案、尚未依法裁判或者因未达到刑事责任年龄等原因依法未予追究刑事责任的，不影响帮助信息网络犯罪活动罪的认定。"这相当于在立法层面肯定了限制从属性，否定了最小从属性。

总的来说，上述现有不法判断理论共同的缺陷是，一方面，欠缺研究视角的下沉，即精准对接司法实践的痛点难点问题。只限于将本罪的不法判断与一些已有的不法判断模式相对接，而未能聚焦非设立本罪不能解决的问题。另一方面，更为重要的是，在立法正当性的问题上，实际上论者各自有一个

---

〔1〕 王昭武：《共犯处罚根据论的反思与修正：新混合惹起说的提出》，载《中国法学》2020年第2期。

标准,而没有一个共同标准。因此,上述不法判断路径都无法在个案中精确判断不法,进而难以准确划定本罪的处罚范围。

三、帮助信息网络犯罪的不法判断应当回归共犯分析框架

前述各种不法判断路径,其背后是论者对立法正当性问题的莫衷一是。"立法正当性——不法判断规则——处罚范围"三个问题三位一体,以法益甄别不法为例,法益的"立法批判机能——不法判断机能——构成要件解释机能"在逻辑上呈先后关系,但在本体上也是三位一体的。因此,采用何种不法判断工具,实际上从侧面体现了对本罪立法正当性问题的理解。本罪的立法正当性正是思考其不法判断问题的起点。现有研究对本罪不法判断路径的疑惑也正是源自对本罪立法正当性问题的迷思。

(一) 本罪的立法正当性来源:刑法谦抑性

"不再追问正当性如同放弃了刑法的信仰。"[1]相比限于现有不法判断路径技术性的讨论,重新确认本罪的立法正当性根基进而推导正确的不法判断规则,或许才可能拨开本罪不法判断与处罚范围问题的迷雾。本罪的立法正当性是刑法的立法正当性在本罪的体现,因此其答案正是刑法谦抑性思想。

刑法谦抑性的核心要义是控制处罚范围与处罚程度。具体来说,"凡是适用其他法律足以抑止某种违法行为、足以保护合法权益时,就不要将其规定为犯罪;凡是适用较轻的制裁方法足以抑止某种犯罪行为、足以保护合法权益时,就不要规定较重的制裁方法。"[2]刘艳红教授指出了刑法谦抑性的法理意蕴:既然国家刑罚权源自国民的权利转让,因此,"刑法的根基是保障公民自由权利,刑法的信仰是罪刑法定主义"[3]。要让刑法成为真正的法益保障法,而非单纯的行为处罚法,更加不能遗忘刑事立法正当性源自控制处罚范围与处罚程度的刑法谦抑性思想。

值得指出的是,在帮助信息网络犯罪活动罪的研究现状中,前述法益理论存在缺位的现象并不意味着本罪没有保护法益,只是由于本罪法益较为宽

---

[1] 刘艳红:《刑法的根基与信仰》,载《法制与社会发展》2021年第2期。
[2] 张明楷:《论刑法的谦抑性》,载《法商研究(中南政法学院学报)》1995年第4期。
[3] 刘艳红:《刑法的根基与信仰》,载《法制与社会发展》2021年第2期。

泛、不明确，无法成为适格的不法判断工具。否则，刑法没有理由容纳没有保护法益的犯罪，理当废除本罪。从逻辑上说，也只有本罪存在保护法益，才不能主张废除本罪，而使用刑法谦抑性限制其处罚范围。首先，本罪在罪名体系上位于刑法分则第六章妨害社会管理秩序罪的第一节扰乱公共秩序罪中。虽然也能举出罪名位置不能完全决定保护法益的例证，但罪名体系位置毕竟为确定保护法益指明了方向。除非存在强有力的相反证据，本罪保护法益应是公共秩序型的集体法益。其次，按照罪状的表述，本罪的集体法益可被归纳为"网络技术不被非法滥用的秩序"。本罪罪状中，"为其犯罪提供互联网接入、服务器托管、网络存储、通讯传输等技术支持"直接将行为类型指向网络技术支持。而"提供广告推广、支付结算等帮助"在司法实践中，也有部分以网络技术支持为载体。[1]因此，本罪的保护法益可被归纳为"网络技术不被非法滥用的秩序"。

本书认为，在此类法益无法准确甄别不法的犯罪中，极力限缩处罚范围是贯彻刑法谦抑性思想的必然选择。刑法谦抑性并非不加辨别地一概主张出罪化，随着社会物质生活条件的变化，刑法的处罚范围也必然是变动的。"'犯罪化'与'非犯罪化'都是以犯罪的社会危害性的变化情况以及其他因素为根据的。"[2]此前，这一辨别任务可以交由法益这一中介完成，因为法益被当作连接外部环境与刑法体系的沟通桥梁，围绕法益的"实质解释，应该在坚持法益侵害说背景之下，根据是否达到值得处罚的法益侵害程度来实质

---

[1] 因为确实也有部分"提供广告推广、支付结算等帮助"行为是在线下实施的，因此将本罪法益归纳为"网络技术不被非法滥用的秩序"可能仍然存在缺陷。当然，由于被帮助的正犯一定属于"利用信息网络实施犯罪"，因此从帮助犯的违法性从属于正犯的违法性、正犯不应非法滥用网络技术这一角度来看，将"网络技术不被非法滥用的秩序"全然作为本罪的保护法益，也未尝不可。纵观刑法分则，帮助信息网络犯罪活动罪和传授犯罪方法罪都是行为指向和法益指向都不清晰的犯罪，归纳保护法益确实相当困难，而关于传授犯罪方法罪的保护法益，我国学界也几无讨论。如果将目光移向《刑法》第287条之一非法利用信息网络罪，无论将法益界定为"公共信息秩序"，还是"信息网络安全管理秩序"，抑或是"信息网络纯净化、生态化以及文明化的公共秩序"，也都无法解决这些法益解释力相对空洞进而引发本罪也正在口袋化的现状。更重要的是，帮助行为与预备行为对法益侵害宽泛性的指向不同，虽同为纯正的网络犯罪，其法益确定亦无法为帮助信息网络犯罪活动罪的法益确定提供帮助。

[2] 张明楷：《论刑法的谦抑性》，载《法商研究（中南政法学院学报）》1995年第4期。

性地评价犯罪是否成立。"〔1〕法益的本体随着社会物质生活条件的变化也是不断流动的，这就是"法益的社会根据"。然而，随着法益理论在一些新型犯罪中不法判断机能的失效，此类犯罪的处罚范围变得愈发扩张与不明确，此时必须从刑法体系内部出发寻找可以进行不法判断的工具，同时为了应对这种扩张与不明确，应当极力限缩处罚范围。

因此，帮助信息网络犯罪活动罪基于法益理论独立的不法内涵较为模糊。法益在本罪不法判断中趋于无效化，而从前述各种不法判断路径的现状来看，完成刑法体系内部与外部社会环境沟通这一任务的承载者依然未能找到。而且，模糊的不法内涵也正是实践中本罪同案不同判、正在加速走向口袋化现象的重要原因。因此，本书主张本罪的不法内涵是由共同犯罪框架赋予的。在这种缺失与外部环境连接的罪名中，极力限制处罚范围可能是贯彻刑法谦抑性的唯一选择。在本罪不法判断不清的现状下，应该极力发挥刑法的谦抑性思想，限制处罚范围，最大程度地保障人权。在谦抑性刑法理念的指引下，本罪规范属性的量刑规则说具有合理性，能够作为本罪不法判断的工具，总之，本罪的不法判断应当回归共犯框架。

(二) 刑法谦抑性下本罪量刑规则说的合理性

关于本罪的规范属性，学界存在帮助犯正犯化说和量刑规则说，前者是多数说。但是，当前本罪帮助犯正犯化说对量刑规则说的质疑不能成立，量刑规则说在处罚范围、处罚明确性、立法正当性解释上都具有理论优势。量刑规则说才是真正贯彻刑法谦抑性的关于本罪规范属性的学说。帮助信息网络犯罪的不法判断应当回归共犯框架下的量刑规则说。

1. 对量刑规则说质疑的回应

张明楷教授在提出本罪的规范属性是量刑规则说后受到诸多批评，然而，批评未必合理。其一，有学者指出，"正因为帮助信息网络犯罪活动罪是独立罪名才有独立法定刑。刑法规定独立法定刑以行为独立成罪为前提。独立罪名正是将信息网络帮助行为作为独立于被帮助的网络犯罪行为而设立的。"〔2〕简言之，若本罪仅是量刑规则，不应以本罪罪名定罪。

---

〔1〕 刘艳红：《实质出罪论》，中国人民大学出版社2020年版，第433页。
〔2〕 刘艳红：《网络犯罪帮助行为正犯化之批判》，载《法商研究》2016年第3期。

在"规范属性—罪名—法定刑"的结构中,量刑规则说强调"规范属性"与"罪名—法定刑"可以脱钩,"从属于正犯的帮助犯,也是犯罪,并不影响其具有独立法定刑"[1]。如《刑法》第107条资助危害国家安全犯罪活动罪是帮助犯,但也有独立的罪名和法定刑。正犯化说则坚持三者必须挂钩,"刑法规定独立的法定刑是以行为独立成罪为前提的"[2]。但是,罪名是由立法规定的,立法创设新罪名后,适用新罪名是罪刑法定主义的必然要求。立法创设的新罪名与正犯的独立不法内涵并不必然绑定,不能推导出"正犯—独立的不法内涵—罪名"与"帮助犯—间接的不法内涵—非罪名"的定式。帮助犯被独立创设为新罪名,不意味着不法内涵必然升高,其正犯性仍需独立判断。总之,罪名并不总与正犯相互绑定,量刑规则说与罪名的设置意义没有冲突。

其二,有学者提出,"如果量刑规则说仅为解决被帮助者没有利用帮助者提供的网络服务或者根本没有实施犯罪时不处罚帮助者的问题,则是多余之举",因为,将"他人利用信息网络实施犯罪"理解为客观处罚条件可以合理解释这一问题。[3]

但是,首先,不应将"他人利用信息网络实施犯罪"理解为客观处罚条件。一方面,客观处罚条件在构成要件之外,不是故意的认识对象,上述理解无法解释罪状中"明知他人利用信息网络实施犯罪"的表述。另一方面,论者在文章其后部分也提到"'他人利用信息网络实施犯罪'作为本罪的构成要件要素必须为行为人所认识",存在前后矛盾。其次,这一解释下明知时点较正犯化说推后。因为,只有他人着手相关犯罪,达成该客观处罚条件后,帮助者才能"明知",明知时点较本来的正犯化说被推后。因此,其主张本质上也是共犯实行从属性,应归属于共犯方向,而非所宣称的"立法上例外规定的正犯构成要件"。

其三,有学者认为,帮助犯正犯化与帮助犯量刑规则的区分不明确。例

---

[1] 黎宏:《论"帮助信息网络犯罪活动罪"的性质及其适用》,载《法律适用》2017年第21期。

[2] 刘艳红:《网络犯罪帮助行为正犯化之批判》,载《法商研究》2016年第3期。

[3] 参见王莹:《网络信息犯罪归责模式研究》,载《中外法学》2018年第5期。

如,"资助恐怖活动罪——正犯化"与"帮助信息网络犯罪活动罪——量刑规则"的区分度不明显。[1]

然而,两者在实质可罚性上可做区分。首先,从行为指向来看,恐怖活动犯罪作为一类罪名由《刑法修正案(九)》集中增加进入刑法,其实行行为指向明确,相比行为指向分散的信息网络犯罪无疑具有更大可罚性,具备独立不法内涵。而帮助信息网络犯罪活动罪的独立不法内涵模糊。其次,从"构成要件——法益"来看,构成要件发展史上,古典构成要件论出现之前,Feuerbach 最早已将可罚性与构成要件联系起来,"客观可罚性取决于犯罪的构成要件究竟是否存在"[2]。可罚性由违法性,即法益侵害性决定,恐怖活动类犯罪法益指向明确,帮助信息网络犯罪活动罪法益指向不明确,因此独立不法内涵模糊。从保护法益与行为指向的双重不确定性来看,本罪类似于《刑法》第 295 条传授犯罪方法罪。

其四,有学者质疑量刑规则说消解本罪的立法价值,"帮助犯(从犯)原本具有内在合理根据且灵活均衡的'从轻、减轻或免除处罚'原则之外,另设立一个独立的、相对僵化以及轻缓的刑罚适用规则就完全没有实际意义。"[3]

可是,若正犯化说的立法价值只在扩张处罚范围却未能指明其界限的话,这种不受拘束的立法价值恐怕才意义有限。正犯化说下的现有不法判断路径下立法扩张处罚范围的边界模糊化,这可能才消解本罪的立法价值。相反,如下所述,量刑规则说的立法价值在于,其为处罚范围划定了明确边界,既扩张处罚范围,也有时实质限制了处罚范围。量刑规则说在扩张处罚范围的限度、处罚严厉化的明确性、立法正当性的解释成本等方面都占有优势。

2. 量刑规则说判断不法的理论优势

既有的关于帮助信息网络犯罪活动罪的性质属于量刑规则的论证多是从体系解释的角度出发结合法益侵害性大小寻找实质根据。例如,有学者认为

---

[1] 参见阎二鹏:《帮助信息网络犯罪活动罪:不作为视角下的教义学证成》,载《社会科学战线》2018 年第 6 期。

[2] [德] 冯·费尔巴哈:《德国通行刑法教科书》,吉森,乔治·弗里德里希·海尔出版社 1801 年版,第 68-69 页。转引自蔡桂生:《构成要件论》,中国人民大学出版社 2015 年版,第 85 页。

[3] 王华伟:《网络语境中帮助行为正犯化的批判解读》,载《法学评论》2019 年第 4 期。

既有的刑法典中的共犯正犯化的具体犯罪都是法益侵害性极大、一般预防与特殊预防必要性极大，因此缩短帮助行为与法益侵害结果之间的间接联系为直接联系。但这并不适用于网络犯罪的帮助行为，其"一般具有中立性和业务性的特点，如果不依托于正犯的违法行为，其本身是无害的。"〔1〕本书希望立足于该罪处罚范围、处罚明确性、与追诉时效的关联的角度，论证量刑规则说判断本罪不法的理论优势。

相比于正犯框架，将本罪的"不法判断—构成要件解释"纳入共犯框架的量刑规则说具有理论优势。其一，共犯框架下，本罪的处罚范围最小，扩张处罚范围的限度明确。共犯和正犯框架理解的本质不同最终应落脚于两者处罚范围的差异，如果最终的处罚范围差异不大，或都可以被正确解释，说明共犯框架与正犯框架的差异并非真正问题。整体来看，正犯方向的处罚范围扩张远大于共犯方向。值得一提的是，关于共犯方向与正犯方向的不法判断规则落脚到处罚范围上的差异，鲜有研究提出帮助犯在未遂犯中的可罚性。共犯方向，无论帮助未遂、未遂的帮助，都否定其可罚性。但正犯方向，由于本罪被作为正犯，帮助信息网络犯罪活动未遂或未遂的帮助信息网络犯罪活动都具有可罚性。要言之，教唆帮助、帮助帮助、未遂帮助、帮助未遂等情形即使仅具有理论上的存在可能，也无法否认量刑规则说能够更加限制处罚范围，更何况这些情形真实存在。

其二，共犯框架下，本罪的处罚明确性程度最高。在扩张处罚范围维度，量刑规则说下只有一种情况才会扩张处罚范围，即同时构成其他犯罪的帮助犯法定刑低于本罪，且正犯法定刑高于本罪的法定刑，适用本条第 3 款，刑罚严厉化。其对刑法体系的整体冲击最小。相对地，正犯原理下，同时构成其他犯罪的帮助犯法定刑低于本罪，且正犯法定刑低于本罪的法定刑，由于量刑不从属，按照本罪处罚，处罚结果较量刑规则说更重。因此，按照量刑规则说，处罚严厉化只体现在一种情况，而正犯化说下体现在两种情况，正犯化说的立法正当性论证成本更高。这一问题也涉及《刑法》第 287 条之二第 3 款的理解适用，即竞合关系论视阈下本罪的适用空间问题。

---

〔1〕 钱叶六：《帮助信息网络犯罪活动罪的教义学分析 共犯从属性原则的坚守》，载《中外法学》2023 年第 1 期。

专题十 信息网络犯罪：帮助信息网络犯罪活动罪的不法判断与处罚范围

具体来说，关于《刑法》第 287 条之二第 3 款的理解适用，被帮助犯罪的帮助犯的法定刑低于第 287 条之二第 1 款法定刑，且被帮助犯罪的正犯的法定刑的也低于 287 条之二第 1 款法定刑时，因为量刑规则说下的本罪行为的法定刑不可能高过正犯行为，因此，量刑规则说下，此种情形仍然应按照被帮助犯罪的帮助犯处理，不适用第 287 条之二第 3 款。但正犯说下，必然适用该款。总之，从适用《刑法》第 287 条之二第 3 款的角度看，只能出现三种情况：（1）帮助行为犯下游犯罪共犯的法定刑高于本罪，例如下游正犯系诈骗 50 万元以上，数额特别巨大，处十年以上有期徒刑，其帮助犯减轻处罚也在下一档三年以上十年以下有期徒刑处罚，那么无论量刑规则说，还是正犯化说，都直接以被帮助犯罪的帮助犯定罪处罚。（2）帮助行为犯帮助信息网络犯罪活动罪的法定刑低于被帮助犯罪的正犯，但高于被帮助犯罪的帮助犯的，例如，下游正犯系诈骗 10 万元，数额巨大，处三年以上十年以下有期徒刑，其帮助犯减轻处罚在下一档三年以下有期徒刑处罚，当其低于帮助信息网络犯罪活动罪的处罚时，那么，无论量刑规则说，还是正犯化说，都适用第 287 条之二第 3 款，直接以第 287 条之二帮助信息网络犯罪活动罪定罪处罚。（3）帮助行为犯帮助信息网络犯罪活动罪的法定刑高于被帮助犯罪的正犯，当然也就高于被帮助犯罪的帮助犯，例如，下游正犯系虚假广告罪，两年以下有期徒刑。量刑规则说下，不适用《刑法》第 287 条之二第 3 款，应以被帮助犯罪的帮助犯定罪处罚。因为帮助犯的量刑不可能超过正犯，因此仍然成立虚假广告罪的帮助犯。但是，在正犯化说下，由于帮助信息网络犯罪活动罪本身即是正犯，可以直接适用《刑法》第 287 条之二第 3 款，成立法定刑更重的帮助信息网络犯罪活动罪。由此，正犯化说对处罚范围的扩张实际上体现在（2）、（3）两种情形，而量刑规则说对处罚范围的扩张只体现在情形（2），量刑规则说的立法正当性解释成本较低。

可见，主张量刑规则说并不等同于建议废除本罪。虽然看似根据刑法谦抑性，欲让处罚范围最小就是最好废除本罪。但是，根据第 287 条之二第 3 款，通过"同时构成其他犯罪的，依照处罚较重的规定定罪处罚"实际上将前述第（2）种情形，即按照被帮助犯罪的共犯处罚低于帮助信息网络犯罪活动罪，且其正犯法定刑高于本罪法定刑时，本罪立法将本应判处的被帮助犯罪共犯的量刑提高到本罪。在此意义上，刑罚严厉化，本罪绝非无意义立法。所以，即使不法内涵模糊，也不代表主张建议废除本罪。

其三，共犯框架下，本罪的追诉时效起算较为合理。在共犯的框架之内，由于帮助犯的不法从属于正犯的不法，追诉时效是时间层面实体不法的排除事由，"追诉时效标示着罪行的不法关联性的时间界限，追诉期限届满意味着相关罪行不再构成刑事不法"[1]，因此，帮助犯的追诉时效应以正犯行为结束后，正犯不法产生时起算。在帮助信息网络犯罪活动罪中，以帮助帮助信息网络犯罪活动罪的情形为例，帮助犯正犯化说下，帮助帮助行为成立帮助犯的追诉时效应当从被帮助的帮助信息网络犯罪活动行为结束时起算。但是，在网络帮助行为的语境中，如此计算的话，可能在帮助技术的存续期间届满或者查明帮助信息网络犯罪活动罪的正犯结束犯罪行为时才能起算帮助犯的追诉时效，对帮助帮助者可能造成无限期追诉的不公平现象。例如，帮助信息网络犯罪活动罪案件的下游大多存在多个正犯，并且由于网络技术的无限复制性，正犯可能源源不断产生，相应地，帮助作用一直有所体现，根据《刑法》第89条第2款"在追诉期限以内又犯罪的，前罪追诉的期限从犯后罪之日起计算。"帮助帮助犯的追诉时效可能永无止境。相反，量刑规则说下，帮助帮助本就不成立犯罪，因此不必计算追诉时效。最终按照其他罪名的共犯定罪处罚时，只要已查明的正犯达到相应不法，即可起算追诉时效，不必等到帮助技术存续期间届满或者所有正犯结束犯罪时才起算追诉时效，避免了对被告人无限期追诉。

综上所述，共犯框架的量刑规则说能够回应各种质疑，而且，共犯框架下帮助信息网络犯罪活动罪的处罚范围最小且明确，处罚明确性程度高，立法正当性的解释成本最低。共犯框架的量刑规则说具有理论优势。

(三) 量刑规则说的具体应用

相比着眼于限制"帮助"行为的中立帮助行为路径和客观归责路径，共犯框架下依据量刑规则说的不法判断除了罪状表述的"情节严重"外并不特别限制"帮助"行为，其对帮助构成要件涵摄范围的判断依赖共犯原理。共

---

[1] 王钢：《刑事追诉时效制度的体系性诠释》，载《法学家》2021年第4期。

犯框架下，本罪与下游犯罪帮助犯相竞合。

其一，关于专门对下游犯罪实施网络帮助行为的案件处理，共犯框架的思考更为便捷。此类案件中，中立帮助行为和客观归责路径都是从"帮助"行为处入罪，认定非中立帮助行为或可客观归责，进而成立帮助信息网络犯罪活动罪。同时，这类案件行为人成立下游犯罪的帮助犯。两条认定路线互相平行。最后依照《刑法》第287条之二第3款定罪量刑。但是，共犯框架下上述案件构成下游犯罪的帮助犯且"情节严重"，其必然构成帮助信息网络犯罪活动罪。前述中立帮助行为和客观归责路径在"帮助"行为处判断本罪不法的路径没有必要。有实务观点认为："由于互联网的即时性、匿名性等特点，犯罪分子之间往往互不接触且分工极细，共同故意认定难度极大。即使是双方有意思联络，从侦查取证的角度来讲，能够证明双方意思联络的证据也很难收集"〔1〕。但成立共同犯罪并非以共同意思联络为绝对不变的前提，片面帮助犯的场合，即只有物理没有心理帮助的行为也成立帮助犯。

其二，关于被告人只是单纯提供技术支持或帮助，没有深入参与他人犯罪的案件处理，实践做法不合理，应采纳共犯框架。例如，在"何某某等帮助信息网络犯罪活动罪"〔2〕中，就下游犯罪的帮助犯与帮助信息网络犯罪活动罪的判断标准，实践中的倾向是，被告人若只是单纯提供技术支持或者帮助，没有深入参与他人犯罪的，不以下游正犯的共犯论处。〔3〕然而，实践中

---

〔1〕 吕晓华、黄海：《为犯罪提供技术帮助的行为分析——以为犯罪提供"秒拨"动态IP服务为视角》，载《中国检察官》2018年第6期。

〔2〕 本案案情：王某伙同赵某某、曹某某人预谋在微信上运营"开鑫牧场"游戏非法获利。被告人何某某、姚某某、刘某某是东莞文蔻信息科技有限公司的程序员，均听从赵某某的管理。从2016年12月份开始，赵某某指令被告人何某某、姚某某、刘某某等技术人员负责游戏程序的开发和维护，何某某、姚某某、刘某某等人在明知"开鑫牧场"游戏规则设计存在多级分销、可能被用于违法犯罪的前提下，仍然共同开发了该程序。王某等人以"开鑫牧场"实施了诈骗、组织、领导传销。法院认为，王某等主要犯罪人员均证实只是让何某某等技术人员开发、修改或维护游戏，未告知技术人员通过该游戏实施诈骗或传销等违法犯罪的情况。此外，本案中的三名被告人除了领取工资和开发游戏的补贴，也并未从犯罪所得中领取不合理的报酬。因此，三名被告人只是知道涉案游戏被用于犯罪却依然提供技术支持，但是主观上和同案人王某等人事先并无诈骗或者组织、领导传销的共谋，依法应当以帮助信息网络犯罪活动罪追究三人的刑事责任。参见广东省东莞第二法院（2018）粤1972刑初932号刑事判决书。

〔3〕 类似判决书还可参见广东省台山市法院（2017）粤0781刑初621号刑事判决书、江苏扬州邗江区法院（2017）苏1003刑初548号刑事判决书等。

这种不作为共犯却作为帮助信息网络犯罪活动罪处理的做法并不合理，因为既然已经明知被帮助者利用网络帮助行为进行犯罪活动，即使在中立帮助行为主观说路径和客观归责的特别认知路径下，都很难不认定为帮助犯。正确的做法应是在判断"情节严重"的基础上，认定为下游正犯的共同正犯、帮助犯后，再适用《刑法》第287条之二第3款。

其三，关于"情节严重"的判断标准，司法解释发布前，司法实践正是以正犯的罪量标准判断本罪的"情节严重"。《帮助信息网络犯罪活动罪解释》第12条规定本罪"情节严重"的具体标准之前，司法实践往往将被帮助的正犯的情节视为信息网络犯罪帮助行为自身的情节。例如，在"刘某甲、苏某甲诈骗案"中，正犯未到案，法院查实诈骗金额110 160元，以此认定两被告人"情节严重"，构成本罪。[1]"情节严重"的判断依赖被帮助的正犯，表明司法实践也支持本罪规范属性应朝共犯方向理解。帮助信息网络犯罪活动罪虽是独立罪名，但依然应以共同犯罪理论为其根据。

总之，本罪的不法判断工具应回归共犯框架下的量刑规则说，这也引出了本罪处罚范围的第一大类，即按照被帮助犯罪的共犯处罚低于帮助信息网络犯罪活动罪，且其正犯法定刑高于本罪法定刑时，根据第287条之二第3款，以帮助信息网络犯罪活动罪定罪处罚。除此之外，本罪中确实还有其他一些明显溢出共犯框架但具有可罚性的行为。

四、共犯框架外应例外处罚的行为类型

除了前述共犯框架内的第一大类，有一些共犯框架之外的帮助信息网络犯罪活动行为也具有实质可罚性，值得刑法处罚，这是本罪处罚范围的第二大类。现有少见的直接对接案件事实的研究中，江溯副教授从犯罪行为事实的角度进行分类，从行为样态将本罪行为分类为"漠不关心"的分离射线型和"心照不宣"的链条型，前者"侧重考察帮助者对自身行为非法性的认识程度以及是否达到'积量构罪'标准"，后者"侧重于考察客观行为所产生

---

〔1〕 参见江西省吉安县人民法院（2015）吉刑初字第204号刑事判决书。

的社会危害性。"[1]这种基于行为事实的分类因为没有直接对接不法判断路径，在最终处罚范围界定上可能助益有限。本书将帮助信息网络犯罪活动罪的不法判断回归共犯框架的量刑规则说，但实践中除了能够落入共犯框架的网络帮助行为外，不可忽视的是，还有若干具有实质可罚性、值得刑法处罚的帮助信息网络犯罪活动行为。《帮助信息网络犯罪活动罪解释》第12条关于"情节严重"的标准着重指出了帮助者的重要作用，具体认定情形中共计7项中前5项都是关于帮助者自身的"情节严重"。[2]除了司法解释列举的情形之外，对于此类行为，应当例外、个别性地认可其可罚性，秉持谨慎的态度在司法实践中逐步明确其行为类型。现阶段能确定的溢出共犯处罚范围但值得刑法处罚的情形有以下几类。

情形一是多名被帮助者的正犯罪量不足的案件。域外刑法多采取"定性"模式，而我国刑法采取了"定性+定量"的立法模式，因此罪量相关问题在我国较为显眼。例如，被告人提供技术同时帮助多人进行电信盗窃，同时叮嘱正犯不得盗窃超过2000元——盗窃罪数额较大入罪标准。结果正犯的犯罪数额均无法查证超过2000元数额较大标准。在立法前，虽然综合来看，其法益侵害性甚至超过了普通盗窃，然而，共犯的限制从属性原理并未涉及罪量累加的内容，对这类案件难以根据共犯的限制从属性入罪。立法前可能的解决路径是考虑赃物犯罪，即掩饰、隐瞒犯罪所得、犯罪所得收益罪。但问题在于，掩饰、隐瞒犯罪所得、犯罪所得收益罪的保护法益是刑事司法秩序，只有存在不法层面的犯罪才可能有刑事司法介入。此外，掩饰、隐瞒犯罪所得、犯罪所得收益罪的实行行为对应的是他人既遂之后的行为，而非对他人行为的帮助行为，所以导向赃物犯罪可能依然存在论证困难。至于准用"多次盗窃"则有将"多人"理解为"多次"的类推解释之嫌。这种场合，只有在肯定综合判断法益侵害性相当的前提下，例外承认被帮助者的正犯罪量不足不是阻碍本罪成立的理由，才能将此种行为入罪化。当然，如何"综合判断法

---

[1] 江溯：《帮助信息网络犯罪活动罪的解释方向》，载《中国刑事法杂志》2020年第5期。

[2] 这五类情形是："（一）为三个以上对象提供帮助的；（二）支付结算金额二十万元以上的；（三）以投放广告等方式提供资金五万元以上的；（四）违法所得一万元以上的；（五）二年内曾因非法利用信息网络、帮助信息网络犯罪活动、危害计算机信息系统安全受过行政处罚，又帮助信息网络犯罪活动的"。

益侵害性相当"应在具体案件中根据不同的构成要件提炼具体的标准。就上述电信盗窃案来说,只要同时教唆帮助三人以上电信盗窃就相当于"多次盗窃",或者两年内不同时分别教唆帮助两人、一人电信盗窃也相当于"多次盗窃"。至于分别教唆帮助两人电信盗窃,每个人盗窃数额不超过2000元,但盗窃总数额超过2000元的情形,则不应认定为"数额较大"型的普通盗窃,当然此类案例在真实实践中应该极少出现。〔1〕

  情形二是帮助认识错误类案件。帮助犯的故意不仅要认识到自身行为系帮助正犯的犯罪行为,还要认识到正犯行为的犯罪行为,如果正犯行为与帮助者认识到的正犯行为完全没有构成要件重合之处,则阻却故意。例如,帮助者误以为被帮助者实施的是电信诈骗行为,结果被帮助者实施的是传播淫秽物品牟利行为。在本罪立法之前,由于帮助犯的故意的认识对象不仅是帮助者自身的行为,还包括正犯的构成要件行为,在本案中,由于帮助者对构成要件事实发生认识错误,系事实错误,阻却故意,无论按照法定符合说还是具体符合说,都只能得出无罪的结论。本罪的立法填补了这一处罚漏洞,"明知他人利用信息网络实施犯罪"的表述可以包含与帮助者认识不一致的信息网络犯罪活动。至于涉及非犯罪的事实错误,例如帮助者以为正犯卖淫(违法而非犯罪),结果正犯诈骗;反之,例如帮助者以为正犯诈骗,结果正犯卖淫;再如,主客观都是违法而非犯罪行为,例如帮助者以为正犯卖淫,结果正犯吸食毒品,这些场合都不能认定帮助者成立本罪。换言之,对于"明知他人利用信息网络实施犯罪"中的"犯罪"应当严格解释为刑法中的犯罪,否则违法行为不计其数,处罚范围将无法明确。

  情形三是实质预备帮助类案件。在网络黑灰产业链猖獗的当下,进行网络黑灰产业的利益链上游行为,例如养号买号、恶意注册行为的可罚性成为

---

  〔1〕 钱叶六教授主张此类情形下"应对各个正犯的违法的量予以累加,据此判断是否达到可罚的违法的程度"。参见钱叶六:《帮助信息网络犯罪活动罪的教义学分析 共犯从属性原则的坚守》,载《中外法学》2023年第1期。但是,因为帮助者是分别教唆帮助被帮助对象,既然各个被帮助的正犯之间没有意思联络,不可能构成共犯关系,那么,违法的量累加处理的根据何在呢?具言之,方案1:帮助者因为被帮助者A的犯罪数额不够,帮助者和被帮助者都不成立犯罪。同样适用于被帮助者B、C、D……方案2:将被帮助者A、B、C、D……的犯罪数额累加后,帮助者成立犯罪,但被帮助者因为各自的犯罪数额不够入罪标准而不成立犯罪。方案2明显比方案1扩张了处罚范围,因此必须提出论证理由。

专题十　信息网络犯罪：帮助信息网络犯罪活动罪的不法判断与处罚范围

问题。[1]类似情况还如，没有任何人找行为人寻求电信诈骗的技术支持，但行为人通过报纸、媒体发现电信诈骗的"商机"，心想总会有人进行电信诈骗，于是事先搭建用于电信诈骗的平台，广发广告，虚位以待。对于此类行为的实质可罚性，本书认为，可以比照协助组织卖淫罪、组织偷越国边境罪的实质预备犯处理，承认此类行为的实质可罚性。"帮助"信息网络犯罪活动的语义中也包含对此种"协助组织""组织"行为的可罚性。当然，因为这种场合严格来说还未出现法益侵害，必须对其严格限制。例如，在协助组织卖淫罪中，只有当单纯的招募、运送行为对准卖淫者形成性行为方面的控制、支配关系，能够认定为侵害了性行为秩序（性行为与金钱的不可交换性）时，才可能成立协助组织卖淫罪。[2]本罪中，只有可以评价这种单纯帮助行为创设了针对法益的抽象危险，或者说极其接近"成功"时，才可能被认定为本罪。

　　当前，为了回应社会问题，"竞合型犯罪化"被广泛应用于刑事立法，"竞合型犯罪化"当然有强化行为规范的一面，然而也带来司法实践中的适用困惑。只有为司法实践提供解决相关案件明确的解决标准，才能真正促进司法统一性，减少同案不同判。本书主张帮助信息网络犯罪活动罪基于法益理论的独立不法内涵模糊，其不法判断工具应回归共犯框架的量刑规则说。本罪处罚范围的第一大类是按照被帮助犯罪的共犯处罚低于帮助信息网络犯罪活动罪，且其正犯法定刑高于本罪法定刑时，根据第287条之二第3款，以帮助信息网络犯罪活动罪定罪处罚。第二大类是共犯框架之外具有实质可罚性的同时多名被帮助者的正犯罪量不足的案件、帮助认识错误类案件和实质预备帮助类案件，例外具有实质可罚性的案件应在司法实践中审慎个别性地予以承认，通过积累此类案件，最终可能发现其独立的不法内涵。

---

　　[1]　针对恶意注册行为，陈兴良教授认为如果其帮助的对象属于信息网络犯罪活动，则可以构成帮助信息网络犯罪活动罪。参见陈兴良：《互联网帐号恶意注册黑色产业的刑法思考》，载《清华法学》2019年第6期。

　　[2]　这种场合，成立协助组织卖淫罪既遂还是未遂是另一个问题。一般认为，在复法益类犯罪中，只完整侵犯一个法益的场合成立犯罪未遂。这种没有事前通谋的单纯招募、运送行为因为只可能侵犯性行为秩序一个法益，不可能侵犯他人的性行为不被滥用的权利，认定为未遂犯为宜。